언어지도

언어지도

강성화 · 김경회 · 고선옥

동문사

언어지도 강의계획서(예시)

0000년도 0학기

교과목명	언어지도	학과/ 학년	0000학과 / 0학년
요일/ 시간	0요일/ 000교시	학점/ 교과목 구분	3시간 3학점 / 전공선택

1. 교과목의 개요

영유아가 일상에서 상대방과의 말과 상징 및 문자로 소통하는 즐거움을 경험하고, 책과 이야기를 통해 상상을 즐기도록 지원하는 내용이다. 따라서 영유아 스스로 일상에서 언어를 사용하며 자신감과 즐거움을 느끼고, 책과 이야기를 통해 언어의 재미와 상상을 충분히 즐길 수 있도록 지원하는 보육교사의 역량을 기르는 데 목적이 있다.

2. 교과목의 목표

✓ 영유아 의사소통의 중요성을 이해하고 영유아의 언어발달에 대한 기초 이론들의 주요 개념을 이해한다.

✓ 영유아의 언어발달특성과 개인차를 이해하고, 영유아의 흥미와 발달수준에 적합하게 지원할 수 있는 교수학습방법을 익힌다.

✓ 표준보육과정(누리과정)에 기초하여 의사소통영역 내용범주인 듣기와 말하기, 읽기와 쓰기 관심 가지기, 책과 이야기 즐기기의 연령대별 목표와 내용을 이해하고 지원할 수 있는 방법을 안다.

✓ 관찰에 기초하여 영유아의 흥미와 관심을 두는 놀이와 연계한 언어활동을 계획하고, 실행을 위한 자료, 실내외 공간구성과 운영을 이해하고 지원할 수 있는 역량을 기른다.

3. 수업방법

이론강의, 활동지 및 포트폴리오, 견학 및 토의, 사례연구

4. 과제물

매 수업시간마다 전개하는 내용의 포트폴리오 제출

5. 성적평가

출석:20%, 과제물:20%, 중간고사:30%, 기말고사:30%

6. 유의사항

수업시간에 출석, 조별활동은 자발적 참여, 실기 수업 후에 정리정돈

장애학생지원: 장애유형에 따른 학생의 입장에서 자리배치, 기자재 사용, 다양한 지원

7. 주차별 강의계획

주	학습주제 및 학습내용	포트폴리오
1	**언어발달과 학습** 언어의 정의, 기능, 구조, 학습원리에 대해 이해할 수 있다.	언어지도의 현주소
2	**언어발달의 기초** 영유아기에 언어교육이 중요한 이유, 언어교육을 통한 영유아의 각 발달영역의 지도, 언어발달의 영향요인에 대해 알 수 있다.	영유아의 언어발달
3	**언어발달이론과 의사소통** 언어발달의 이론, 의사소통능력의 발달, 의사소통의 능력과 언어능력의 관계를 이해할 수 있다.	언어발달이론, 의사소통
4	**영유아의 언어발달과정** 언어발달의 생리적 기초, 언어발달과정, 영유아의 연령별 언어행동, 문해 능력의 발달에 대해 알 수 있다.	언어의 발달과정
5	**표준보육과정에서의 의사소통 영역** 표준보육과정의 체제, 구성 방향 및 체계, 목적과 목표, 운영, 표준보육과정의 의사소통 영역, 표준보육과정과 영아 언어지도 연계에 대해 알 수 있다.	표준보육과정
6	**누리과정에서의 의사소통 영역** 누리과정의 체제, 구성 방향, 운영, 누리과정의 의사소통 영역의 목표, 의사소통 영역 내용, 누리과정 영역과 유아 언어지도 연계에 대해 알 수 있다.	누리과정
7	**영유아의 언어발달을 돕는 환경구성** 언어발달을 위한 물리적 환경, 언어발달을 위한 심리적 환경, 언어발달을 위한 사회·정서적 환경에 대해 이해할 수 있다.	실내외 환경구성
8	**중간고사, 듣기와 말하기 지도방법** 듣기교육과 말하기교육에 대해 이해할 수 있다.	중간고사, 듣기와 말하기
9	**읽기와 쓰기 지도방법** 읽기 교육, 쓰기 교육에 대하여 이해할 수 있다.	읽기와 쓰기
10	**영유아의 문해지도** 문해 발달과정, 문해 지도방법, 문해발달을 위한 교사의 역할에 대해 알 수 있다.	문해지도
11	**총체적 언어 접근에서의 언어교육** 총체적 언어 접근법, 총체적 언어에서의 교사의 역할, 총체적 언어의 교수전략, 총체적 언어 접근에서의 언어영역별 지도방법, 총체적 언어에서의 평가전략에 대해 알 수 있다.	총체적 언어 접근법
12	**문학적 접근에 기초한 언어교육** '너, 보청기를 하니?', '앗 어떻게 하지?', '풀씨의 여행', '사과의 기도'에 대해 이해할 수 있다.	문학적 접근
13	**프로젝트 접근법을 통한 언어교육** 프로젝트 접근법, 병원 프로젝트 활동에 대해 알 수 있다.	프로젝트 접근법
14	**장애 아동을 위한 언어교육** 장애유형에 따른 언어행동 특성, 장애 아동의 언어지도방법에 대해 알 수 있다.	포트폴리오
15	**언어교육의 평가, 기말고사 및 소감 나누기** 평가의 목적, 영유아 언어능력의 평가, 언어활동에 대한 평가, 교사의 자기평가에 대해 알 수 있다.	언어교육평가, 기말고사

♣ 즐겁고 행복한 언어지도는 자신의 마음에서 출발합니다.

머리말

인간이 사회의 구성원으로 살아가기 위해서는 의사소통을 위한 언어 발달이 이루어져야 한다. 언어를 배운다는 것은 단순히 소통을 한다거나 글을 읽고 쓸 수 있다는 것을 넘어서 문화와 사회를 배우는 것이다. 그렇기 때문에 올바른 언어생활을 하기 위해서는 언어를 배우고 가르쳐야 한다.

본서는 영유아를 위한 언어지도의 강의교재로 사용할 목적으로 집필되었다. 대학의 유아교육과, 아동학 및 보육학과, 사회복지학과 등의 영유아와 관련 학과에서 공부하고 있는 많은 예비 영유아 교사들이 이 책을 통해 보다 효율적으로 영유아의 언어발달을 지도할 수 있는 방안을 배울 수 있기를 기대한다.

1부 이론 편에서는 학습의 관점에서 언어의 특성과 언어발달을 도울 수 있는 방안을 살펴보았으며 언어학자들이 설명하고 있는 언어발달이론과 의사소통을 알아보고 영유아의 언어발달과정을 기술하였다. 표준보육과정과 3~5세 연령별 누리과정에서 제안하고 있는 의사소통 영역의 목표와 지도방법들을 소개하였으며 영유아의 언어발달을 위한 언어교육 환경을 구성해 보았다. 교사로서 영유아의 언어발달을 도울 수 있는 방안을 알아보고자 영유아의 언어발달을 듣기와 말하기, 읽기와 쓰기, 문해지도 등으로 세분하여 지도방법을 기술하였다. 또한 영유아의 언어발달을 돕는 현장 사례로 총체적 언어와 문학적 접근법, 프로젝트 등에서 실시한 언어교육 활동 사례를 제시하였다. 끝으로 장애 아동들을 위한 언어지도 방법과 영유아의 언어교육의 평가와 관련된 사항도 알아보았다.

2부 실제 편에서는 듣기, 말하기, 읽기, 쓰기 등의 활동을 3~5세 연령별 누리과정의 생활주제와 관련하여 소개하였다. 교구의 제작방법과 활동방법, 교구의 사진을 제시하면서 영유아의 개인차와 언어가 듣기, 말하기, 읽기, 쓰기로 명확히 구분되지 않는 점을 고려하여 평가 및 응용 부분을 두어 각 활동이 다른 활동이나 심화 활동으로의 연결방법을 생각해 볼 수 있도록 하였다.

이 책의 출판에 있어 많은 분들의 도움이 있었다. 오랜 기간 동안 언어활동을 계획하고 교구를 제작해 준 유아교육과 학생들과 교재교구의 모델이 되어 준 교사와 영유아들에게 감사의 마음을 전한다.

책의 출판을 흔쾌히 허락하신 동문사 이중수 사장님과 편집을 위해 수고해 주신 편집부의 관계자 여러분께 깊은 감사의 말씀을 드린다.

2022년 4월

저자 일동

차례

Chapter 03

언어발달이론과 의사소통 ▸ 55

Chapter 04

영유아의 언어발달과정 ▸ 69

Chapter 05

표준보육과정에서의 의사소통 영역 ▸ 87

차례

차례

Chapter 09

읽기와 쓰기 지도방법 ▸ 157

Chapter 10

영유아의 문해 지도 ▸ 171

Chapter 11

Chapter 12

Chapter 15

PART 02 영유아 언어교육의 실제

PART 01

영유아 언어교육의 이론

구슬비

권오순

송알송알 싸리잎에 은구슬
조롱조롱 거미줄에 옥구슬
대롱대롱 풀잎마다 총총
방긋웃는 꽃잎마다 송송송
고이고이 오색실에 꿰어서
달빛새는 창문가에 두라고
포슬포슬 구슬비는 종일
예쁜구슬 맺히면서 솔솔솔

참고도서: 구슬비 소녀 (전병호(2021) 가문비어린이)

행복한 사계절

벚꽃 팝콘
백유연(2020)
웅진주니어

풀잎 국수
백유연(2020)
웅진주니어

낙엽 스낵
백유연(2019)
웅진주니어

사탕 트리
백유연(2020)
웅진주니어

언어지도

Chapter

01

언어발달과 학습

언어는 인간이 사회 속에서 사회적 존재로 다른 사람과 소통하게 하는 매개 수단이다. 1장에서는 언어가 무엇이고 어떠한 역할을 하는지, 그리고 언어가 어떠한 구조로 이루어졌는지 등 언어의 기본 지식에 관해 설명하고자 한다. 또한 영유아가 어떻게 언어를 배우게 되는지도 알아보고자 한다.

메아리

속담 및 격언

낮말은 새가 듣고 밤말은 쥐가 듣는다.

그림책 소개

도리도리짝짜꿍
이상교, 최숙희(2008) - 사파리

아장아장 걷다가
허은미, 이혜리(2001) - 아이세움

사랑해 사랑해 사랑해
버나뎃 로제티 슈스탁(2006) - 보물창고

예비교사들의 언어에 대한 표현

언어는 일상생활을 이해하는 것이다.
(주변에서 볼 수 있는 간판을 읽는 모습)

희망을 추구하는 동화와 주문

주문을 말해 봐
최숙희(2021)
웅진주니어

메로제에리제(Merojaerijae) '상대방과 오랜 시간 대화를 할 수 있게 만든다'는 주문.

1 언어의 정의

인간은 태어나면서부터 언어를 통해 다른 사람과 관계를 맺으며 자신의 생각이나 감정을 전달하고, 다른 사람의 생각이나 느낌을 이해하게 된다. 또한 사물과 사물의 관계를 파악하거나, 사물이나 상황을 통제하는 데 언어를 사용하기도 한다. 인간의 삶이 언어와 분리되어 있지 않고 매일의 일상생활에서 언어를 사용하지만, 막상 '언어가 무엇인가?' 정의를 내리는 것은 용이한 일이 아니다.

우리의 국어사전에서 언어의 정의를 보면 '언어는 생각이나 느낌을 음성이나 문자를 통하여 전달하는 수단과 체계'라고 하고 있으며(이희승, 1994), 웹스터(Webster) 사전에서는 '① 청취 가능하게 발성된 의미 있는 소리, 그리고 ② 생각을 표현하거나 의사소통을 하기 위한 음성적 또는 비음성적 수단'이라고 정의하고 있다(Garalnik, 1979). 여기서 ①의 의미 있는 소리란 인간이 내는 음성적 소리를 의미하며, ②는 언어의 포괄적 정의로 언어가 가지는 기능적 측면을 강조하는데, 비음성적 수단은 몸짓, 얼굴 표정 등을 의미한다.

이러한 사전적 정의에 비추어 언어가 무엇인지 정의를 내리면 다음과 같다.

① 언어는 사고나 개념, 느낌 등을 부호로 표상한 것이다.

부호는 어떤 사상이나 사태를 표상하는 수단인데, 언어는 인간의 사고나 행동 등을 표상하는 수단이다.

② 언어는 하나의 체계이다.

소리가 단어를 형성하고 단어가 문장을 꾸미는 과정에는 일정한 체계와 규칙이 있다. 특히 인간은 이러한 제한된 규칙을 활용하여 무수히 많은 문장을 구성할 수 있게 된다.

③ 언어는 사회의 약속이다.

언어가 언어로서 인정되기 위해서는 그 언어가 통용되는 사회에서 그 형태와 의미 등에 대하여 사회의 구성원이 공통적으로 동의할 때 가능하다. 언어가 사회적 제약을 받기 때문에 언어는 사회에 따라 또 시대에 따라 끊임없이 생성, 변화, 소멸의 과정을 거친다.

④ 언어는 의사소통의 수단이다.

언어는 자신의 생각이나 감정들을 전달하는 수단이며, 동시에 타인과 상호작용하기 위한 수단이다. 이 때문에 말하는 사람은 사물이나 사건과 관련지어 듣는 사람이 이해할 수 있도록 말하는 것이 중요하다.

2 언어의 기능

인간이 태어나서 사회적 존재로 발달하기 위해서는 의사소통이 가능하여야 하며, 이는 언어발달에 의해 달성된다. 언어는 의사소통에서 가장 기본이 되는 요소이며, 인간이 사회적 관계를 맺고 사회의 구성원으로 역할을 다하려는 욕구를 충족시켜 준다. 뿐만 아니라 다른 사람에게 부탁이나 명령을 통해 자신의 필요나 욕구를 충족할 수 있게 한다. 또한 감정의 표현과 전달을 가능하게 하며, 문제해결이나 추리, 사고 등의 고등정신 작용도 언어의 형태를 빌어 가능하다. 더 나아가 자신의 생각을 표현하고, 주변 환경에서 지식을 얻는 것도 언어를 통해 가능하다(Hulock, 1978). 이 외에도 언어는 긴장을 완화시키는 수단이 되며, 사고와 관련되어 복잡한 개념을 표현하게 하고, 문화를 전달하는 도구로써의 기능도 담당한다.

할리데이(Halliday, 1973, 1975)는 구어와 문어 심지어 비언어형식인 몸짓과 손짓 등에 적용되는 언어기능을 다음의 일곱 가지로 설명한다.

① 도구적 언어(Instrumental Language): 욕구를 충족시키기 위한 언어
② 조절적 언어(Regulatory Language): 타인의 행동을 조정하기 위한 언어
③ 상호작용적 언어(Interactional Language): 사회적 관계를 맺고 유지하기 위한 언어
④ 개인적 언어(Personal Language): 개인적 의견을 표현하기 위한 언어
⑤ 상상적 언어(Imaginative Language): 상상과 창의성을 표현하기 위한 언어
⑥ 발견적 언어(Heuristic Language): 무언가에 대해 알아내고 정보를 찾기 위한 언어
⑦ 정보적 언어(Informative Language): 정보를 전달하는 언어

그런데 언어가 한 가지 기능만으로 사용되는 경우는 드물며 두 가지 이상의 기능을 담당하는 경우가 많다. 아동들의 경우는 의사소통과 타인과의 상호작용을 위해 언어를 사용하는 경우가 많다(Pinnell, 1975). 언어기능에 따른 구어활동이나 문어활동을 보면 다음과 같다.

표 1-1 언어의 기능에 따른 언어활동

언어기능	구어활동 (Oral Language Activity)	문어활동 (Written Language Activity)
도구적 언어	• 대화 • 광고	• 기록 • 사업상 편지 • 광고
조절적 언어	• 지시 • 몸짓 • 극 놀이	• 지시 • 교실 규칙
상호작용적 언어	• 대화 • 나누기 • 토론	• 지인에게 보내는 편지 • 펜팔(pan pal) 편지 • 문답 일지
개인적 언어	• 토의 • 토론 • 보여 주고 말하기 • 나누기 • 광고	• 개인적 일지 • 문답 일지 • 문학적 활동에의 응답 • 광고
상상적 언어	• 이야기해 주기 • 독자 연극 • 극 놀이 • 역할놀이	• 이야기와 시 읽고 쓰기 • 각본 쓰기 • 모의 잡지 • 모의 신문
발견적 언어	• 인터뷰 • 역할놀이 • 토론	• 학습일지(learning logs) • 유목화와 분류하기 • 조사하고 보고서 쓰기
정보적 언어	• 말로 보고하기 • 토론	• 조사하고 보고서 쓰기 • 신문 읽고 쓰기 • 시간표, 도표, 지도 읽고 쓰기

이상에서 살펴보았듯이, 언어는 우리 인간이 사회관계를 맺을 수 있도록 의사소통을 하게 함은 물론, 서로 교제를 나눌 수 있게 하며 자신의 욕구를 충족하고 사고나 행동을 하게 하며, 사물이나 사태를 표현하고, 창조와 관련된 즐거움을 추구하는 역할을 한다.

3 언어의 구조

언어는 아동이 그들의 세상을 배우고, 이해하고, 조정할 수 있도록 돕는다. 말하는 법을 배움에 따라 아동들은 네 가지 언어시스템에 대한 지식을 발전시킨다. 이는 음운, 구문, 의미, 실용체계 등인데, 이를 살펴보면 다음과 같다(Tompkins & Hoskisson, 1991).

1) 음운체계

아동들은 음운 또는 소리 시스템을 약 40여 가지의 말소리 발음을 배움으로써 발전시킨다. 음소(phoneme)라고 불리는 이 개별적 소리는 알파벳 문자(grapheme - 글자 혹은 글자 조합)와 구별된다. 사전에서의 표기는 사선(/ /)과 함께 제시되는데, 예를 들어 mother의 첫 음운은 /m/이라 쓰이며, 첫 글자도 m으로 쓰이나, soap에서 oa의 음운은 /o/로만 쓰인다.

2) 구문체계

두 번째 언어체계는 구문 또는 문법체계이다. 여기서의 문법은 문장에서 어떻게 단어들이 연결되는가를 결정하는 규칙을 의미하는 것으로, 아동은 문장을 만들기 위해 단어를 결합하고 진술하거나 질문하는 데, 또는 학령전기 동안의 다른 형태의 문장을 이해하는 것을 배우기 위해 구문체계를 사용한다.

또 다른 형태의 구문법은 형태학(morphology), 즉 단어형태에 대한 학습이다. 영어를 사용하는 아동의 경우 dog에 -s를 붙여 복수를 만들고 play에 -ed를 붙여 과거시제를 나타내는 것처럼 단어와 단어 부분을 연결하는 것을 빠르게 학습한다. 이러한 단어와 단어 부분은 형태소(morpheme)로 언어에게 의미를 지니는 가장 작은 단위이다. dog와 play는 스스로 의미를 전하기 때문에 형태소가 없는 자유형태소(free morpheme)이다. -s와 -ed는 의미가 있는 자유형태소에 결합되어서만 사용되기 때문에 결합형태소(bound morpheme)이다. 접두사와 접미사도 결합형태소이다. happy에는 자유형태소인 반면, 접두사 unhappy에서 un-은 결합형태소이다. 자유형태소를 결합해 복합어를 만들 수 있는데, birthday는 자유형태소가 결합된 복합어이다.

우리 한글의 경우 '먹어', '먹을 거야', '먹을래', '먹었어' 등의 다양한 어미변화를 줄 수 있는데, 여기서 어미는 결합형태소로 볼 수 있다. 또한 '안 먹어'의 '안'이나 '못 먹어'의 접두어 역시 결합형태소이다.

3) 의미체계

세 번째 언어체계는 의미체계이다. 어휘와 문장에서의 단어 배열은 이 체계의 중요 요소이다. 아동이 말하는 법을 배우면서 학령전기 내내 어휘를 지속적으로 습득하다. 아동은 입학시기에 5,000단어를 알며, 초등학교 시기 동안에도 매해 3,000단어씩 더 습득한다고 추정된다.

아동은 어휘를 습득하면서 문장을 형성하기 위해 단어를 어떻게 연결해야 하는지도 배운다. 예를 들어, 아동은 "고양이가 생선을 먹는다."라고 말하지 "먹는다. 생선 고양이 을 가"라고 말하지 않는다. 언어에서 어순과 단어와 단어 사이의 관계는 메시지를 이해하기 위해 매우 중요한 요소이다.

4) 실용체계

네 번째 언어체계는 실제로 언어를 사용하는 사회문화적 측면과 관계된다. 사람들은 여러 다른 목적으로 언어를 사용하기 때문에 어떻게 말하고 쓰는가 하는 것은 청자와 목적에 따라 달라진다. 언어사용은 또한 사회계층, 문화와 민족 집단, 그리고 지리적 지형에 따라서도 다양하다. 이러한 다양성은 방언으로 알려져 있다. 학교는 하나의 문화 공동체이고 학교에서의 언어는 표준어이다. 또한 문법책과 신문, 잡지, 그리고 뉴스 앵커가 사용하는 언어 역시 공식적인 표준어이다. 반면에, 도시 빈민가나 경상도나 제주도, 전라도 등지에서 사용하는 언어형태는 일반적으로 비표준어로 구분된다. 이러한 비표준 형태는 기존 방식이 전혀 다른 것으로 음운, 구문, 의미가 표준어와 다르나 이를 열등하거나 표준 이하라고 보는 것은 아니다. 이러한 형태는 지역사회의 화자를 반영하며, 화자는 다른 공동체에서 표준어를 사용하는 사람들만큼 효과적인 의사소통을 한다.

아동들은 말하고 읽고 쓰는 것을 학습하면서 음운, 구문, 의미, 실용 등의 언어체계를 조절하는 법을 배운다. 이들 용어가 복잡하기 때문에 단어와 그 정의를 〈표 1-2〉에 정리해 놓았다.

표 1-2 언어체계와 그 관련 용어

음운체계	음운론(phonology)	• 언어의 소리에 대한 연구
	음운(phoneme)	• 소리의 가장 작은 단위
	서기소(grapheme)	• 하나 이상의 철자를 사용한 소리의 표기
구문체계	구문론(syntax, grammar)	• 문장을 형성하는 데 단어를 결합하는 방식을 결정하는 규칙
	형태학(morphology)	• 형태소와 단어 형태의 연구
	형태소(morpheme)	• 언어에서 의미를 지닌 가장 작은 단위
	결합형태소(bound morpheme)	• 단독으로는 단어로 사용되지 못하고 자유형태소에 결합해야 하는 형태소
의미체계	의미론(semantics)	• 언어 의미에 대한 연구
실용체계	어용론(pragmatics)	• 언어의 사회 문화적 측면 연구
	기능(function)	• 언어를 사용하는 사람의 언어 사용 목적
	방언(dialect language)	• 사회계층, 인종, 문화집단 또는 지리적 지형에 의한 구문과 단어 선택의 다양성
	표준어(standard language)	• TV뉴스 앵커가 사용하고 교재에 사용되는 언어 형태
	비표준어(nonstandard language)	• 표준어 이외의 다른 형태의 언어

4 학습의 원리

아동의 학습을 가장 잘 설명하고 있는 학자는 피아제(Piaget, 1886~1980)이다. 그는 "학습은 학생들이 환경과 상호작용하고 적응함에 따른 지적구조의 변화이다."라고 설명한다. 학습에 대한 이러한 정의는 교사의 역할을 지식을 분배하는 것보다는 아동들이 스스로 인지구조를 변화시키고, 지식을 건실하기 위해 필요한 경험과 환경에 아동과 같이 참여해야 하는 것으로 본다(Tompkins et al., 1991).

1) 인지구조

아동의 학습을 가능하게 하는 인지구조는 뇌의 지식적 구성이며, 지식은 도식들(schemata), 단일 유목은 도식(schema)이라 불리는 유목화 체계에 의해 정리된다.

도식들은 세 가지로 구성된다(Smith, 1975).

① 지식의 유목

② 무엇이 유목을 구성하는지와 무엇이 각 유목에 속할지를 결정하기 위한 특성 또는 규칙

③ 유목 간 상호관계 네트워크

이러한 도식들은 아동과 성인이 그들의 지난 경험으로부터 정보를 저장하고 구성하는 개념적 정리시스템에 비유된다. 이러한 유추를 계속해 보면, 정보는 뇌 속에서 하나의 파일 폴더로 정리된다. 아동은 학습을 통해 그들의 정리시스템에 파일목록을 추가하게 되고, 어떤 주제에 관해 배우게 되면서 파일목록은 점차 두꺼워진다.

아동은 학습을 통해 새로운 유목을 개발한다. 각 개인은 비슷한 유목을 갖고 있지만, 도식들은 개인적 경험과 관심에 따라 서로 다르다. 예를 들어, 어떤 사람은 벌레라는 하나의 일반적 유목으로 개미, 나비, 거미, 벌 등의 지식을 유목화하는 반면, 어떤 사람은 곤충과 거미를 구별하여 각각의 유목을 만들기도 한다. 곤충과 거미를 구분하는 사람들은 하나의 유목에서 다른 유목을 구분하기 위한 기준, 즉 곤충의 구분되는 특징에 기초한 규칙을 개발한다. 이를 도식화하면 다음과 같다.

벌레 ∋ 개미, 나비, 거미, ……	곤충 ≠ 거미 ∈ 거미류	거미 = 독이 있는 곤충 거미줄, 둥지

벌레와 거미유목에 대한 구분은 물론 각 유목 간의 상호관계 네트워크도 연결되는데, 이 네트워크도 개인의 독특한 지식과 경험에 따라 다르게 발달된다. 거미유목은 거미류 동물의 하위유목으로 연결되어 있을 것이다. '독성 동물' 유목 또는 '거미줄과 둥지' 유목 등 다른 네트워크도 만들어질 수 있다. 각각의 유목을 잇는 유목 간의 상호작용 네트워크는 상당히 복잡하다.

2) 학습과정

환경에 적응함에 따라 아동은 이미 있는 유목을 확장시키고 새로운 유목을 만드는 데 필요한 경험에 대한 새로운 정보를 추가한다. 피아제에 따르면 두 개의 과정이 이러한 변화를 가능케 한다. 동화는 환경으로부터 온 정보가 이미 있는 도식에 결합하는 인지과정이다. 반대로, 조절은 환경에 적응하기 위해 현존하는 도식을 수정하거나 새로운 도식을 만드는 인지과정이다. 동화를 통해 아동은 새로운 정보를 그들의 세상에 추가시키며, 조절을 통해 세상에

대한 인식을 새로운 정보에 기초해 변화시킨다.

지적 성장과 학습의 메커니즘은 평형과정이다(Piaget, 1975). 아동은 이해하지 못하거나 동화할 수 없는 무언가와 마주쳤을 때 불평형 또는 인지적 충돌이 일어나게 되는데, 불평형은 주로 혼란과 동요를 일으켜서 아동이 평형 또는 환경에 대한 편안한 균형을 추구하려는 정서를 만든다. 즉, 아동이 새롭고 모순된 정보에 직면하게 되면, 이 정보를 자신의 인지구조의 틀에 맞추려는 동기가 생긴다. 만약 아동의 도식이 새로운 정보에 적응하게 되면, 새로운 경험에 의한 불평형은 아동이 새로운 경험을 학습하도록 동기를 부여한다. 학습이 이루어지면 더 높은 발달단계에서 평형을 다시 얻게 된다.

평형과정을 통한 학습과정은 다음과 같이 진행된다.

① 새롭고 모순된 정보의 소개로 평형이 깨진다.

② 불평형이 일어나고 동화와 조절기능이 진행된다.

③ 보다 높은 발달단계에서 평형을 얻는다.

즉, 평형상태에 새로운 정보의 유입이 되면 불평형상태에 이르게 되고 이러한 불평형상태는 평형상태를 이루고자 동화와 조절과정을 거치게 된다. 동화와 조절이 진행되어 평형상태에 이르면 이는 이전의 상태보다 높은 단계의 지적 발달을 가져온다. 이러한 과정을 그림으로 표현하면 다음과 같다.

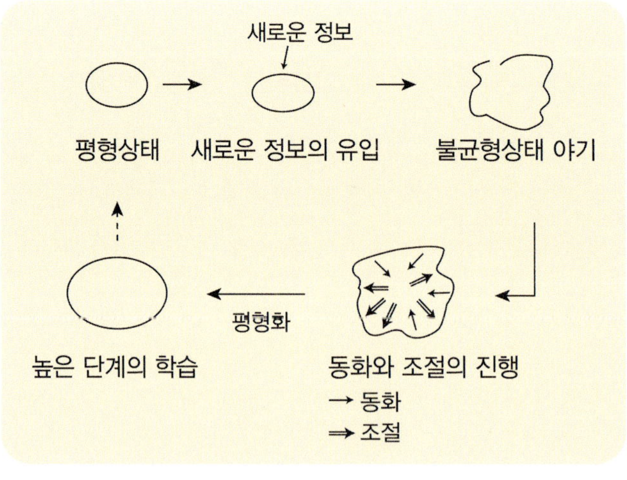

[그림 1-1] 평형화를 통한 학습과정

하지만 새로운 정보가 너무 어렵다면 아동은 그들이 이미 알고 있는 것과 새로운 정보를 연결시키지 못해 결국 배우지 못하게 된다. 그러므로 학습이 이루어지기 위해서는 새로운 정보가 도전적이며 혼란스럽고 적당히 새로워야 한다. 너무 쉬운 정보는 빠르게 동화되며, 너무 어려운 정보는 조절되지 못해 결국 새로운 배움을 얻지 못한다.

교사가 아동의 학습을 돕기 위해서는 아동이 알고 있는 것과 제시될 새로운 정보 사이의 최대 격차를 찾아야 한다(Bybee & Sund, 1982). 아동이 환경을 해석할 때 도식을 사용하면서 예상을 하게 된다. 아동 자신이 특정 행동을 하면 어떤 일이 생길지를 예상하고 그 행동의 결과를 예상한다. 어떠한 상황에 처했을 때, 아동은 흥미를 느끼는 환경에 동화되기에 적절한 도식을 사용하면서 무엇을 예상할 수 있는지에 따라 행동을 정리한다. 만약 그들의 도식이 상황의 모든 자극을 동화할 수 있다면 그들은 평형상태의 안락함 속에서 편안함을 느끼게 된다. 하지만 결과를 예상할 수 없는 환경자극 속에 있다면 그들은 보다 조심스럽게 예상하지 못하는 자극의 의미를 찾으려 노력하게 된다. 아동은 평형을 추구한다. 하지만 그들은 조절과정이 없이는 모순이 되는 자극에 동화할 수 없기 때문에 언제나 불평형을 경험한다.

학습에 대한 보다 최근의 이론은 사회적 상호작용을 강조한다. 비고츠키(Vygotsky, 1978)는 "아동은 사회적 관계의 내면화를 통해 학습하며 언어는 학습과정에서 중요한 부분"이라고 주장한다. 아동의 경험은 외부에서 주어지는 것을 단지 흡수되는 것이 아니라, 협상과 사회적 맥락에서의 역동적 변형을 통해 사회에 의해 형성되고 조직되는 것이라고 보았다.

3) 아동의 개별 언어활동을 돕는 교사

아동이 언어를 배우는 과정도 일반적인 학습과정에서 크게 벗어나지 않는데, 아동의 언어활동이 집단으로 이루어질 수도 있으나 유아 시기에는 개인차가 큰 때이므로 각각의 아동에게 개별학습이 이루어지도록 고려할 필요가 있다.

다음의 〈표 1-3〉은 음성언어를 배우는 것과 같은 맥락에서 문자언어에 대한 문해(literacy, 읽고 쓰기) 발달을 돕는 개별학습의 예이다(Tompkins et al., 1991).

표 1-3 아동의 문해 발달을 돕는 교사

개별화 및 소집단 지도의 목표	모든 아동의 요구를 모두 충족하는 것은 쉽지 않다. 하지만 교사는 아동에게 듣고, 말하고, 읽고, 쓰는 기회를 제공하면서 각 아동이 자신의 흥미를 발견하길 원한다.
절차	• 영수는 읽고 쓰기를 잘하는 아동이다. • 영수는 로봇에 흥미가 있고 교사는 영수를 위해 특별히 로봇 단원을 함께 개발한다. • 영수는 다음의 활동을 한다. – 로봇에 대해 더 배울 수 있는 세 권의 책 읽기 – 판지상자를 사용해 로봇 모델 만들기 – 로봇에 대한 이야기를 쓰기 – 자신이 무엇에 대해 배웠는지 다른 아동들과 이야기 나누기 • 영수는 2주일 동안 개별적 혹은 소그룹 활동으로 로봇에 관한 언어활동에 참여한다. 영수는 자신의 관심 영역인 로봇에 관한 책과 자신의 활동 결과물을 자신의 활동 자료집에 보관한다. • 영수는 친구들과 나눌 로봇에 대한 이야기를 만들어, 자신의 이야기를 친구들에게 들려주기를 원한다. • 영수가 쓴 기모라는 경찰로봇에 관한 이야기는 철자가 틀리고 구두점도 맞지 않지만 친구들은 이야기를 듣기를 원했고, 그의 이야기를 듣고 칭찬과 박수를 쳐주었다. • 몇 명의 아동들은 이 이야기를 보다 발전시킬 수 있는 방법을 제안하기도 했다. • 이야기 나누기를 통해 들은 여러 제안들을 참고로, 영수는 자신의 이야기를 수정하여 자신의 책을 만든다.
평가	• 언어활동을 지도하는 데 있어 **모든 아동이 같은 책과 같은 페이지를 보도록 하는 것은 아주 쉬운 일이다. 하지만 아동들은 이러한 활동에서는 별로 배우지 못한다.** • 민희, 희경, 철수 그리고 다른 아동들이 전혀 다른 경험을 필요로 하는 한편, 영수는 특정 종류의 활동(로봇)을 원한다. • 따라서 아동의 관심에 따라 소그룹으로 언어활동이 이루어지도록 지도하는 것이 학습에 효과적이다.

위와 같이 개별 아동들이 교실에서 하는 다양한 활동을 파악하기 위해 몇 가지 전략이 필요하다.

① 아동들이 어떤 활동을 하고 있는지 알 수 있도록 매일 아침 교사는 각 아동과 간단하게 이야기를 나눈다. 언어활동시간의 5~10분간을 이를 확인하는 데 사용한다.

② 아동들이 자신의 활동 목록에 자신의 활동을 기록하도록 지도한다.

③ 아동들은 자신의 각 활동을 마칠 때마다 이를 체크하고, 교사와 자신의 활동에 대한 이야기를 나눈다. 또한 무엇을 배웠고 다음에 무엇을 할 것인지도 이야기한다.

교사는 아동이 나누는 이야기, 아동이 읽은 책 목록, 교사가 가르쳐야 할 필요가 있는 것, 또는 교사가 활동에 사용한 전략과 기술들을 목록에 적는데, 이를 통해 아동이 개별적으로 학습하도록 도울 수 있다.

4) 인지발달에 따른 언어학습

아동들은 동화와 조절을 통해 지식을 활발히 구성하고 환경과 상호작용한다. 학습은 도식이 동화로 확장되고, 진행된 또는 조절된 새로운 경험을 설명하기 위해 재구성될 때 일어난다. 아동들이 학습활동에 참여함에 따라, 다른 측면으로 알거나 친숙했던 정보 시스템 속에서 새로운 요소를 발견하고 학습하게 된다. 아동들은 상황 속에서 이치에 맞고 적당히 새로운 정보를 인정하고 추구한다. 정보의 새로운 면과 충돌하면서 아동들의 도식은 분해되어 불평형 상태에 놓이게 된다. 새로운 정보의 조절은 도식의 재조직을 야기하고 아동들이 더 복잡한 도식을 갖게 되어 이전보다 더 복잡한 정보를 처리할 수 있게 된다. 아동들은 그들이 환경에서 마주하는 것을 이해하려 함으로써 아는 것과 모르는 것을 연관 지어 학습한다.

교사는 아동들이 아는 것과 모르는 것을 연결 지을 수 있도록 돕는 교수방법을 짜 맞출 필요가 있다. 교수활동에서 주어지는 새로운 정보량은 아동들이 불평형을 너무 오래 경험하지 않고 동화하거나 조절할 수 있도록 아동들의 능력 범위 내에 있어야 한다.

비고츠키(Vygotsky, 1978)는 아동이 어떻게 성인과의 사회적 상호작용을 통해 학습하는지를 설명하기 위해 '근접발달 지대(zone of proximal development)'라는 개념을 사용했다.

근접발달 지대는 아동 스스로 문제를 해결할 수 있는 실제 발달수준과 보다 능력 있는 주변의 성인이나 또래 등 다른 사람의 도움을 받아 문제를 해결할 수 있는 잠재적 발달수준, 이 두 수준 사이의 영역을 의미한다. 그에 의하면 아동과 생활하는 성인은 아동이 실제 발달단계에서 잠재적 발달단계로 이동하도록 아동을 도우며, 아동은 학습하기 위해 경험뿐 아니라 언어도 사용한다고 본다.

아동을 위한 수업을 준비할 때, 교사는 학습을 위한 최상의 조건을 만들어야 한다. 아동들이 새로운 정보에 대한 예상을 할 수 없거나 상호작용에 필요한 도식이 없는 경우, 교사는 아동들이 무엇을 아는지와 무엇을 모르는지를 연관 짓도록 도와야 한다. 그러므로 새로운 정보는 이해가 되는 상황에서 적당히 새롭게 제시되어야 한다. 이러한 경우는 아동들이 큰 어려움을 느끼지 않고 조절을 하게 된다.

5) 학습의 수단

아동들은 정보를 처리하거나 학습하는 데 세 가지 방법 중 하나를 사용하는데, 그것은 경험, 관찰 그리고 언어이다(Smith, 1975).

다섯 번째 생일선물로 두발자전거를 받은 아동을 생각해 보자. 이 아동은 어떻게 자전거 타는 것을 배울 수 있을까?

아마도 부모가 아동에게 자전거에 대한 책을 읽어 줄 수 있을 것이다. 또는 자녀가 보는 앞에서 아버지가 자전거 타는 법을 설명해 줄 수도 있다. 다른 방법은 아동이 자전거를 타 봄으로써 직접적 경험을 통해 배우는 것이다. 아동이 자전거를 경험한 후에 아버지가 아동이 숙달하기 어려운 까다로운 조작방법에 대해 설명을 해 줌으로써 더 잘 자전거를 타게 되기도 한다. 이후 아동이 자전거에 흥미를 갖고 더 알아보기 위해 책을 읽을지도 모른다.

이러한 방법들 중 아동이 자전거를 타기를 배우는 가장 확실한 방법은 자전거 타기 경험일 것이다. 경험은 가장 기본적이고 구체적인 학습방법이다. 아동은 적극적 개입을 통해 가장 잘 학습한다(Piaget, 1969). 아동이 발달해 감에 따라 학습에 점차 직접체험 대신 관찰과 언어를 보다 많이 사용하게 된다. 학습을 위한 활동에서 이루어지는 관찰과 언어사용은 아동의 직접적 경험이나 실제 생활소재와 연관되어질 때 더욱 효과적인 학습을 기대할 수 있다.

아동의 학습을 가능하게 하는 경험과 관찰, 언어사용 방법을 통해 해볼 수 있는 활동을 제안하면 〈표 1-4〉와 같다(Tompkin et al., 1991).

표 1-4 아동의 학습을 가능하게 하는 활동방법

경험	관찰	언어
• 인터뷰 • 사물 조작 • 극 놀이 참여 • 견학에 참여 • 역할놀이 활동에 참여 • 인형의 사용 • 오감 사용 • 단어 놀이 활동 • 가상 저널 및 신문 쓰기	• 영화 슬라이드 만들기 • 그림 그리고 색칠하기 • 도표, 군집, 이야기 지도 만들기 • 글사 없는 책 읽기 • 영화, 영화 슬라이드, 비디오 보기 • 도표, 지도, 표본 보기 • 연극, 인형극 보기 • 시나 동화 보고 쓰기 • 실물 교수 보기	• 브레인스토밍 • 합창으로 말하기 • 함께 읽기 • 이야기 구술하기 • 토의하기 • 오디오 테이프 듣기 • 이야기 듣고 크게 따라 하기 • 대화에 참여하기 • 극 놀이 대본 읽기 • 읽기 • 말하기 • 쓰기

생각나누기

언어지도

Chapter

02

언어발달의 기초

영유아기에 언어를 발달시키는 일은 매우 중요한 과업이다. 2장에서는 이 시기에 왜 언어발달이 중요하며 언어와 영유아의 발달 간에는 어떠한 관계가 있는지, 그리고 영유아의 언어발달에 어떠한 요인들이 영향을 주는지를 살펴보고자 한다.

메아리

속담 및 격언

빈대 잡으려다 초가삼간 태운다.

그림책 소개

나의 원피스
니시마키 가야코(2020) – 한솔수북

녁 점 반
윤석중, 이영경(2004) – 창비

얼음 땡!
강풀(2014) – 웅진주니어

예비교사들의 언어에 대한 표현

언어는 단어 이해이다.
(교사와 동물에 대해 이야기하는 모습)

희망을 추구하는 동화와 주문

팥죽 할멈과 호랑이
서정오(1997) – 보리

하쿠나마타타(Hakuna matata)
걱정 마. 다 잘될 거야. ~ 하라 위로의 말.

1 영유아기에 언어교육이 중요한 이유

언어가 인간의 사회생활에서 갖는 일반적 의미의 중요성 이외에도 영유아기는 언어발달이 활발히 이루어지는 결정적인 시기이므로 언어교육이 그 어느 시기보다도 중시된다. 영유아기는 새로운 단어를 빠르게 습득하며 들은 문장을 이해하고 자신의 생각을 언어로 표현하는 등의 듣기와 말하기가 발달되는 중요한 시기로, 2살 반에서 4살 반의 유아는 하루에 평균 2개 내지 4개의 단어를 배우거나(Pease & Gleason, 1985), 심지어는 매일 10개의 단어를 배우기도 한다(Miller & Gildea, 1987). 이와 함께 긁적거리기에서 시작하여 창안문자를 통해 쓰기가 발달되고, 인쇄물이나 그림책을 읽는 활동을 통해 글자에 관심을 가지면서 읽기와 쓰기도 급속히 발달하게 된다.

영유아기에 언어교육이 중요한 이유를 살펴보면 다음과 같다.

1) 학습의 기본

언어는 모든 학습의 기본이다. 언어는 말을 학습하는 것으로, 완성되는 것이 아니라 말의 학습을 기초로 해서 시각적 언어, 즉 글을 이해하고 표현하는 것으로 연결된다. 유아기 때의 언어능력은 초등학교 입학 후 배우게 될 문자학습뿐 아니라 다른 일반과목의 학습에도 영향을 미친다.

2) 언어와 인지의 관계

인간의 언어는 인지를 반영하며 인지는 언어발달로 인해 그 발달이 촉진된다. 비고츠키(Vygotsky, 1962)는 어린이가 성장함에 따라 언어적 의미를 통한 사고과정인 내적 언어가 발달한다고 하였다. 즉, 영유아는 사회적인 대화를 통해 습득한 내용을 내면화하면서 인지를 발달시킨다.

3) 언어발달의 결정적 시기

영유아기는 언어발달이 급속히 이루어지는 결정적 시기로 음성언어와 문자언어를 체계적으로 배우게 되면 올바른 언어습관을 형성하고 동시에 언어능력을 소유하게 된다.

그런데 영유아의 모든 영역의 발달, 즉 신체적, 사회적, 정서적, 인지적 발달 등의 성장과 발달에 기여하는 언어발달이 저절로 이루어지는 것은 아니다. 신체적·정신적으로 건강한 상태에 있는 아기가 태어나서 '엄마'나 '아빠'라는 말을 하기까지 언어적 자극이 풍부한 언어환경에 노출될 때 정상적인 구어발달이 가능하다. 특히 문장의 구성 규칙에 맞는 무한한 가능한 말을 만들어 내는 힘을 가지려면 체계적인 교육이 이루어져야 한다. 더욱이 영유아의 문어의 발달을 위해서는 더 많은 문자 경험과 문자와 관련한 교육이 필요하다.

2 언어교육을 통한 영유아의 각 발달영역의 지도

영유아를 대상으로 한 언어교육은 단순히 언어발달에만 기여하는 것이 아니라 영유아의 다른 영역의 발달에도 기여하게 되며, 또한 발달이 이루어지면서 언어도 더욱 발달하게 된다. 언어와 발달영역들 간에는 상호역동적인 관계가 존재하는데, 이들 간의 상호관계를 살펴보고 언어를 통한 영유아의 전인적 발달이 이루어지기 위해서 교사는 어떻게 언어지도를 통해 영유아의 각 영역의 발달을 도울 수 있는지 알아보았다.

1) 언어와 신체발달

읽고, 말하고, 듣고, 쓰는 것은 영유아의 신체 움직임의 한 부분이다. 말을 하기 위해서는 안면근육이 발달하여야 하며, 말을 함으로써 근육의 조절이 자연스러워지기도 한다. 또한 손 기술이나 눈과 손의 협응력은 휘갈겨 쓰기나 그림 그리기 같은 긁적거리기부터 제대로 된 글자를 써 가면서 점점 발달해 간다. 특히, 그림을 그리거나 낙서를 하면서, 문자나 숫자를 쓰면서 손과 손가락 근육을 사용함으로써 소근육을 정교하게 발달시킬 수 있다(Miller, 1991). 또 그림책을 넘기며 책을 보면서 손가락을 사용하게 되고, 눈과 손의 협응능력을 발달시킬 수 있다. 손 근육 기술이 발달됨에 따라 책 읽기를 좋아하는 영유아들은 책을 점점 더 잘 넘길 수 있게 된다.

대근육 기술은 영유아들의 극 놀이에 참여하거나 음악과 신체표현 활동에 참여하면서 발달시킬 수 있는데, 소방서 놀이나 경찰놀이 등의 극 놀이는 언어를 사용함은 물론 대근육을 사용할 기회를 제공함으로써 운동기술의 발달을 촉진하게 된다.

이를 위해 교사는 다음의 지도방법을 고려할 수 있다.

① 대근육을 사용하는 이야기가 담긴 이야기책을 제공한다.

② 영유아들에게 대근육 움직임과 관련된 극 놀이에 참여할 시간과 공간을 제공한다.

③ 영유아들에게 노래와 게임을 제공하여 단어와 움직임을 연상하도록 돕는다.

④ 흥미 있는 자료를 제공하여 소근육 움직임을 돕는 활동을 하도록 유도한다.

⑤ 영유아들에게 의미 있고 자연스러운 상황에서 쓰기 작업을 할 수 있도록 자료를 배치한다.

2) 언어와 인지발달

영유아들은 언어를 사용하여 문제들을 해결하며 질문을 하고 생각들을 나눈다. 언어는 시각적 변별력, 청각적 변별력, 상징의 이해, 문제해결기술, 기억력 등의 인지와 관련된 변인들의 발달을 돕는다(Miller, 1991).

(1) 시각적 변별력의 발달

영유아는 문자와 단어, 유사 문자, 낙서 등의 차이점을 구별하는 과정에서 시각적 변별력을 발달시키는데, 이러한 변별력은 언어발달에 있어도 중요하다. 예를 들어, 어린 유아는 'ㅁ'과 'ㅂ'의 차이나 'ㅏ'와 'ㅓ'의 모양이 다르다는 것을 시각적으로 변별할 수 없거나 각 문자의 차이를 인식하기 어렵다. 언어발달의 결정적 발전은 시간이 흐름에 따라 영유아들이 낙서와 글자 같은 것을 인식하고, 그 후 글자, 단어들 간에 시각적 차이를 인식하게 되면서 이루어진다.

경험을 통한 시각적 인식은 영유아들이 자신의 이름에서 글자를 인식하거나 낯익은 간판에서 글자를 인식하도록 돕는다. 영유아들은 책을 읽게 되면서 그림책을 위에서 아래로 읽으면서 동시에 왼쪽에서 오른쪽으로 읽어야 한다는 것을 아는 과정에서 자연스럽게 방향감각을 기른다.

영유아의 시각적 변별력을 발달시키기 위해 교사는 다음의 방법을 고려해 볼 수 있다.

① 영유아에게 글자를 짚어 가면서 책을 읽어 준다.

② 영유아들과 책을 읽을 때 운율이 있는 단어들을 발견하도록 돕는다.

③ 자석판과 모형글자나 모양을 제공하여 영유아들이 스스로 글자 모양의 유사점과 차이점을 느끼도록 돕는다.

④ 영유아들이 스스로 비교하고, 대조하고, 연결하고, 기억할 수 있는 여러 물건들로 가득 찬 풍부한 문자 환경을 제공한다.

(2) 청각적 식별능력의 배양

문자와 소리의 관계를 파악할 수 없다면, 또 각 모음이나 자음이 내는 소리를 자동적으로 기억할 수 없다면 언어발달을 기대하기 어렵다. 다행히 인간은 선천적으로 여러 가지 소리를 구별할 수 있으며, 다른 소리보다는 사람의 목소리에 민감하고, 어머니의 소리와 아버지의 소리를 구별할 수 있는 능력을 타고난다. 그런데 이러한 능력도 훈련을 통해 보다 정교하게 발달시킬 수 있으므로 이에 대한 훈련이 필요하다. 소리연습을 통해 영유아들은 이런 기술들을 점차 발달시키며 청각적 기억은 영유아들이 그들이 좋아하는 이야기 안에서의 사건들을 회상하도록 돕는다.

영유아의 청각발달을 위해 교사는 다음의 활동을 계획할 수 있다.

① 영유아들이 노래나 책에서 운율이 있는 단어들을 발견하도록 돕는다.

② 듣기 게임을 통해 소리 간의 차이를 배우도록 한다.

③ 낯익은 동물이나 사물의 소리를 흉내 내게 함으로써 청각적인 기억력을 관찰한다.

④ 책을 함께 읽으면서 단어나 글자들의 소리의 유사점과 차이점에 주의를 기울이도록 돕는다.

(3) 상징의 이해능력 고취

언어를 통해 영유아들은 어떤 사물이나 표시 같은 상징들이 그 이상의 의미가 있다는 것을 이해한다. 경험을 통해 글을 쓴다는 것은 말하여진 단어를 상징으로 바꾸는 것이라는 것을 알게 된다. 영유아들이 노래를 하면서 몸을 움직일 때 그들은 상징적 움직임을 통해 사건들을 표현하게 된다.

영유아가 언어는 소통 가능한 상징체계라는 것을 안다면 보다 쉽게 언어능력을 개발할 수 있을 것인데, 상징을 이해하도록 하는 방안을 소개하면 다음과 같다.

① 영유아들이 상징들을 써 보고 읽어 보도록 문자가 표시된 다양한 자료들을 제공한다.

② 상징화 과정을 이해하도록 실제 도구를 교실 안으로 가져올 수 없다면 가상의 것을 사용하도록 상상력을 격려한다. 예를 들면, 고깃배의 노를 대신하여 블록을 사용하도록 교사가 시범을 보일 수 있다.

(4) 문제해결능력의 습득

문제와 갈등들은 삶에서 피할 수 없는 부분이다. 영유아들의 언어기술이 향상되게 되면 이들은 문제를 해결하는 중요한 수단을 얻게 된다. 영유아들이 동화를 경험하고 그림책을 읽게 되면서 책 속의 인물들이 당면하는 문제들과 그 해결방법을 인지하게 된다. 이를 통해 문제해결을 위한 다양한 방법을 알게 되고, 각각의 해결책이 효과적인지 또는 비효과적인지 검토하게 된다. 이런 과정을 거쳐 영유아는 자신들의 문제에도 효과적으로 대처하게 된다.

영유아가 문제해결방법을 배우도록 교사는 영유아들의 시도를 적극적으로 지지하고, 영유아가 흥미를 가지며 다음의 상황을 예측할 수 있게 하는 이야기를 경험시킨다. 또한 영유아들이 문제해결 단계를 습득하도록 도와야 하는데, 문제해결과정은 다음과 같다.

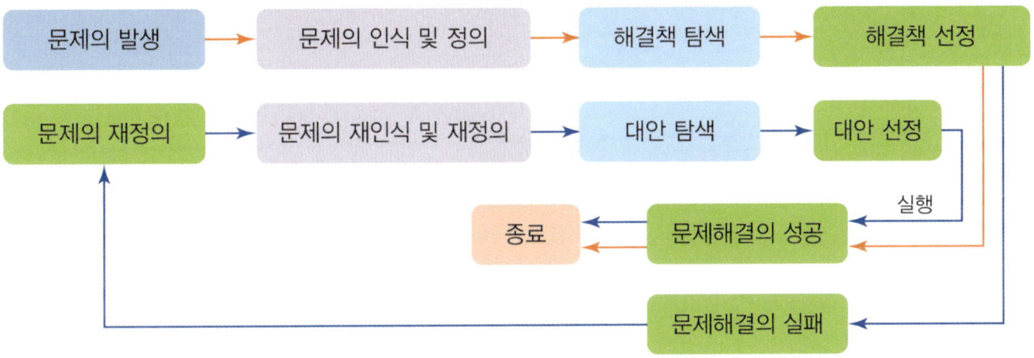

[그림 2-1] 문제해결과정

3) 언어와 사회성 발달

언어가 발달하면서 영유아들의 놀이는 혼자놀이에서 협동놀이로 발달하게 되고 친구를 사귀게 된다. 친구관계가 형성되면 언어발달이 더 빠르게 진행된다. 영유아는 다른 사람과 대화를 나누고 특별한 친구들에게 비밀을 이야기하거나 이사를 간 친구에게 편지를 쓰면서 사회성을 발달시킨다. 언어는 사회적 상호작용을 격려하며 강화한다. 영유아가 쌓기 영역에서 아이들과 함께 블록을 쌓으면서 또는 소꿉영역에서 요리사 흉내를 내면서 언어를 사용하고 상호작용의 기본적인 태도를 형성하게 된다.

언어발달과 사회성 발달을 격려하는 지도방법은 다음과 같다.

① 영유아들이 소그룹 안에서 또는 짝과 함께 놀이를 할 수 있도록 놀이를 계획한다.

② 영유아들이 대화를 시작할 수 있도록 질문을 하거나 영유아들이 서로의 문제들을 타협하도록 돕는다.

③ 좋은 책이나 함께 놀 수 있는 소도구들을 제공하거나, 극 놀이를 자극하는 장소로 견학을 가는 등 영유아들이 서로 이야기할 수 있는 경험들을 제공한다.

4) 언어와 정서발달

영유아들은 자신의 감정을 표현하기 위해 언어를 사용한다. 영유아가 자신의 감정을 인지하는 것은 언어의 형태이며, 표현하는 것도 언어의 형태를 빌릴 때 왜곡이 없다. 언어를 사용함으로써 자신의 감정을 조절하거나 절제하는 것도 가능하다. 이런 점에서 언어발달은 건강한 정서생활을 하는 데 있어 선행조건이라 할 수 있다.

(1) 다른 사람의 관점에서 바라보기

영유아들은 역할놀이를 하면서 주어진 상황을 다른 사람의 관점에서 보는 능력을 발달시킨다. 다른 사람의 관점에서 바라보는 능력이 증가되면 종종 다른 사람들의 감정에 쉽게 자신의 감정을 이입할 수 있게 된다.

다른 사람의 관점에서 사태를 볼 수 있도록 지도하는 방법은 다음과 같다.

① 영유아들과 함께 책을 읽는 동안 그들이 책 속의 어떤 인물이 되었다면 어떻게 느꼈고 행동했을까 등에 대해 이야기하도록 격려한다.

② 영유아들이 극 놀이를 하는 동안 자신의 역할에 관련된 감정들을 생각해 보도록 격려한다.

③ 영유아들이 새로운 역할을 해보려고 시도할 때 그 역할에 관한 관점에서 상황을 보도록 도와준다.

(2) 감정표현 능력의 배양

영유아들은 그림을 그리거나 행복한 일 또는 혼란스러운 사건들에 대한 이야기들을 종이 위에 긁적거리면서 자신들의 감정을 표현한다. 새롭게 태어난 동생에 대한 감정을 아기인형을 가지고 놀면서 역할놀이를 통해 나타내기도 한다. 이와 같이 언어활동들은 종종 정서를 표현하는 자연스러운 출구가 된다.

영유아의 감정표현을 돕는 방법은 다음과 같다.

① 교사는 영유아들의 감정을 수용한다. 영유아들도 좌절과 분노가 정상적이라는 것을 알 필요가 있다. 교사는 영유아들이 이런 강한 감정들을 적절한 방법으로 처리하는 것을 발견하도록 도와야 한다.

② 영유아들이 좌절과 분노와 같은 강한 감정을 잘 처리하도록 도와주는 책이나 역할놀이를 할 수 있는 소도구들을 제공한다. 교사는 영유아들이 그들 혼자서는 자기의 강한 감정을 설명할 수 없을 때 책이나 역할놀이를 통해 자신의 감정을 표현할 수 있는 단어들을 알려줄 필요가 있다.

(3) 자발성과 자아존중감의 격려

영유아들은 자연스럽고 의미 있는 방법으로 언어를 학습할 때 성취감과 자신감을 얻게 된다. 영유아들이 말하고, 쓰고, 혼자서 읽을 수 있게 될 때 독립심과 자신이 능력이 있다는 생각을 가지게 된다. 능력감과 자신감을 느끼는 것은 학교와 인생에 걸쳐 성공할 수 있는 열쇠가 된다.

교사는 다음의 방법을 사용하여 영유아가 자아존중감을 갖도록 지도할 수 있다.

① 영유아의 아이디어에 주의를 기울이고, 영유아들이 자신의 활동이나 놀이를 결정하도록 돕는다.

② 영유아들이 자료를 잘 선택하며, 사용한 후 스스로 치울 수 있도록 독립심을 조성하는 교실배치를 한다.

③ 영유아들이 수용감을 느끼고 성공감이 인정되는 부드럽고 양육적인 분위기를 만든다.

④ 영유아가 실수를 했을 때 실수는 누구에게나 일어나며 실수를 통하여 배울 수 있다는 것을 강조하여 자기 존중감을 잃지 않도록 돕는다.

5) 언어와 창의성 발달

창의적 사고는 새롭고도 도전적인 방법으로 언어를 사용하고 표현하는 것이다. 영유아가 자신의 이야기나 가상의 세계를 언어로 표현해 봄으로써 상상력을 자극하게 된다.

교사는 다음의 방법으로 영유아의 창의성 발달을 도울 수 있다.

① 영유아가 많은 대답들을 생각하도록 개방식 질문을 한다.

② 영유아에게 힘을 부여하기 위해 요술봉을 사용하거나 상상놀이를 북돋우기 위해 소도구들을 제공한다.

③ 영유아들의 창의적 사고를 확장시킬 여러 가지 자료들을 제공한다.

3 언어발달의 영향요인

3세에서 5세는 언어발달의 결정적 시기로, 이때 주어지는 교육은 보다 큰 효과가 있는데, 음성언어와 문자언어를 체계적으로 배우게 되면 올바른 언어습관을 가짐은 물론 언어능력도 소유하게 된다. 인간이 정상적으로 언어를 발달시키기 위해서는 신체적·정신적으로 건강한 아기가 태어나 '엄마'나 '아빠'라는 말을 하기까지 언어적 자극이 풍부한 언어환경에 노출되어야 하며, 특히 문자언어의 발달에는 체계적인 교육이 더욱 요구된다.

영유아의 언어습득과 발달은 유전적 요소, 성장의 여건, 환경의 요인 등 다양한 요인에 의해 영향을 받으며, 그 발달에서의 개인차도 큰 것으로 보고되고 있다.

골드필드와 스노우(Goldfield & Snow, 1985)는 언어발달을 사회적 요인과 관련지어 **참조적 양식**(referential style)과 **표현적 양식**(expressive style)으로 구별하여 언어 초기발달에서의 개인차를 설명하고 있다. **참조적 양식**을 발달시킨 영유아는 사람을 가리키기보다는 사물을 지칭하는 데 어휘를 사용하여 사물이나 동물, 장난감 등의 이름을 붙이는 관심이 많다. 반면에, **표현적 양식**을 발달시킨 영유아는 사람이나 사람들과의 일상적 생활을 표현하는 데 어휘를 사용하며 어휘는 느낌이나 욕구를 표현하는 데 필요한 것이라는 생각을 갖는다. 따라서 표현적 양식을 발달시킨 영유아는 주변 성인이나 성인의 말에 더 반응적이고, 더 많은 대화를 하며 사회적 관계를 지지하는 언어를 더 많이 사용하므로 참조적 양식을 발달시키는 영유아에 비해 언어발달이 보다 빠르게 이루어진다. 영유아가 발달시키는 언어양식은 영유아의 언어적 상호작용 유형에 차이를 가져오고 이는 언어발달의 차이로 연결된다.

영유아의 언어발달에 영향을 비치는 요인들을 영유아의 개인적인 조건, 가정환경, 유아교육기관의 환경 등으로 구분하여 살펴보고자 한다.

1) 영유아의 개인적 조건

언어발달에 영향을 주는 영유아의 개인적 요인은 지능, 성, 심신의 상태 등이다.

(1) 지능

언어의 선천적 능력을 주장하는 촘스키(Chomsky, 1958)는 "언어능력은 일반적인 지적능력과는 관계가 없다."고 하였으며, 레너버그(Lenneberg, 1970) 역시 "IQ가 50 이상만 되면 언어체제를 습득하는 데 어려움이 없다."고 주장하나, 이들의 주장은 어휘의 양적 크기나 언어 구사력의 질적 측면을 고려하지 못한다는 비판을 받는다.

언어와 지능과의 관계를 연구한 대부분의 연구에서는 언어능력과 지적능력은 .30에서 .80까지의 상관을 보고하여 언어와 지적능력과의 관련성을 주장하고 있다.

(2) 성

흔히 여아가 남아에 비해 말을 더 빨리 배우고 더 잘한다고 생각한다. 1950년대까지의 연구들은 여아의 언어발달이 더 빠르다고 보고하고 있으나 근래에는 그 신뢰성을 의심하고 있다. 성과 언어발달과의 관련성에 대한 일치된 견해는 없으나, 남아와 여아가 언어발달에서 보이는 차이는 성에 따른 차이보다는 사회문화적 요인으로 설명된다. 즉, 여아에게 주어지는 환경적 기대나 부모와의 상호작용, 언어자극이 남아에게 주어지는 것과 다르기 때문에 언어발달에서 성에 따른 차이가 있는 것으로 나타나므로, 이를 성 차이로 해석하기보다 개인차로 설명하는 것이 타당하다는 것이다.

(3) 심신의 상태

영유아의 신체적 요인뿐 아니라 심리상태도 언어발달에 영향을 주는데, 이를 보면 다음과 같다.

① 신체조건

촉각기관, 발음기관, 청각기관, 신경근육 조직 등의 신체적 조건이 정상적인 언어발달에 영향을 준다. 영유아가 언어발달을 이루기 위해서는 보고, 듣고, 만지는 감각기관을 통해 외부의 정보를 수집하고, 이들을 분석 종합할 수 있어야 하며, 입술이나 혀, 구개, 후두, 폐 등의 기능이 정상이어서 발성을 하는 데 지장이 없어야 한다. 동시에 자신이 산출한 소리나 타인의 소리를 듣고 자신의 소리를 수정하는 과정이 필요하며, 이를 위해 청각기관이나 신경계통, 뇌 등이 정상상태에 있어야 한다. 이러한 신체기관들이 기능적으로 작용하고 영유아가 건강한 상태에 있는 것이 언어발달의 선행조건이다.

② 사회성

영유아가 어머니나 주양육자, 또는 주변 사람들, 교사, 또래들과의 사회적 접촉을 통해 사회성이 발달되면 그렇지 않은 영유아보다 언어생활이 풍부해지고 이는 언어발달을 자극한다. 또한 언어가 발달되면 영유아는 다른 사람들과의 관계에서 언어를 사용함으로써 사회성을 더욱 발달시키게 된다.

③ 정서

정서불안은 언어장애로 이어지므로 심리적으로 안정된 정서상태를 유지하는 것이 언어발달에 도움이 된다. 영유아가 학대나 심리적 외상을 경험하게 되면, 함묵증이나 고성 또는 말을 더듬는 등의 행동으로 나타날 수 있다.

2) 가정환경

영유아가 말을 배우려면 말을 해야 할 필요성을 느껴야 하고, 타인과 말을 주고받을 기회를 가져야 하며, 언어와 사고에 기초를 둔 다양한 경험도 해야 한다. 가정은 인간의 초기발달에 지대하면서도 결정적인 영향을 미치는데, 언어발달의 경우도 영유아가 사용하는 언어는 그 영유아가 성장한 환경의 산물로 여겨질 정도로 가정의 영향이 절대적이다. 가정환경 중에서도 특히 가정의 사회경제적 수준, 형제관계, 부모와의 언어적 상호작용, 가정의 물리적 환경 등이 영향을 미친다.

(1) 가정의 사회경제적 수준

가정의 사회경제적 수준에 따라 사용하는 언어형태에 차이가 있는데, 빈곤층 가정의 자녀는 중류층 가정의 자녀에 비해 문장의 길이가 짧고, 사용하는 어휘도 더 적은 것으로 보고되고 있다. 반면, 중류층 가정의 자녀는 더 정교하며 복잡한 문법 구도를 가진 문장을 사용하는 것으로 나타났다. 번스테인(Berstein, 1971)은 중류층과 빈곤층 가정의 언어를 연구하여 빈곤층 어머니는 제한된 어법을 사용하고 중류층 어머니는 정교한 어법을 사용한다고 보고하고 있다. 즉, 빈곤층 어머니는 설명을 하기보다는 명령, 통제, 지시를 많이 했으며, 주어진 상황에서 비효과적으로 문제를 처리하였다. 또한 자녀의 반응을 주시하지 않고, 행동을 규제하고 지시를 자주 사용한 것으로 나타났다.

이러한 계층 간의 차이는 결손가설과 차이가설로 설명되고 있다.

결손가설은 빈곤층 가정의 자녀들의 언어발달에서 보이는 현상을 경험 부족에서 야기된 발달의 지체로 설명하고 이 지체를 보충해 줄 보상프로그램을 실시할 것을 주장한다. **차이가설**에서는 계층 간 차이가 있는 것으로 나타나는 이유는 검사도구 자체를 중류층을 염두에 두고 제작하여 계층 간 언어의 질적 측면을 비교하지 못한 때문으로 설명하고 있다.

(2) 형제

형제 수가 적은 경우는 성인과 언어적 상호작용을 많이 하므로 언어발달이 빠르며, 형제 수가 많은 경우는 언어발달 면에서 미숙한 형제와 언어적 상호작용을 많이 하므로 언어발달이 느리다고 한다. 외동이의 경우 언어발달이 느린데, 쌍둥이는 더 느리다는 보고도 있다.

출생순위에 따른 언어발달은 장자의 경우 언어발달이 더 우수하며, 연령차가 적은 경우 동생은 언어습득에 있어 보다 더 열등하다고 한다. 형제관계에 대한 일치된 결과는 보고되고 있지 않으나, 우리나라 아동의 경우는 형제가 있는 경우가 없는 경우보다 언어 표현력이 우수하다.

(3) 부모와의 언어적 상호작용

부모와 접촉하는 시간, 부모가 자녀에게 사용하는 언어형태의 질적인 면, 언어강화 형태 등이 영유아의 언어 및 인지발달에 영향을 준다. 특히 상호 신뢰를 바탕으로 부모와 애정적이고 정서적으로 밀접한 유대가 형성되어 있는 경우 언어발달도 촉진된다고 할 수 있다.

어머니는 자녀들과 대화를 할 때 간단하고 짧은 문장을 사용하며, 구체적인 단어를 이용하여 반복적으로 표현한다. 또한 자녀의 언어를 교정할 때는 반복확장 방법을 사용한다. 어머니가 제한된 언어를 사용하는 경우보다는 추상적인 단어를 사용하여 사태를 보다 추상화시키고 긴 문장으로 설명하는 경우 언어발달을 촉진한다. 자녀의 언어발달을 촉진하기 위해 부모는 다양한 장면에서 자녀의 언어사용을 격려하고 어휘확장의 기회를 제공하며 부모 자신의 언어의 질을 높이는 것이 필요하다.

(4) 가정의 물리적 환경

가정의 물리적 환경과 놀잇감 등도 영유아 언어발달에 영향을 준다. 특히 TV나 비디오 등은 언어발달에 긍정적 영향을 준다는 보고도 있으나, TV나 비디오 등에서 나오는 언어자극은 기계음이므로 그 시청 시간이 길 경우 언어발달에도 도움이 되지 않으며, 언어발달 이외의 다른 영역의 발달에 부정적인 결과를 초래할 수도 있으므로 장시간의 시청은 제한하는 것이 바람직하다. 이 밖에도 어머니와 언어 상호작용을 촉진하는 동화책, 인형, 언어카드 등은 적절히 주어질 경우 언어발달을 자극한다.

(5) 가족과의 다양한 경험의 공유

영유아의 경험을 확장시켜 주고 가족들과 공동의 경험을 갖게 되면, 이는 구체적이고 살아있는 언어경험과 대화를 나눌 수 있게 하는 소재를 제공해 주어 언어발달을 촉진한다. 따라서 영유아가 가족과 공동의 즐거운 경험을 할 수 있도록 배려하는 것이 언어발달을 돕는다.

3) 영유아교육기관의 환경

언어발달에 영향을 미치는 요인들 중 영유아교육기관의 환경은 영유아가 가정을 떠나 최초로 집단경험을 하는 장소이며, 교사나 또래들과 사회적 경험을 하는 과정에서 영유아는 부모와는 다른 사람과의 의사소통 기술을 배우게 된다. 영유아교육기관의 교육환경에서 언어발달에 영향을 주는 요인은 교사의 언어수준, 교육 프로그램, 또래와의 관계, 교실의 분위기 등인데, 특히 이 중에서 교사의 영향이 가장 크다고 할 수 있다.

(1) 교사

교사는 영유아의 언어발달에 있어 **모델**로서의 역할, **제공자**로서의 역할, **상호작용자**로서의 역할을 담당한다. 교사의 음성, 말투, 어휘 등은 교사언어의 질을 결정하며, 이는 영유아에게 언어모델이 된다. 또한 교사는 영유아를 위한 언어활동을 계획하고 언어적 자극과 필요한 교구를 제공함으로써 영유아의 언어사용을 촉진한다. 교사와 영유아의 상호작용이 어느 특정 시간에만 이루어지는 것이 아니며 교육기관에서의 일상생활 자체가 언어교육의 장임을 고려할 때 교사언어의 영향력은 절대적이다.

매틱(Mattick, 1981)은 교사가 영유아의 언어발달을 돕는 교육을 하기 위해 자신의 교육방법을 스스로 평가해 보는 기준을 제시하고 있다.

① 영유아와 상호 교환적인 대화를 나누는가? 교사가 대화를 주도하고 있지는 않은가?
② 영유아의 확산적 사고와 다양한 언어표현을 도울 수 있는 개방적 질문을 많이 하는가?
③ 영유아를 훈계하거나 설교하는 말을 자주 하지는 않는가?
④ 영유아의 이야기를 잘 들어주는가?
⑤ 영유아의 이해수준을 고려하여 이야기를 하고, 새로운 어휘를 소개하여 영유아의 언어능력이 증진되도록 하는가?
⑥ 같은 말을 지나치게 반복하지는 않는가?
⑦ 영유아에게 적합한 언어활동을 제시하는가?
⑧ 영유아들 간에 대화를 할 수 있는 기회를 충분히 제공하는가?
⑨ 영유아가 대화에 참여하도록 기회가 있을 때마다 지도하는가?
⑩ 영유아에게 의미가 있는 생활 경험을 주제로 이야기할 기회를 제공하는가?
⑪ 교사와 영유아들 간에 상호 신뢰와 존중을 바탕으로 의사소통을 하는가?

(2) 교육 프로그램

영유아의 언어발달에 어떤 교육적 철학과 목표를 가지고 있는가가 영향을 주는데, 구조화된 언어교수법을 지향하는 경우 개념형성이나 어휘습득에는 도움이 되나 창의적 사고를 자극하지 못하므로 자연스러운 언어활동이 많이 이루어지는 교육활동을 제공할 필요가 있다. 언어발달을 자극하는 활동으로는 영유아가 사회 속에서 다양한 상황이나 역할을 상상적인 사고를 통해 이야기식의 가상적 활동으로 전개하는 가작놀이, 극화놀이, 역할놀이 등을 들 수 있다.

예를 들어, 피자가게 놀이를 할 때 메뉴판을 제공함으로써 읽기를 유도할 수 있고, 주문서와 연필을 제공함으로써 쓰기를 격려할 수 있다. 또한 전화를 제공하여 말하기와 듣기를 촉진할 수 있다. 따라서 교사는 언어활동이 자연스럽게 이루어지는 기회를 주고, 적절한 자료와 소품을 제공하며, 자유로운 표현을 격려하는 교실 분위기를 만들어야 한다.

(3) 또래와의 관계

또래와 이야기를 나눌 수 있는 교실의 분위기는 영유아가 사회화된 언어를 습득하는 데 도움을 준다. 따라서 교사는 영유아들 간의 언어적 상호작용을 격려해 준다.

(4) 교실의 환경

교실의 구조, 비치된 도서, 언어영역의 구성, 언어자료에의 접근 가능성 등도 영유아의 언어발달에 영향을 미친다. 언어영역은 다른 시끄러운 활동에 방해를 받지 않는 곳에 구성하며 영유아의 호기심을 끌 수 있도록 매력적인 공간이 되도록 다양한 소품을 제공한다. 이러한 소품은 쉽게 사용할 수 있어야 하며, 또한 영유아가 오래도록 편안한 마음으로 머물 수 있도록 아늑한 공간으로 구성해 주는 것이 언어발달을 돕는다.

[그림 2-2] 언어영역의 환경구성

생각나누기

언어지도

Chapter

03

언어발달이론과 의사소통

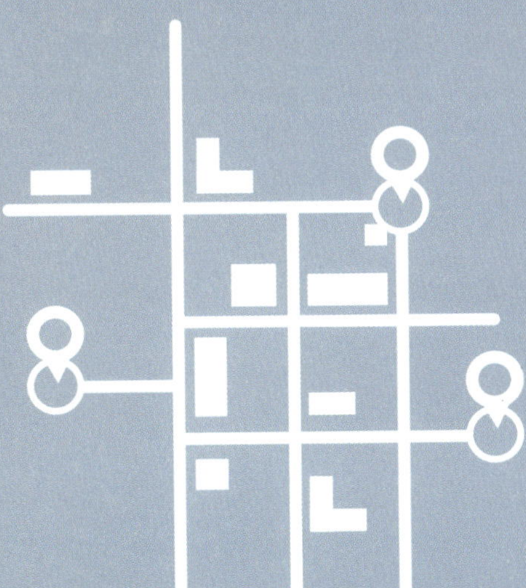

3장에서는 인간의 언어발달을 설명하는 행동주의 이론, 천성이론, 상호작용적 견해를 살펴보고 의사소통에 대한 학자들의 생각을 알아보고자 한다.

의사소통은 대인관계에서 나타나는 언어적, 비언어적 행동으로 언어발달을 지원하고 촉진시킨다. 의사소통과정에서 언어는 소통을 위한 기본요소가 된다.

메아리

속담 및 격언

돌다리도 두들겨보고 건너라.

그림책 소개

파랑이와 노랑이
레오 리오니(2003) - 물구나무

점과 선이 만나면
베로니크 코시(2014) - 국민서관

사각형 아저씨와 원 아줌마가 만나면?
멜리사 피구아(2015) - 살림어린이

예비교사들의 언어에 대한 표현

언어는 나의 생각을 말하는 것이다.
(친구들 앞에서 발표하는 모습)

희망을 추구하는 동화와 주문

혹부리영감
박안나, 김숙경(2021)
별똥별

마하켄다프펠도문(Mahaken Da Pepeldomoon)
자신의 슬픔과 고통을 잊을 수 있게 해주는 주문.

1 언어발달이론

언어발달을 설명하는 이론으로는 부모의 강화나 언어모델에 의한 효과와 같은 외적 요인에 의해 일차적으로 영향을 받는다는 행동주의적 견해, 타고난 생득적 요인이 언어발달에 가장 중요하다는 천성이론, 두 이론에서 주장하는 외적 요인과 타고난 요인이 상호작용하여 언어가 발달한다는 상호작용적 이론(Essa, 1999) 등이 있다.

1) 행동주의 견해

왓슨(Watson), 스키너(Skinner)와 반두라(Bandura)로 대표되는 행동주의자들은 어린 아동의 두뇌는 백지상태와 같아서 후천적으로 주어지는 언어경험으로 머리를 채움으로써 언어를 배우게 된다고 보았다. 언어의 학습은 사고과정이 아닌 기계적인 반복에 의해 이루어지는 귀납적 과정으로 언어는 습관에 의해 형성되고, 그 습관은 반복에 의해 언어지식으로 정착된다고 하였다. 이들은 자극과 반응의 결과나 모방의 결과로 언어학습을 설명한다.

영아가 단어를 배우게 되는 과정을 설명한 왓슨(Watson, 1913)의 **단어형성이론**에 따르면 영아는 /ma/ 혹은 /pa/ 소리를 낼 때 부모로부터 보상(언어적 반응, 미소, 포옹과 뽀뽀 등)을 받게 되는데, 어떤 기회에 '엄-마(am-ma)'라고 했더니 아버지보다 어머니가 더 큰 보상을 주고, '아-빠(a-ppa)'라고 할 때 어머니보다 아버지가 더 많은 보상을 준다는 것을 경험을 통해 배운다. 이러한 과정을 반복해서 경험하게 됨에 따라 언어표현이 습관화되고, 영아는 어머니는 '엄마' 아버지는 '아빠'라고 불러야 한다는 것을 터득하게 된다. 성장함에 따라 영유아는 이러한 과정을 통해 많은 단어들을 학습하게 되며, 각 단어들은 환경 내에서 주어진 대상과 사건들에 연관될 때 보다 쉽게 학습이 이루어진다. 즉, 장난감을 직접 접할 때 장난감이란 단어를 보다 쉽게 배우게 된다.

스키너(Skinner, 1965)는 **조작적 조건화**와 **강화의 원리**로 언어습득과정을 설명하고 있다. 영유아가 어떤 특정 반응을 받을 때 그 반응에서 육체적, 심리적 만족을 느끼게 되면 그 반응을 더 효과적으로 기억할 수 있게 됨으로써 학습이 이루어진다는 것이다. 영아가 아무런 의미 없이 옹알거리는데, 어느 날 어머니에 의해 긍정적 강화를 받으면 이것을 기억하게 되고, 그 강화를 받던 사건과 자신의 발성을 일치시키는 순간 하나의 단어를 터득하게 된다. 강화에는 상대방이 자기의 말을 되풀이하여 말해 주는 것, 상대방이 자신의 말을 들어주는 것, 상대방의 웃음, 부드러운 손길, 물질적 보상 등 여러 가지 형태가 있다.

반두라(Bandura, 1977) 역시 다른 행동들을 학습하는 것과 마찬가지로 영유아가 모델의 언어행동을 **관찰**하고 **모방**함으로써 언어를 학습하게 된다고 보았다.

행동주의의 언어학습에 관한 여러 설명들은 언어의 개념발달을 설명하고 있지 못하며, 언어의 창조적인 측면이나 새로운 문장의 획득과정, 빠른 언어발달의 속도 등을 설명하고 있지 못하다는 비판을 받고 있다. 한 예로, 호수를 표현할 때 '마룻바닥'에서 단어를 빌어 '물 바닥'이라고 표현하는 것은 성인의 강화나 모방으로 설명되지 않는 부분이다.

2) 천성주의 견해

천성주의의 입장을 대표하는 촘스키(Chomsky, 1958)는 모든 언어에 통용되는 언어의 보편적 특성을 가지고 있음을 지적하고, 언어학습을 가능하게 하는 선천적 기제인 **언어획득장치**(LAD: Language Acquisition Device)가 있음을 가정한다.

촘스키에 의하면, 어떤 언어든지 문법적인 문장인지 비문법적 문장인지를 구분하는 보편적 규칙이 있으며, 이 규칙은 모든 언어에 적용된다고 하였다. 그는 문법적 규칙을 표면구조와 심층구조의 두 수준으로 설명하고 있다. **심층구조**는 일반적으로 적용 가능한 규칙을 포함하는 보편적 언어를 말하며, **표면구조**는 일반적 규칙을 생활에서 활용할 때 표현되는 구어를 말한다. 표면구조는 심층구조에서 유도되며, 심층구조의 규칙은 문법적 문장형태를 구체화하는 작용을 하는데, 이 구체화 과정을 생성이라 명명하고 있다. 이 생성문법규칙은 누구나 태어나면서부터 지니는 선천적 능력이라 본다.

맥네일(McNeill, 1970) 역시 타고난 능력과 자라는 과정에서의 언어경험과의 상호작용을 통해 언어가 획득된다고 하였다. 여기서 타고난 능력은 신체적 능력으로 대별되며, 언어경험은 영유아가 속해 있는 문화적 배경을 의미한다.

촘스키와 함께 천성주의 이론의 한 축을 구성하고 있는 레너버그(Lenneberg, 1970)는 인간의 언어습득 능력을 갓난아기가 뛰는 심장을 갖고 태어나는 것과 같은 생물학적으로 선천적인 준비의 일부로 설명한다. 영유아는 그가 무슨 언어를 듣든지 생후 18개월경에는 그 언어를 말하기 시작하며, 약 5세경에는 자신이 사용하는 언어의 문법을 학습하게 된다. 여기서 언어를 학습한다는 것은 성인수준의 어휘력이나 언어수행기술을 가졌다는 것을 의미하는 것이 아니라, 영유아 자신이 노출된 언어의 기본적 문법규칙을 획득한 것을 의미한다.

레너버그에 따르면, 사람의 중추신경계에는 언어의 추상적 구조를 대표하는 생물학적 기제가 있으며, 언어의 습득은 단순히 사물에 대해 이름을 붙이는 것이 아니라 단어이든 문장이든 그 관계를 정립하기 위해 관계를 체계화하는 것이라고 보았다. 따라서 언어능력이 발달하게 됨에 따라 언어들을 서로 관련시키는 능력이 분화되고, 이 의미 분화가 진전됨에 따라 통사구조가 발달된다고 설명하고 있다. 그는 언어습득과정을 **두뇌기능의 측면화**로 설명한다.

두뇌기능의 측면화 현상은 인간의 두뇌가 좌반구와 우반구로 분화되어 있고, 각 반구마다 그 자체의 고유한 역할을 담당함으로써 외부자극에 대해 각 반구가 각기 다른 두뇌기능을 보이는 양분화된 기능현상의 총체를 의미한다. 좌반구는 말과 언어, 쓰기와 읽기를 통제하고 연합적 사고에 의한 지식의 획득을 담당하며, 우반구는 시간관념의 형성을 주관하고, 창의적 사고나 비언어적 관념을 다룬다. 그에 의하면, 두뇌기능의 측면화는 사춘기 이전에 이루어진다. 사춘기 이전에는 두뇌의 유연성 때문에 그 기능의 전도가 가능하여 좌반구의 언어담당지점에 장애가 올 경우 우반구에서 언어기능을 담당하는 것이 가능하나, 사춘기 이후에는 이 전도가 이루어지지 않는다고 하였다.

레너버그의 이러한 가설은 아버지에 의해 인간생활로부터 격리되어 언어자극을 받지 못하고 성장하다 13.5세 때 발견된 제니(Jenie)의 사례에는 적용되지 않는다는 의문을 받고 있다. 쿠티스(Curtiss, 1977)가 제니를 처음 면접하였을 때는 제니는 언어를 구사할 줄 몰랐으나, 언어학자들의 지도결과 18세가 되어서는 최소한이기는 하나 문법능력과 어휘력을 갖추고 문장을 구사할 수 있게 되었는데, 조사결과 좌반구의 언어통제기능은 상실되었으나 우반구에서 언어와 비언어를 모두 통제하는 것으로 나타났다.

레너버그의 언어습득의 결정적 시기에 관한 가설은 제니의 경우 사춘기 이후에도 언어발달을 이룩한 것으로 보아 의문시된다. 즉, 사춘기 이전이 언어습득의 결정적 시기임은 틀림없으나, 사춘기 이후에도 인간의 언어습득이 가능하다는 것을 암시한다. 한편, 레너버그의 주장을 지지하는 학자들은 제니의 사례가 좌반구의 언어통제 능력이 상실되었고 제니가 획득한 언어능력은 아주 미숙한 수준에 머물러 있음을 들어 언어학습에 있어서 선천적 능력과 결정적 시기가 있음을 보여 주는 강력한 증거라고 주장한다.

3) 상호작용적 견해

상호작용이론에서는 인간의 언어발달은 생물학적인 성숙요인과 문화적 환경요인이 서로 복잡하고 얽혀 일어나는 역동적인 과정임을 지적하고 있다. 이들은 인간의 언어발달을 생득적인 것인가 또는 학습적인 것인가 양분하여 설명하는 것은 인간의 언어발달이 복잡하고 역동적인 과정임을 간과하는 것이라고 주장한다.

상호작용이론은 크게 인지요인에 의해 언어발달이 이루어지는 것으로 보고 있는 인지적 상호작용이론, 사회적 관계 속에서 타인과의 상호작용을 통해 언어가 발달된다는 사회적 상호작용이론이 있다.

(1) 인지적 상호작용이론

인지적 상호작용이론가들은 언어발달은 영유아의 인지구조와 인지능력이 발달한 결과로 이루어진다고 본다. 즉, 언어가 사고를 형성하여 특별한 사상을 특별한 방식으로 사고하게 하며, 동시에 영유아도 자신의 의도나 생각을 표현하는 수단으로 언어를 사용하게 되는데, 자신의 주변 세계에 대해 획득한 개념을 표현하기 위해 단어와 문법적 규칙을 학습하게 된다고 하였다.

언어발달에 있어 인지적 상호작용을 주장하는 피아제(Piaget, 1969)는 언어습득과정은 인지발달에 의해 결정되고 언어도 동화와 조절과정을 거쳐 습득되며 사고가 발달함에 따라 **자기중심적 언어**에서 **사회화된 언어**로 발달된다고 보고, 다음과 같이 사고발달에 따른 언어발달 현상을 설명하고 있다.

① 1단계: 외부세계를 감각과 운동에 의해 인식하며 음성언어가 발생한다. 이때의 단일 언어는 욕구와 정서를 표현하거나 또는 사물의 확인을 표현한다.

② 2단계: 사고는 자기중심성, 변환성, 중심화, 가역성의 결여 등을 특징으로 한다. 언어 역시 **자기중심적 언어**로 반복, 독백, 집단 독백 등의 형태를 보인다. 이는 타인의 관점이 자신과 다르다는 것을 이해하지 못하는 자기중심적 사고의 결과로 나타나는 언어로 의사소통의 기능을 갖지 못한 언어이다. 자기중심적 언어는 언어 도식을 연습하고, 자신의 욕구를 충족시키거나 이후 발달되는 사회화된 언어를 준비하는 역할을 한다.

③ 3단계: 사회적 언어를 사용한다. **사회화된 언어**는 듣는 사람의 관점을 고려하면서 의사 전달 기능을 갖는 순응된 정보교환, 비난과 조롱, 명령과 요구 및 위협, 질문과 대답 등으로 타인과 생각을 나누거나 관계를 맺는 데 사용되는 언어이다.

④ 4단계: 사고발달이 성숙됨에 따라 언어로 기술된 복잡한 문제를 해결할 수 있다.

(2) 사회적 상호작용이론

사회적 상호작용이론은 영유아의 언어발달은 여러 **생득적 요인**이 작용함은 물론, 언어발달에 요구되는 언어경험을 제공하는 **사회 환경**의 중요성을 인식하고 언어발달이 이 둘의 복잡하고 역동적인 상호작용 과정을 거쳐 이루어진다고 본다.

사회적 상호작용 이론가들은 영유아의 언어를 학습할 때 다음의 사항이 전제된다고 본다.

① 영유아는 규정된 연속적 순서대로의 말하기 기술에 의해 언어를 학습하는 것이 아니라, 그들이 속한 지역사회의 언어를 경험함으로써 말하는 법을 배운다.

② 영유아는 스스로 사정하고 이를 검증하면서 스스로의 지식을 구성하는데, 이는 규칙에 맞는 말하기의 발전으로 이어진다.

③ 영유아는 의미 있고 기능적이며 참된 의사소통이라는 목적을 가지고 언어를 사용한다.

④ 성인은 영유아의 학습을 지지하기 위해 영유아에게 모델과 비계(scaffolding)를 제공한다.

⑤ 부모나 영유아를 돌보는 성인들은 영유아가 말하는 방법을 성공적으로 학습할 것이라 기대한다.

언어발달에 관한 사회적 상호작용이론을 대표하는 사람은 비고츠키(Vygotsky, 1962)이다. 그는 언어발달이 생득적 요인과 언어경험을 제공하는 환경의 복잡하고 역동적인 상호작용과정을 거쳐 이루어진다고 본다. 영유아가 자신과 환경과의 상호작용한 결과를 내면화시키는 과정에서 정신이 발달하며, 사고가 행동을 창조하는 것이 아니라 행위가 사고를 창조하고 영유아의 지적 성장은 사고의 사회적 수단, 즉 언어를 습득함에 따라 이루어진다고 하였다.

또한 언어의 기능에 관심을 가졌는데, 언어의 기능을 크게 의사소통 기능과 내적 조작(정신)기능으로 보았다. 최초의 언어인 울음은 영아 자신의 욕구를 알리는 의사소통의 기능만을 담당하는데, 점차 나이가 들면서 내적 조작기능도 할 수 있게 된다고 보았다.

비고츠키는 구어의 발달뿐 아니라 문어의 쓰기 발달에도 관심을 가졌는데, 쓰기의 학습상황이 구어에 비해 인위적인 상황으로, 문어의 학습은 구어의 학습보다 어렵다고 보았다. 쓰기가 효과적으로 이루어지기 위해서는 쓰기를 교육하려는 교사의 노력과 쓰기에 요구되는 아동의 적절한 운동력이 있어야 하며, 쓰기의 동기, 즉 쓰기의 목적이 있을 때 쓰기 활동이 의미를 가지게 되므로 철자를 쓰는 것이 아니라 의미 있는 문자를 가르쳐 자연스러운 문자언어발달이 이루어지도록 해야 한다고 결론짓고 있다.

비고츠키의 견해를 지지하는 브루너(Bruner, 1978)는 사회적 상호작용의 기제를 통하여 언어가 발달한다고 믿고 영유아의 언어학습기제를 설명하기 위하여 '**언어획득 지원체계**(LASS: Language Acquisition Support System)'를 가정한다. 영유아들은 말을 하기 시작할 때 언어를 안내하고 지지하는 어머니와의 상호작용을 통해 말을 배우고, 자신이 성장한 사회의 언어를 배우게 되므로 영유아가 언어를 발달시키기 위해서는 언어를 습득하려는 선천적 경향(LAD)과 지지와 도움을 주는 성인 두 가지가 모두 필요하다고 주장한다. 영아가 언어를 배우게 되는 것은 어머니가 영아에게 제공하는 상호작용의 틀인 비계 때문이며 까꿍 놀이, 함께 책 읽기, 목욕하기, 주고받기 놀이 등의 일상적 놀이나 상호작용을 통해 어머니가 영아의 언어학습을 촉진시키게 된다.

이상에서 살펴본 언어발달에 대한 이론들은 상호 보완적으로 아동의 언어발달을 설명하고 있다. 영아는 생후 1년 정도가 되면 거의 모든 모음을 산출할 수 있게 되나, 발음의 오류는 초등학교 저학년까지도 지속되며, 발성기제의 발달은 유아기를 거쳐 학령기는 되어야 완성된다.

2 의사소통능력의 발달

의사소통능력(communicative competence)이라는 용어를 처음 사용한 사람은 델 하임즈(Dell Hymes)이다. 1966년 하임즈(Hymes)는 촘스키(Chomsky, 1965)가 언어를 언어능력(language competence)과 언어수행(languages performance)으로 구분하여 설명하는 것은 언어를 제한적으로 설명하는 것으로 생각하고 언어의 실제적 사용을 강조하고자 의사소통능력이라는 용어를 사용하여 언어발달을 설명하였다(Hymes, 1966).

인간은 언어학습을 가능하게 하는 선천적 기제인 언어획득장치를 가지고 태어난다고 보았던 촘스키(Chomsky, 1965)는 언어를 언어능력과 언어수행으로 나누어 설명하고 있다. 언어능력은 동일한 언어를 사용하는 사회의 구성원이 생득적으로 가지고 있는 언어구조에 대한 추상적이고 총체적 지식이고, 언어수행은 언어를 사용하는 구체적인 맥락에서 상황에 따라 언어능력이 사용되는 것이다. 언어능력은 가장 이상적인 여건에서만 언어수행으로 나타나며 언어능력이 반드시 언어수행을 전제로 하지 않는다고 하였다.

촘스키의 이러한 생각은 사회언어학자들에 의해 비판 받았다. 사회언어학자들은 언어가 의사소통을 목적으로 사용되기 때문에 언어가 사용되는 사회적 맥락을 고려하지 않고 언어를 설명하는 것은 언어의 본질을 이해하는 데 한계가 있을 수 있다고 보았다. 따라서 촘스키가 주장하였던 언어능력보다 보다 광범위한 개념의 언어능력을 재설정할 필요가 있다고 주장하였다(김지은·문혁준·김경희·김현주·김혜금 외, 2020, 재인용).

1) 하임즈(Hymes)의 의사소통능력

하임즈(Hymes)는 촘스키(Chomsky)의 언어능력은 동질적인 언어를 사용하는 사회 안에서 이상적인 화자–청자(ideal speaker–listener)의 언어지식을 의미하기 때문에 인간의 언어능력을 설명하기에는 이상적이면서도 제한적이라고 보았다. 특히 외국어를 학습하는 상황에서 보이는 이질적인 언어를 쓰는 사회에서 비이상적인 화자–청자가 보이는 언어행위는 동질적인 언어사회에서의 언어행위와 다르다고 하였다. 그는 촘스키가 언어수행의 영역으로 보았던 사회적・문화적 요인을 포함하여 보다 넓은 의미의 언어능력을 설정하고 이를 의사소통능력이라고 명명하였다.

의사소통능력은 실제 상황에서 적절하고 합당하게 의사소통을 이어 나가는 능력을 말한다. 적절하고 합당한 의사소통이 가능하기 위해서는 다음의 4가지 개념이 필요하다.

① 사용하고자 하는 언어가 문법적으로 가능한 구조를 가지고 있는가,
② 사용하고자 하는 언어가 실제 사회적 상황에서 사용이 가능한가,
③ 실제 언어의 맥락과 관련하여 적절하게 다룰 수 있는가,
④ 사용된 언어가 사회 구성원들에 실제로 받아들여질 수 있는가(Hymes, 1972).

이러한 요소들이 갖추어졌을 때 바람직한 의사소통이 가능하다고 하였다.

2) 커네일과 스웨인(Canale & Swain)의 의사소통능력

소통을 위한 가장 중요한 언어능력은 문법이 아닌 언어가 사용되는 상황에 적절한 발화를 만들어 내고 이해하는 능력이다. 의사소통능력은 문법능력, 담화능력, 사회 언어적 능력, 전략적 능력 등 4가지 하위 요소로 구성되어 있다(Canale & Swain, 1980).

(1) 문법능력

어휘 지식, 형태소, 통사, 문장의 의미, 음운 규칙 등에 관한 지식으로 문법 규칙에 맞게 단어를 배열하고 문장으로 구성하는 능력이다.

(2) 담화능력

독립된 문장이 아니라 일련의 문장들을 연결하는 담화 속에서 전체적인 의미를 형성해 내는 능력이다. 즉, 문장과 문장의 관계가 명확하지 않을 때 알고 있는 여러 지식을 활용하여 언어 속에 내재되어 있는 의미를 추론하여 일정 상황에 맞는 말이나 글을 구성할 수 있는 능력이다.

(3) 사회 언어적 능력

모국어를 사용하는 사람들이 알고 있는 서로 다른 사회 언어적 상황에서 적절하게 언어적 표현을 할 수 있는 능력이다. 즉, 언제 침묵하고 언제 존댓말을 써야 하는지 등 특정 상황에서 어떤 말을 어떻게 해야 하는지를 아는 능력이다.

(4) 전략적 능력

언어를 사용할 때 생기는 변수나 충분하지 않은 언어능력 때문에 의사소통이 잘 되지 않는 것을 보완하기 위해 사용되는 언어적, 비언어적 소통전략에 관한 지식이다. 전략적 능력은 성공적인 의사소통을 결정하는 중요한 요소로 적절한 단어가 생각나지 않거나 상대의 말을 이해하지 못했을 경우 등 다양한 상황에서 말을 바꾸거나 돌려 말하거나, 반복해 말하거나, 주저하거나 회피하는 등의 전략을 사용할 줄 아는 능력이다.

3) 바흐만(Bachman)의 의사소통능력

인간이 가지는 의사소통능력은 ① 세상지식, ② 언어능력, ③ 전략사용 능력, ④ 심리 생리학적 기제, ⑤ 상황 등의 5개 요인이 상호작용한 결과이다. 또한 의사소통능력은 언어적 지식뿐 아니라 실제 언어를 사용할 때도 가지고 있는 언어적 지식을 사용할 수 있는 능력을 포함한다. 언어를 제대로 사용하려면 언어지식과 화자와 청자를 둘러싼 세상지식이 필요하다. 더불어 언어가 사용되는 실제적 맥락을 서로 연결시키는 전략적 능력과 주어진 상황을 이해하고 선험적 지식을 활용하여 상황을 이해하고 적절히 표현하는 기술인 심리 생리학적 메커니즘도 요구된다(Bachman, 1990).

3 의사소통능력과 언어능력의 관계

의사소통능력과 언어능력의 관계를 보면 언어능력의 어떤 아주 작은 부분은 의사소통능력과 무관한 것으로 보이나 일반적으로 의사소통능력의 상당 부분이 언어능력으로 볼 수 있다. 즉, 언어능력보다 좀 더 넓은 의미가 의사소통능력이다. 의사소통능력은 언어의 구조적 의미, 기능적 의미, 사회적 의미를 이해하고 표현하는 능력으로 언어의 사회적 규칙을 상황에 적절하게 활용하는 것이 중요하다.

아동의 언어를 연구하는 연구자들은 아동이 어떻게 말하는 것을 배우는가를 설명하는 문제에 몰두하고 있지만 아직은 어느 누구도 완전한 해결책을 가지고 있지 않으며, 때로는 어떠한 이론이 우세하지만 대개는 각 이론의 일정 부분이 서로 다른 측면을 설명하는 데 유용하게 사용된다. 인간발달에 있어 계속되어 온 본성(nature) 대 양육(nurture)의 논쟁은 언어발달에 대한 설명에서도 예외는 아니다(Erika, 2001).

특히, 영아기에 이루어지는 성인과의 상호작용은 초기 의사소통발달과 언어발달에 중요한 영향을 미친다. 성인이 말을 많이 해주고 다양한 어휘를 사용해 주며 복잡한 문장으로 이야기를 하는 경우, 그리고 영아가 말을 할 수 있는 기회를 제공하는 질문을 많이 하는 경우 등 언어적 자극을 많이 주고 다양한 어휘를 제공하는 것이 영아의 어휘발달을 촉진하며 언어발달에 긍정적 영향을 준다. 따라서 영유아교육기관에서 영유아를 돌보는 교사의 언어적 상호작용이 중요하다 하겠다. 구어가 성취되면 생각하고 말하는 능력이 발달되며, 구어적 의사교환에서만이 아니라 읽고, 쓰기 등의 표상체계로 사용하는 능력인 문해가 발달하게 된다.

영유아들이 어떻게 언어를 배우는지에 대한 이해는 교사가 어떻게 언어기술을 가르칠 것인가를 결정해 준다. 교사는 영유아들이 어떻게 배우는가에 대한 지식을 가지고 그것에 기초하여 교수방법을 고안해야 한다. 교사는 의사결정자로서 교과과정을 선택하는 책임과 의무의 권한을 갖게 되었다. 그런데 영유아는 특별히 교육시키지 않아도 언어를 배우려는 강한 욕구를 가지고 있어 일반적인 언어환경에 노출이 되면 언어학습이 용이하게 일어난다.

영유아의 경우, 치명적인 기관의 손상이나 박탈이 없으면 모든 영유아는 말하기를 배운다. 그러나 많은 영유아는 정상적인 지능을 가졌음에도 읽기를 학습하는 데 있어 어려움을 갖거나 실패를 한다. 문자는 시각적 기호를 통해 메시지를 전달하고 기록하기 위한 체계로 이 역시 문화적 압력에 의해 변화한다. 영유아들은 끊임없이 읽고, 쓰는 것을 배우며, 듣기와 말하기를 배우는 것과 같은 과정을 통해 읽기와 쓰기도 배울 수 있는데, 이를 위해서는 풍부한 언어환경과 자극을 제공하는 격려적인 교사의 역할이 중요하다(강성화·김경희, 2001).

생각나누기

언어지도

Chapter

04

영유아의 언어발달과정

자기 동화를 통한 언어학습과정은 출생부터 시작되어 일생 동안 지속되는데, 웃고, 울고, 소리치고, 한숨짓는 등의 인간의 자연적인 행동언어가 언어의 기초가 된다. 4장에서는 언어가 어떠한 과정을 거쳐 발달하게 되고 발달하는 연령의 변화에 따라 어떠한 언어특성을 보이며 성인 언어와 다른 영유아의 독특한 언어특징은 무엇인지 살펴보고자 한다. 또한 어떻게 읽고 쓰기를 배워 문해 능력을 발달시키는지도 알아보고자 한다.

메아리

속담 및 격언

말 한마디에 천 냥 빚을 갚는다.

그림책 소개

강아지똥
권정생, 정승각(1996) – 길벗어린이

아낌없이 주는 나무
쉘 실버스타인(2000) – 시공주니어

괴물들이 사는 나라
모리스 샌닥(2017) – 시공주니어

예비교사들의 언어에 대한 표현

언어는 듣고 말하는 활동이다.
(종이컵으로 의사소통)

희망을 추구하는 동화와 주문

흥부와 놀부
민정원, 이수인(2021)
인북

수리수리마하수리
계속해서 외우면 지은 죄를 면할 수 있는 주문.

1 언어발달의 생리적 기초

인간이 언어를 사용할 때는 좌·우반구가 모두 작용한다. 말하기와 쓰기 등은 좌반구에서, 음악, 음율, 비언어적 환경의 해독은 우반구에서 이루어져 뇌가 전체적으로 작용하는 것을 알 수 있다. 그런데 언어발달의 신경생리적 기제는 **전두엽**과 **측두엽**에 있다. 특히, 브로카(Broca) 영역이나 워닉(Wernike) 영역의 손상은 언어기능의 손상을 야기한다. **전두엽의 브로카영역**에 손상을 입으면 언어 청취력과 이해력은 정상이나 조음이 곤란하여 실어증상을 보이며, **측두엽의 워닉영역**에 손상을 입으면 청각 실어증상이 나타나 무슨 뜻인지 이해하지 못하게 된다.

의사소통을 위한 언어의 습득을 위해서는 언어능력과 언어수행이 함께 이루어져야 한다. **언어능력**은 문법규칙, 어휘, 어휘의 결합방법과 같은 언어체계의 기초지식을 아는 것이며, **언어수행**은 언어적 사건의 실제 산출(말하기, 쓰기)이나 이해(듣기, 읽기), 그리고 표현된 문장을 의미한다. 즉, **언어능력**은 언어지식과 관련해서 무수한 문법적 문장을 이해하고 산출하게 하는 것이며, **언어수행**은 이러한 지식을 실제로 사용하는 것이라 볼 수 있다.

언어를 통한 의사소통은 두 사람 또는 둘 이상의 사람들 간에 정보가 전달되는 교류과정을 의미하며, 경험을 나누고 관계를 맺게 하는 상호작용에서의 필수요소로 의도적으로 또는 무의식적으로 자신의 감정과 바람, 생각 등을 전달하는 행위를 포함한다. 의사소통행위는 발성, 구화 등의 언어적 행위와 몸짓, 표정, 자세 등의 복합적 행위로 나눌 수 있다(Dunst, Lowe & Barthilomew, 1990).

의사소통은 정서·신체·사회성 등과 같은 발달의 다른 영역과도 밀접하게 관계되며, 만 1~2세를 전후로 영유아의 의사소통 수단이 비언어적 형태에서 언어적 형태로 전이된다(Capirci & Iverson, 1996). 비언어적 의사소통능력은 표상적 사고능력이나 인지발달 과정을 반영하여 이후의 언어발달을 지원하고 촉진시키는 기초가 된다. 그리고 언어적 의사소통이 가능하기 위해서는 어휘발달이 전제되어야 한다.

2 언어발달과정

영유아의 언어발달과정을 전언어기와 언어기로 나누어 살펴보고자 한다.

1) 전 언어기

말을 할 수 있기 이전에 소리의 산출을 보여 주는 시기로 듣기, 울음, 옹알이, 몸짓 등을 들 수 있다.

(1) 듣기

어머니나 양육자로부터 유쾌한 자극과 함께 주어지는 말은 아기의 뇌 속에 새겨져 후일 입을 통해 나오게 되므로 태아기 때부터 들은 언어자극은 언어발달에 있어 중요하다.

(2) 신체적 준비와 능력

말을 하는 데 요구되는 후두, 입술, 혀, 구개, 허파, 이 등의 신체기관이 선천적으로 정상상태에 있어야 한다.

(3) 울음

생후 1개월까지 보이는 분화되지 않은 반사적 울음은 무의식적으로 나타나나 생후 2개월경부터는 의사전달이 가능한 분화된 울음을 울게 된다. 생후 5개월이 되면 울음의 소리가 보다 다양해진다. 울음은 말을 하기 위한 전초작업으로 성대를 사용하게 하여 발음기관의 발달을 돕는다. 동시에 울음은 자기욕구의 신호적 구실을 하는 생리적 가치를 가지는데, 아기가 우는 것은 불편함이나 신체적 고통을 호소하기 위한 것이거나, 주의집중을 받기 위한 것이다.

울음의 원인과 의미는 다음과 같이 나타낼 수 있다.

① **불편함** : 아기는 배가 고플 때, 온도가 너무 높거나 낮을 때(섭씨 25도가 적당하다), 기저귀가 젖어 있을 때에 울음으로 표현하는데, 이러한 문제가 해결되는 과정에서 신체접촉의 욕구도 만족시킨다.

② **신체적 고통** : 무엇에 찔렸거나 꼬집혔을 때 또는 병이 났을 때 운다.

③ **원인 모를 울음** : 아기가 밤에 우는 경우로 복부의 복통 때문으로 추정되는데, 어머니가

저녁에 피곤하여 아기를 소홀히 하였기 때문일 수도 있다. 대부분 신생아는 다른 영유아의 울음소리를 듣고 더 많이 우는 경향이 있다.

④ **주의를 끌기 위한 울음** : 생후 3주경이 되면 주변 성인의 주의집중을 얻기 위해 우는 거짓 울음이 나타난다.

어머니는 아기가 보내는 신호인 울음에 익숙해지면서 그 의미를 잘 파악하게 되는데, 생후 3개월경이 되면 단조롭고 리듬이 없던 울음이 음성과 호흡기능이 발달되면서 리듬을 가지게 된다. 즉, 개인마다 울음의 강도, 리듬 등에 차이를 보이며, 각 개인에 따라 일정한 울음 양상을 보인다. 울음은 언어기능이 증가함에 따라 감소한다.

영아의 울기 행동에 대한 어머니의 추론을 조사한 프래트(Pratt, 1977)는 6개월 전후 영아의 경우, 어머니는 영아의 물리적 욕구와 관련지어 울음을 이해하며, 그 이후에는 심리적 욕구와 관련짓고, 더 나이가 든 영아의 경우 울기패턴을 관례화한다고 하였다.

(4) 옹알이

생후 1개월경에 '우–, 어–' 등의 다양한 발성인 **쿠잉**(cooing)이 나타나며, 2~3개월경에는 자모가 음절로 결합된 인간 언어와 비슷한 음소에 가까운 **옹알이**(babbling)를 하게 된다.

옹알이는 6~8개월경에 가장 많이 나타나나, 2세경까지 옹알이를 하는 경우도 있다. 옹알이는 자음과 모음의 음절로 구성되며, 성인의 음성과 상당히 비슷하다는 특징이 있다. 영아는 단어의 의미는 이해하지 못하나 많은 음소를 생성해 내는데, 성장함에 따라 불필요한 소리는 없어지고 모국어에 필요한 음소만 생성하게 된다. 영아는 옹알이를 통해 소리놀이를 하고 음성을 연습하며, 이를 통해 발성기관과 구음기관을 조절하는 능력을 발달시킨다. 옹알이는 인종과 사용언어와 관계없이 세계 공통으로 나타나므로 성숙의 과정으로 이해된다. 일종의 '단어나 음을 갖고 놀기'로 같은 음절을 반복적으로 되풀이하는 과정에서 발성기제의 연습을 시도하는 것으로 보이며, 동시에 청각적 피드백을 제공하여 발성을 수정하게 하는 역할도 한다. 이뿐만 아니라 옹알이는 사회적 소통의 가치를 지닌다. 즉, 옹알이를 통해 영아는 어머니나 주변 사람들과 긍정적인 관계를 맺는다. 특히, 브루너(Bruner, 1983)는 어머니와 영아가 서로 마주 보고 소리내기에서 시작되는 개인적 신호체계는 음운적인 언어적 의사소통에 필수적인 요인으로, 이를 통해 영아는 점차 사회적 기대에 맞추고 어떻게 대화를 조절하여야 하는지를 알게 된다고 보았다.

6~8개월 된 영아는 자음 'ㅂ, ㅁ, ㄱ'과 모음 'ㅏ, ㅓ, ㅗ, ㅜ'의 소리가 조합된 발음을 할 수 있게 된다. 억양의 발달도 차츰 일상 언어의 억양으로 변화하게 된다. 농아의 경우, 청각적 피드백이 없으므로 9개월 이후에는 옹알이를 하지 않게 된다. 영아가 생후 1년이면 거의 모든 모음의 산출이 가능하게 된다.

(5) 몸짓

영아가 생후 9~11개월경이 되면 아직 언어의 사용이 미숙한 상태이므로 몸짓으로 언어를 대신하게 된다. 이러한 몸짓은 영아가 언어적 소통의 상황을 파악하기는 하였으나 아직 언어 수행이 가능하지 않기 때문에 나타나는 것이다. 몸짓의 유형에는 미소, 얼굴표정, 손과 팔, 입과 혀, 다리 등의 움직임이 있는데, 표현을 한다는 점에서는 울음과 같으나, 기쁨도 표현한다는 점에서 울음과 다르다. 언어기능이 발달된 유아도 자신의 표현을 효과적으로 하기 위해 몸짓을 사용하기도 하나, 몸짓은 사회적으로 환영받는 것이 아니므로 필요한 경우 이외에는 자주 사용하지 않도록 지도한다.

(6) 의사소통능력의 발달

언어발달과 마찬가지로 의사소통의 발달도 태어나면서부터 이루어지는데 10개월 된 영아는 다른 사람들이 자신의 목적을 달성하는 데 도움이 되며 의사소통을 통해 이러한 도움을 얻을 수 있다는 것을 안다. 또한 다른 사람들도 의사소통하려는 의도를 가질 수 있음을 이해한다. 영아들도 성인처럼 언어적 방법으로 의사소통 의도를 표현하기 이전에 이미 다양한 의사소통 의도를 가지고 있고, 초기 몇 해 동안 언어뿐만 아니라 의사소통 기능도 발달하게 된다.

2) 언어기

전언어기를 거친 영아는 생후 1년을 전후하여 사람이나 사물 또는 사건을 지칭하기 위해 단어를 쓰게 된다.

억양의 패턴과 강세변화를 보면 6개월까지는 내리는 억양으로 끝맺음을 하나 이후 내리는 억양과 올리는 억양이 모두 나타나며, 성인의 강세도 모방할 수 있게 된다. 생후 1년 정도가 되면 거의 모든 모음을 산출할 수 있게 되나, 발음의 오류는 초등학교 저학년까지도 지속되며, 발성기제의 발달은 유아기를 거쳐 학령기는 되어야 완성된다.

출생에서 4세가 될 때까지의 언어발달의 양상을 소개한 레너버그(Lenneberg, 1970)는 생후 1년간은 놀이 삼아 발성을 하게 되고 자신이나 성인의 구어를 모방하며, 다음 1년간은 단어와 구를 이해하고 어휘가 확장되면서 단어와 구를 만들어 낸다고 하였다. 3세가 되면 타인과 의사소통을 위해 언어를 사용하며, 거의 완벽하게 구어를 구사한다고 하였으며, 4세가 되면 광범위한 어휘의 획득이 이루어지고 문법의 기본규칙에 맞는 문장을 생성할 수 있게 된다고 하였다. 5세는 언어적 기술이 공고히 되고 확장되는 출발점이며, 8세까지는 언어의 각 측면이 발달되는데, 이후에는 기억력이나 지각력 같은 인지적 책략이나 기존 책략의 적용능력 등이 발달하게 된다고 하였다.

언어기의 언어발달과정을 살펴보면 다음과 같다.

(1) 일어문 시기

한 개의 단어가 의사를 전달하는 문장의 역할을 하는 단계로, 생후 10~13개월 사이에 명사나 형용사를 사용하여 한 단어 말을 시작하게 된다. 동시에 영아 자신의 요구나 감정 제안들을 표현하기 위해 특정 상황이나 사태를 표현하는 영아 고유의 몸짓인 **베이비 사인**(baby sign)이 14~15개월경에 나타난다. 생후 1년을 전후해서 나타나는 첫 단어가 15개월에는 10단어에서 12단어 정도로 늘어나고, 18개월에는 50개 정도의 단어를 사용하게 되는데, 이때는 한 단어가 문장의 역할을 한다.

그린필드(Greenfield)는 영유아의 일어문은 제스처의 사용이나 목소리의 고저 등 상황에 따라서 한 개의 단어이지만 거의 완전한 소통이 가능하다고 하였다(Greenfield & Smith, 1976). 예를 들어, '엄마'라는 한 단어는 단순히 엄마를 부르는 경우, 엄마에게 배고픔이나 배뇨, 배변 등 자신의 욕구를 해결해 주기를 원하면서 부르는 경우, 엄마가 없는 데서 오는 두려움을 표현한 경우, 자신이 발견한 어떤 것을 엄마가 보아주기를 기대하면서 부르는 경우 등 다양한 경우를 생각해 볼 수 있다. 이 경우 '엄마'는 하나의 단어라기보다는 의미가 담긴 문장의 구실을 하는 것으로 보아야 한다.

그린필드는 한 단어 말의 의미는 대략 행위자, 행위, 소유, 위치 등으로 설명할 수 있으며, 한 단어 말이 어떤 의미로 쓰였는지는 맥락에 의해 해석된다고 하였다(Greenfield et al., 1976).

① **행위자** : 아버지가 돌아오는 것을 보고 '아빠'라고 하는 경우

② **행위** : 업히면서 '어부바' 또는 문으로 나가면서 '어-야'라고 하는 경우

③ **소유** : 자신의 소유물을 가리키며 자신의 이름을 부르는 경우

④ **위치** : 어머니에게 가면서 '엄마'라고 하는 경우

(2) 전보식 언어기

1살 반에서 2살 정도가 되면 두세 단어가 결합된 형태의 전보문의 언어를 사용하게 된다. 이 시기부터는 언어발달의 속도가 빨라져서 곧 세 단어나 네 단어의 조합이 나타난다. 이때의 특징은 기능어는 생략되고 내용어로 구성된 문장을 구성한다는 것이다. 브라운과 벨루기(Brown & Bellugi, 1964)는 영유아가 문장을 말할 때 전보문과 같이 핵심적인 단어로만 구성한다 하여 '**전보식 언어**'라고 명명하였는데, 주로 명사, 동사, 형용사로 문장을 구성하며 과거형이나 소유격, 조동사 등은 결여되어 있다. 또한 단어조합에 있어서 문법에는 맞지 않으나, '갔어 차', '더 물 줘' 등의 창의적인 문장이 나타난다.

영유아가 사용하는 전보문의 경우 영유아 스스로 단어를 결합하거나 분해함으로써 다양한 문장을 구성하게 되는데, 브레인(Braine, 1971)은 영유아가 두 단어를 조합할 때 사용하는 규칙을 연구하여 **주축어**(pivot word)와 **관계어**(open word)로 설명한다. 주축어는 영유아가 자주 사용하는 적은 수의 단어로 말을 할 때 특정 위치에 놓이는 주축이 되는 중요 어휘를 말한다. 관계어는 주축어와 짝을 이루는 사용빈도는 적으나, 획득 속도가 빠른 많은 수의 어휘를 말한다.

두 단어 문장의 의미 관계를 보면 행위자－행위, 행위－목적, 소유자－소유, 지시－실체, 수식－실체 등으로 구성되는데, 이는 모든 언어에서 공통적으로 나타난다. 아래에서 보듯이 첫 번째에 나오는 어휘는 부르기나 감탄사가 많으며, 두 번째 단어에 이야기의 핵심적 내용을 담고 있는 경우가 많다.

① **행위자－행위** : 엄마 어부바, 엄마 맴매, 아빠 줘

② **행위 및 행위자－목적** : 엄마 밥, 아야 똥, 아빠 발

③ **소유자－소유** : 엄마 꺼, 아빠 책, 엄마 신, 아야 신

④ **지시－실체** : 이거 구두, 요거 뭔데

⑤ **수식－실체** : 무서운 아찌, 엄마야 아퍼, 이뻐 고모

(3) 문법의 발달

두세 단어를 사용하여 문장을 말하게 되면 곧 세 단어나 네 단어 문장이 나타나, 3세경에는 세 단어 문장을, 5세경에는 다섯 단어 문장을 쓰게 된다.

또한 성인과 비슷한 문법을 사용하게 되는데, 문법 규칙을 확대 적용하는 오류를 범하게 된다. 예를 들어, 영어를 쓰는 영유아가 과거시제의 규칙을 배우게 되면 불규칙 동사에도 과거시제의 규칙을 적용하여 'go의 과거형을 goed'로, 'come의 과거형을 comed'로 말하는 **과잉일반화** 현상이 나타난다.

우리나라의 영유아도 부정어 규칙을 배우면 '친해'의 부정은 '안 친해'로 이해하나 '안 친해'의 부정을 '안안 친해'로 말하는 오류를 범하고, 호칭 어미나 공존격 조사를 배우게 되면 호칭이 필요 없는 어휘에도 이를 사용하여 '엄마야, 이거야', '아빠랑, 아가랑', '아기하고, 언니하고' 등의 표현을 하게 된다.

우리나라 아동의 문법적 형태소의 발달을 연구한 조명환(1988)의 조사에 의하면, 호칭어미나 문장어미는 두 단어 문장 시기에 나타나며, 공존격 조사(랑, 같이, 하고)가 주격 조사(가, 은)보다 먼저 발달한다고 하였다. 공간개념을 나타내는 조사(에서, 서)도 많이 사용한다. 두 살에서 두 살 반경에 과거형, 미래형, 수동형 등이 나타나며, 이후 현재진행형이 발달한다. 또한 자의부정(안)이 먼저 나타나고, 이후 타의부정(못)이 나타난다고 하였다.

(4) 어휘의 발달

부모의 보고에 따르면, 13~15개월에 평균 12개이던 어휘가 16~18개월에는 54개, 22~24개월에는 256개의 어휘를 산출하는 것으로 나타나 비언어적 형태에서 언어적 형태로 전이가 될 때 급속한 어휘발달이 이루어지는 것을 알 수 있다(최은희·서상규·배소영, 2001). 특히 3세에서 4세경이 어휘수의 증가가 가장 활발한 시기로 2세경의 200~300단어를 사용하던 영유아가 4세경에는 1,500단어, 5세에는 2,000개 정도 많은 어휘를 사용하게 된다. 영유아가 어떻게 빠르게 어휘를 습득하게 되는지를 설명하는 이론을 소개하면 다음과 같다.

① 맥네일(McNeill)의 수평적 어휘확장과 수직적 어휘확장

수평적 어휘확장(horizontal vocabulary expansion)은 영유아가 단어의 여러 가지 속성을 알고 다양한 상황에서 그 단어의 의미를 경험함으로써 한 단어의 관습적 의미를 이해하게 되면, 이를 통해 다른 어휘를 배우게 되는 것을 설명한다. 예를 들어, 감이라는 단어를 배울 때 이를 먹어 보고, 만져 보고, 또 나무에 달린 감을 보고 귤과 비교해 보는 등의 반복되는 경험을 통해 감이라는 단어와 이 단어가 나타내는 맛, 형태, 색, 느낌 등을 연결하여 감이라는 단어를 익히게 된다.

수직적 어휘확장(vertical vocabulary expansion)은 영유아가 어떤 어휘의 개념 속성을 학습하게 되면 이와 관련된 단어들을 하나의 의미 집합체로 구성할 수 있게 되어 어휘를 쉽게 학습하게 되는 것을 말한다. 예를 들어, 사과, 배, 감 등의 개념을 학습하면 이를 과일로 분류하여 어휘를 배우게 된다(McNiell, 1970).

② 클랙(Clack)의 과잉 확대

과잉 확대(over extension)는 영유아가 사용하는 표현단어가 성인의 참조범위 이상으로 확장 적용되는 현상을 말한다. 영유아가 어떤 어휘를 배우게 되면, 그 어휘의 참조물의 크기나 모양의 유사성에 기초하여 어휘를 과잉 확대하여 사용하는 경향이 있다. 예를 들어, '공'이란 단어를 배우면 둥근 것은 모두 공이라 표현하게 되고, '멍멍'이란 단어를 배우게 되면 개의 외향에 근거하여 네 발 달린 동물은 모두 멍멍이라 표현하는 경우이다. 이러한 과잉 확대가 나타나는 현상을 몇 가지로 설명할 수 있는데, 그중 하나가 **의미특징가설**로 영유아가 어휘를 학습할 때는 사물의 뚜렷한 지각적 특징에 주의를 기울이고 그와 동일한 특징을 갖는 사물에 대해 같은 단어를 사용하게 된다는 것이다. 즉, 영유아는 자신이 붙인 명칭이 성인에게도 같은 의미로 사용된다고 생각한다. 과잉 확대는 영유아가 적절한 단어를 모르거나 기억하지 못하기 때문에 나타나는 현상이다. 또한 과잉 확대는 단어습득의 하나의 책략으로, 이를 통해 은유적 표현을 씀으로써 시적·창의적 표현이 가능하다(Clack & Clack, 1977).

③ 블룸(Bloom)의 과잉 축소

과잉 축소(under extension)는 영유아가 단어를 사용할 때 그 단어의 의미를 성인 참조물의 하위집합에 국한시켜 적용하는 것을 말한다. 예를 들면, 장미나 백합을 꽃으로 표현하며, 영유아가 말하는 동물에는 곤충이나 어류는 포함시키지 않고 포유류만을 의미하는 경우이다(Bloom, 1973).

④ 신어 창조

영유아는 성인의 언어가 의미하는 바와는 다르게 단어를 사용하는 경우가 있다. 아동의 신어 창조는 의미의 공유 부분이 없으므로, 부모나 교사 등과 같이 아동과 함께 생활하는 특정 성인만이 그 의미를 해석하며, 다른 성인은 이해하지 못한다는 특성이 있다. 예를 들어, 이모를 '모꼬'라 부르거나 호수를 '물 바닥'이라 표현하는 것은 영유아와 가까운 성인만이 알아들을 수 있다.

3 영유아의 연령별 언어행동

인간이 언어를 배우게 되는 과정에는 영유아의 연령뿐 아니라 경험, 발달수준, 흥미 등이 영향을 미친다. 영아는 출생하면서부터 소리를 놀이의 대상으로 삼아 끊임없는 소리 놀이를 하며, 생후 1년이 되면 단어를 표현하게 되고 책과 대화에 관심을 갖게 된다. 이때는 소통이 가능한 언어표현을 하게 되며, 2세가 되면 사물의 명칭이나 의미를 정확히 알며 두세 개 단어를 포함하는 문장이 나타난다. 2세가 넘으면 수용언어와 표현언어가 분리됨을 인식하며 성인과 비슷한 수준의 언어생활을 하게 된다. 특히, 단어가 급속히 늘어나며 3세 이후에는 문자언어에도 관심을 보인다.

2세 이후 영유아의 연령에 따른 언어행동을 살펴보면 다음과 같다(Miller, 1991).

표 4-1 2세 이후의 영유아의 언어행동

연령	발달적 특징
2세	• 두세 단어로 된 문장을 말한다. • 신체부분을 포함한 친숙한 사물들에 이름을 붙이는 것을 좋아한다. • 낯익은 행동이나 소리를 흉내 낸다. • 간단한 지시에 반응한다. • 큰 그림이 있는 간단한 이야기책을 즐긴다. • 좋아하는 이야기를 반복해서 듣는 것을 즐기며 책을 읽어 줄 때 책의 페이지를 넘기려 한다. • 긁적거리며 낙서하거나 서툴게 원 모양을 그린다. • 만 3세까지는 기본적인 발음을 사용한다.
3세	• 서너 개의 단어로 된 문장을 사용한다. • 색깔, 모양, 세기와 관련된 몇몇 단어를 안다. • 크기와 시간개념을 이해한다. • 복수를 사용하고 비교어의 사용이 가능하다. • 자기 이름을 말할 수 있다. • 질문이 많고 질문에 반응한다. • 단순한 노래와 유희를 반복한다. • 친구나 가족에 관한 책 읽기를 즐긴다. • 또래들과 극 놀이를 하며 혼자 놀 때에는 자신에게 이야기를 한다. • 목적을 갖고 크레용이나 연필 등으로 긁적거린다.

연령	발달적 특징
4세	• 3개 정도의 지시가 들어가는 연관되지 않은 명령에 따를 수 있다. • 연속된 개념을 이해한다. • 비교어를 이해한다. • 대부분의 언어규칙들에 익숙하여 어른과 같은 문장을 사용한다. • 이야기하고 말하는 것을 즐긴다. • 금지된 말을 사용하여 어른들을 놀라게 하는 것을 즐긴다. • 극 놀이에서 여러 역할에 따라 다른 음성을 사용한다. • 초월적 힘을 가진 인물이나 호기심 있는 사물에 관한 책을 좋아한다. • 어른이 기록해 주는 단어들을 보고 그대로 베껴 쓰기를 좋아한다. • 자신의 이름을 쓰려 노력을 한다. • 줄을 긋고 글자 쓰기의 기초가 되는 네모, 세모, 동그라미 등을 만드는 데 요구되는 눈과 손의 협응력이 발달된다.
5세	• 대여섯 개의 단어를 사용하여 문장을 만든다. • 자발적인 대화를 즐기고 어른이 당황스러워하는 단어의 사용을 즐긴다. • 쓰기가 능숙해지고 베껴 쓰기, 문자 쓰기를 좋아한다. • 상징을 만들어 그리거나 쓸 수 있다. • 자신의 미술작품을 설명하고 이를 기록하기 위해 베껴 쓰거나 자신들이 만든 문자들을 이용하여 기록한다. • 사람들이 쓰인 단어들을 읽을 수 있다는 것을 이해한다. • 처음, 중간, 끝을 가진 이야기를 이해한다. • 흥미로운 책을 감상하고 운율이 있는 책을 좋아한다. • 글자나 숫자 책을 좋아한다.

4 영유아 언어의 특징

영유아 언어의 특징을 음유상의 특징, 어휘상의 특징, 내용싱의 특징으로 나누어 살펴보면 다음과 같다.

1) 음운상의 특징

주로 일어문 시기에 나타나며 반복현상, 축약현상, 대치현상, 유사현상, 경음현상, 첨가현상 등을 들 수 있다. 이는 발음기관이 미숙하기 때문에 야기되는 것으로, 발음기관이 성숙됨에 따라 자연스럽게 없어진다.

① **반복현상** : 동음이 반복하여 나타난다. 예를 들어 '멍멍', '까까', '빵빵', '매매' 등이 있다.

② **축약현상** : 소리는 줄여서 발음하는 현상으로, 할머니를 '하미', 아저씨를 '아찌' 등으로 발음하는 경우이다.

③ **대치현상** : 본래의 음을 다른 음으로 바꾸어서 발음하는 경우이다. 예를 들어 고기를 '고이', 싫어를 '찌어', 사탕을 '아탕' 등을 들 수 있다.

④ **유사현상** : 본래의 음과 유사한 소리로 바꾸어 발음한다. 예를 들면 귀를 '기', 김치를 '긴치'로 발음하는 경우이다.

⑤ **경음현상** : 음을 발음할 때 경음이나 격음화시키는 현상으로 고기를 '꼬기', 고모를 '꼬모' 등으로 발음한다.

⑥ **첨가현상** : 발음이 원활하게 되도록 다른 음을 첨가하여 발음하는 것으로 '물'을 '무-이'로 발음하는 경우이다.

2) 어휘상의 특징

영유아의 어휘는 감탄어, 동작어, 상징어, 동물어, 음식물어가 주종을 이룬다.

① **감탄어** : '아고', '아이구' 등의 감탄을 나타내는 말

② **동작어** : '곤지곤지', '도리도리', '어부바', '어 야' 등의 동작을 나타내는 말

③ **상징어** : '꼬꼬', '음메', '야옹이' 등 어떤 사물의 일부가 그 사물 전체를 표현하는 말

④ **동물어**와 **음식물어** : '맘마', '꼬기', '무이', '아탕', '멍멍이' 등 동물과 음식물을 나타내는 말

3) 내용상의 특징

3~5세 유아가 사용하는 어휘의 53~60%, 6~7세 유아의 사용 어휘의 44~47%는 자기중심적인 언어라고 한다. 연령이 증가함에 따라 자기중심적 언어가 사회적 언어로 발달하며, 동시에 응답, 독백의 소극적 언어가 질문, 대화의 적극적 언어로 발달하게 된다.

피아제는 사고가 발달됨에 따라 언어의 유형도 발달한다고 보고, 언어를 분석하여 다음과 같이 유아 언어의 특성을 설명하고 있다(송명자·이순영 역, 1985).

(1) 자기중심적 언어

자기중심적 언어는 소통의 의미보다는 말소리의 놀이로 말하는 것 자체를 즐기는 언어활동이다.

① **반복** : 혼자 재미있어서 좋아하는 낱말을 되풀이하는 것으로 사회적 관계가 없다. 예를 들면, '다 다 다', '빠방 빠방' 등이 있다.

② **독백** : 다른 사람이 듣고 있는지 여부와 관계없이 자신의 생각을 어휘로 표현하는 경우이다.

③ **집단적 독백** : 대답을 바라고 말을 하는 것은 아니나, 누군가 들어주기를 기대하면서 하는 말이다.

(2) 사회적 언어

사회적 언어는 의사소통을 위해 타인을 고려하면서 하는 언어이다. 처음에는 자신의 관점에 대해 말하는 단계에서 협동놀이가 가능해지면서 행위나 구체적 사고과정에서의 협력이 이루어지고, 이후 추상적 사고에서도 협력이 이루어진다고 하였다.

① 적응을 위한 **정보교환** : 상대가 있을 경우 정보를 교환하기 위해서 말을 하는 경우

② **비판**과 **조롱** : 자신의 우월성을 과시하는 감정적인 느낌이 들어 있는 말

③ **명령**, **요구**, **위협** : '하자' 또는 '해라' 등의 요구를 표현하는 말

④ **질문**과 **대답** : 대답을 기대하며 하는 말이나 상대방의 요구에 순응을 나타내는 말

구어가 성취되면 생각하고 말하는 능력이 발달되며, 구어적 의사교환에서만이 아니라 읽고, 쓰기 등의 문자언어에 대한 표상체계를 사용하는 능력이 발달하게 된다.

5 문해 능력의 발달

영유아는 성장해 가면서 문자해독을 위한 표상체계를 발달시킨다. 그런데 어린 영아에게 성인이 자신들이 읽기나 쓰기를 배웠던 전통적인 방법으로 말하기를 가르치려 한다면 어떤 일이 일어날까?

아마도 부모들은 언어발달에 대한 연구 기록물과 말하기 기술의 순서표를 아기와 함께 병원에서 가져와야 할 것이다. 부모는 아기를 조용한 방에 두고 처음에는 한 번에 한 음절 단어, 다음엔 두 음절 단어, 마지막으로 짧은 문장 등으로 말을 해주려고 노력할 것이다. 또한 부모들은 자음소리를 특정 순서대로 소개하고 특정한 시점에는 짧은 모음 단어가 들어 있는 이상한 문장을 사용하여 자신의 자녀에게 듣고 말하는 기술을 가르치려 들 것이다(Tompkins et al., 1991).

이러한 방법을 쓰지 않아도 인간은 3~4년이라는 짧은 기간 동안에 자연스럽게 말하는 방법을 잘 배운다. 그렇다면 교사도 같은 방식으로 아동의 **문해**(literacy, 읽고 쓰는 능력) 학습을 도울 수 있을 것이다. 교육 전문가들은 부모가 아동의 말하기 학습을 돕는 전략을 문자언어를 가르치는 데 적용할 수 있다고 가정한다.

현재 교육가들은 21세기에 필요하게 될 것이라 믿어지는 다른 종류의 읽고 쓰는 방법을 확인 중이다. 예를 들어, 교사는 초등학생들에게 컴퓨터를 소개하고 '컴퓨터를 읽고 쓰는 능력(**컴퓨터 문해 능력**)'을 가르치고 있다. 유사하게 수학과 과학 교육가들은 '수과학적 읽고 쓰는 능력(**수과학 문해 능력**)'을 이야기한다. 또한 '현재 사회에서 정의되고 틀을 갖춘 과거 문화에서 온 중요한 생각과 사상'을 소개하는 방식으로의 또 다른 종류의 읽고 쓰는 능력을 '문화적 읽고 쓰는 능력(**문화적 문해 능력**)'이라 생각해 볼 수 있다(Hirsch, 1987). 이렇듯 문해 능력은 자신을 표현하는 도구이며, 세상에 대해 배우는 방법이고 사회에 더욱 완전히 참여하도록 하는 수단이다.

문해 능력의 발달은 초등학생 시기 이전부터 시작되어 성인 혹은 인생 전반에 걸쳐 이어진다. 과거 5세 아동은 형식적으로 1학년 때 시작되는 문해 교육에 '준비되기' 위해 유치원에 보내지곤 했다. 준비가 되지 않은 아동을 위해서는 읽기를 준비시키기 위한 다양한 준비활동이 마련되었다.

그런데 1970년대 이래로 아동의 문해 능력의 관점에 변화가 생겼다(Clay, 1989). 어린 아동들도 스스로 이야기를 다시 말할 수 있고, 단어를 서툴게 쓸 수 있으며, 활자와 같은 글쓰기를 만들 수 있고, 그들에게 소리 내어 읽어지는 이야기를 들을 수 있음을 증명했다. 심지어 어떤 아동들은 스스로 읽는 방법을 터득하기도 한다고 보고되었다. 이러한 관점의 변화는 1980년대에 들어 보다 견고해져서 아동이 글을 배우고 읽고 쓰게 되는 것은 연속적인 과정으로, 어려서부터 문해 환경에 노출되면 자연스럽게 문해 능력을 가지게 된다는 **문해출현**의 관점이 대두되었다. 이러한 견해에 동의하는 학자들은 이야기를 듣고, 환경의 신호와 표시를 알며,

연필을 경험하게 되면 12~14개월의 영아도 읽고 쓰기의 유능한 학습자가 된다고 하며 문해 발달을 설명하고 있다(Teale & Sulzby, 1989).

① 아동은 읽고 쓰는 것을 매우 어린 시기에 학습하기 시작한다.
② 아동은 읽고 쓰기가 사용되는 실제 생활을 관찰하고 참여함으로써 읽고 쓰는 기능을 학습한다.
③ 아동의 문해 능력은 읽고 쓰는 경험을 통해 상호적이고 동시에 발달한다.
④ 아동은 읽고 쓰기 자료에 활발한 참여를 통해 읽고 쓰기의 이해를 구성하면서 학습한다.

틸과 셜츠비드(Teale & Sulzbyd)는 부모나 글을 아는 사람의 도움으로 읽고 쓰는 지식을 스스로 구성하는 적극적 학습자로 어린 아동을 묘사한다. 어린 아동을 돌보는 사람들은 그들이 읽고 쓸 때 읽고 쓰기를 실제로 해볼 수 있는 자료를 제공하며, 읽고 쓰기에 아동이 참여하는 기회를 구성함으로써 도움을 준다. 환경은 아동들이 일상생활의 다양한 측면의 읽고 쓰기를 경험하고, 읽고 쓰는 활동에 참여하는 타인을 관찰하는 긍정적 공간이다.

오늘날 많은 학자들은 아동들이 문어를 배우는 방법은 말하는 방법을 배우는 것과 매우 유사하다고 믿는다. 아동들은 처음 구어를 사용할 때부터 문어에 열중하게 되는데, 그들은 실제적 목적으로 읽기와 쓰기가 사용되는 것을 보고 문어를 경험할 많은 기회를 가진다. 부모와 주변의 성인들은 읽고 쓰는 모델을 제공함으로써 아동의 읽고 쓰는 학습의 비계를 제공하는데, 이러한 경험을 통해 아동들은 읽고 쓰는 능력에 대한 지식을 활발히 구축한다.

생각나누기

언어지도

Chapter

05

표준보육과정에서의 의사소통 영역

제4차 표준보육과정(2020)은 영유아중심, 놀이중심 보육과정을 통해 자율성·창의성을 높이는 것을 목적으로 0~1세 보육과정, 2세 보육과정, 3~5세 보육과정(연령별 누리과정)으로 구성한다. 5장에서는 0~1세와 2세 표준보육과정에서 제시하고 있는 의사소통 영역의 성격과 목표, 수준별 내용 등을 살펴보고자 한다.

메아리

속담 및 격언

백 번 듣는 것보다 한 번 보는 것이 낫다.

그림책 소개

난 토마토 절대 안 먹어
로렌 차일드(2001) – 국민서관

영양이 듬뿍듬뿍
권정민, 류주영(2020) – 한솔수북

된장찌개
천미진, 강은옥(2015) – 키즈엠

예비교사들의 언어에 대한 표현

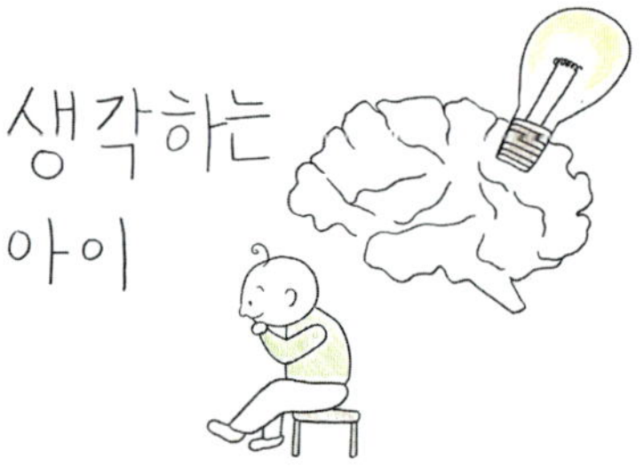

언어는 사고력이다.
(생각하고 실천하는 것)

희망을 추구하는 동화와 주문

마법의 약이라고요?
김영호, 김순효(2014)
책으로여는세상

오블리비아테(Obliviate) '나쁜 기억을 지워준다'는 주문으로 좋은 기억만을 남겨둠.

1 표준보육과정의 체제

표준보육과정은 「영유아보육법」 제29조 보육과정에 근거하며, 모든 어린이집은 제29조 제3항에 근거하여 표준보육과정에 따라 영유아를 보육하도록 노력하여야 한다. 구체적인 보육 과정과 내용은 「영유아보육법」 시행규칙 제30조에 의거한다. 제4차 표준보육과정은 영유아중심, 놀이중심 보육과정을 통해 자율성·창의성을 높이는 것을 목적으로 하며, 어린이집 현장에서는 표준보육과정 개정안(0~2세)과 누리과정(3~5세)과의 연계를 통해서 0~5세 영유아의 경험 및 연령 간 발달 연결이 가능하고 어린이집 현장에서는 일관된 보육과정을 제공하도록 하고 있다. 여기서는 0~2세 표준보육과정을 다루고자 한다.

1) 추구하는 인간상

가. 건강한 사람
나. 자주적인 사람
다. 창의적인 사람
라. 감성이 풍부한 사람
마. 더불어 사는 사람

2) 표준보육과정의 기본 전제

가. 국가수준의 공통성과 지역, 기관 및 개인 수준의 다양성을 동시에 추구한다.
나. 영유아의 전인적 발달과 행복을 추구한다.
다. 영유아중심과 놀이중심을 추구한다.
라. 영유아의 자율성과 창의성 신장을 추구한다.
마. 영유아, 교사, 원장, 부모 및 지역사회가 함께 실현해 가는 것을 추구한다.

2 표준보육과정의 구성 방향 및 체계

1) 구성 방향

가. 영유아는 개별적인 특성을 지닌 고유한 존재임을 전제로 구성한다.

나. 0~5세 모든 영유아에게 적용할 수 있도록 구성한다.

다. 추구하는 인간상 구현을 위한 지식, 기능, 태도 및 가치를 반영하여 구성한다.

라. 표준보육과정은 다음의 영역을 중심으로 구성한다.

- 0~1세 보육과정과 만 2세 보육과정은 기본생활, 신체운동, 의사소통, 사회관계, 예술경험, 자연탐구의 6개 영역을 중심으로 구성한다.
- 3~5세 누리 과정은 신체운동 · 건강, 의사소통, 사회관계, 예술경험, 자연탐구의 5개 영역을 중심으로 구성한다.

마. 0~5세 영유아가 경험해야 할 내용으로 구성한다.

바. 초등학교 교육과정과의 연계성을 고려하여 구성한다.

2) 구성 체계

가. 총론은 3~5세 누리과정 개정 방향과 취지를 수용하되 보육의 정체성 유지, 영아보육의 특성을 반영하였다.

나. 0~2세 영역별 내용은 제3차 어린이집 표준보육과정을 토대로 영아보육의 특성을 반영하였다.

다. 기존의 연령 체계를 유지하여 0~ 1세 보육과정, 2세 보육과정, 3~5세 누리과정으로 제시하였다.

라. 구성 체계를 조정하여 영역, 내용 범주, 내용 체계를 유지하고, 0~ 1세의 4수준, 2세의 2수준으로 구분하였던 세부 내용을 내용과 통합하였다.

마. 0~2세 보육과정은 기존의 6개 영역을 유지하고 내용을 간략화하였다.

바. 전체적으로 영유아중심, 놀이중심을 추구하였다.

사. 영유아 기본 권리의 개별 보장을 중시하여 영유아는 개별적인 특성을 지닌 고유한 존재로 존중받아야 함을 강조하였다.

표 5-1 표준보육과정 6개 영역별 내용 범주

영역	기본생활	신체운동	의사소통	사회관계	예술경험	자연탐구
내용 범주	건강하게 생활하기	감각과 신체 인식하기	듣기와 말하기	나를 알고 존중하기	아름다움 찾아보기	탐구과정 즐기기
			읽기와 쓰기에 관심 가지기			생활 속에서 탐구하기
	안전하게 생활하기	신체활동 즐기기	책과 이야기 즐기기	더불어 생활하기	창의적으로 표현하기	자연과 더불어 살기

3 표준보육과정의 목적과 목표

1) 목적

영유아가 놀이를 통해 심신의 건강과 조화로운 발달을 이루고 바른 인성과 민주 시민의 기초를 형성하는 것을 목적으로 한다.

2) 목표

(1) 0~1세 보육과정

① 자신의 소중함을 알고, 건강하고 안전한 환경에서 즐겁게 생활한다.
② 자신의 일을 스스로 하고자 한다.
③ 호기심을 가지고 탐색하며 상상력을 기른다.
④ 일상에서 아름다움에 관심을 가지고 감성을 기른다.
⑤ 사람과 자연을 존중하고 소통하는 데 관심을 가진다.

(2) 2세 보육과정

① 자신의 소중함을 알고, 건강하고 안전한 환경에서 즐겁게 생활한다.
② 자신의 일을 스스로 하고자 한다.
③ 호기심을 가지고 탐색하며 상상력을 기른다.
④ 일상에서 아름다움에 관심을 가지고 감성을 기른다.
⑤ 사람과 자연을 존중하고 소통하는 데 관심을 가진다.

4 표준보육과정의 운영

1) 편성 · 운영

가. 어린이집의 운영 시간에 맞추어 편성한다.

나. 표준보육과정을 바탕으로 각 기관의 실정에 적합한 계획을 수립하여 운영한다.

다. 하루 일과에서 바깥놀이를 포함하여 영유아의 놀이가 충분히 이루어지도록 편성하여 운영한다.

라. 성, 신체적 특성, 장애, 종교, 가족 및 문화적 배경 등에 따른 차별이 없도록 편성하여 운영한다.

마. 영유아의 발달과 장애 정도에 따라 조정하여 운영한다.

바. 가정과 지역사회와의 협력과 참여에 기반하여 운영한다.

사. 교사 연수를 통해 표준보육과정의 운영을 개선할 수 있도록 한다.

2) 교수 · 학습

가. 영유아의 의사 표현을 존중하고 민감하게 반응한다.

나. 영유아가 흥미와 관심에 따라 놀이에 자유롭게 참여하고 즐기도록 한다.

다. 영유아가 놀이를 통해 배우도록 한다.

라. 영유아가 다양한 놀이와 활동을 경험할 수 있도록 실내외 환경을 구성한다.

마. 영유아와 영유아, 영유아와 교사, 영유아와 환경 사이에 능동적인 상호작용이 이루어지도록 한다.

바. 각 영역의 내용이 통합적으로 영유아의 경험과 연계되도록 한다.

사. 개별 영유아의 요구에 따라 휴식과 일상생활이 원활히 이루어지도록 한다.

아. 영유아의 연령, 발달, 장애, 배경 등을 고려하여 개별 특성에 적합한 방식으로 배우도록 한다.

3) 평가

표준보육과정에서 평가는 어린이집에서 영유아가 중심이 되고 놀이가 살아나는 표준보육과정의 운영을 되돌아보고 개선해 가는 과정이다. 표준보육과정은 어린이집에서 영유아 · 놀이중심 보육과정을 운영하는 데 도움이 되고자 평가를 간략화하고 각 어린이집의 자율적인 평가를 강조하였다. 어린이집은 평가의 목적, 대상, 방법, 결과의 활용을 바탕으로 표준보육과정 평가를 자율적으로 실시할 수 있다.

평가는 다음 사항에 중점을 두고 실시한다.

가. 표준보육과정 운영의 질을 진단하고 개선하기 위해 평가를 계획하고 실시한다.

나. 영유아의 특성 및 변화 정도와 표준보육과정의 운영을 평가한다.

다. 평가의 목적에 따라 적합한 방법을 사용하여 평가한다.

라. 평가의 결과는 영유아에 대한 이해와 표준보육과정 운영 개선을 위한 자료로 활용할 수 있다.

5 표준보육과정의 의사소통 영역

제4차 어린이집 표준보육과정에서 제시한 의사소통 영역은 듣기와 말하기, 읽기와 쓰기에 관심 가지기, 책과 이야기 즐기기의 세 가지 내용 범주로 구성된다.

1) 0~1세 의사소통

(1) 목표

① 0~1세 영아가 의사소통 능력의 기초를 형성하는 경험을 하는 것이다. 일상생활에서 다른 사람의 말이나 이야기를 듣고 말하기를 즐기며, 주변의 그림과 다양한 상징에 관심을 갖고 자유롭게 끼적이기에 관심을 갖는 것과 다양한 책과 이야기를 접하며 관심을 가지는 것을 목표로 한다.

② 의사소통 능력의 기초를 형성한다.

가. 일상생활에서 듣기와 말하기를 즐긴다.

나. 읽기와 쓰기에 관련된 관심을 가진다.

다. 책과 이야기에 관심을 가진다.

(2) 내용 범주 및 내용

내용 범주	내용
듣기와 말하기	• 표정, 몸짓, 말과 주변의 소리에 관심을 갖고 듣는다. • 상대방의 이야기를 들으면서 말소리를 낸다. • 표정, 몸짓, 말소리로 의사를 표현한다.
읽기와 쓰기에 관심 가지기	• 주변의 그림과 상징에 관심을 가진다. • 끼적이기에 관심을 가진다.
책과 이야기 즐기기	• 책에 관심을 가진다. • 이야기에 관심을 가진다.

2) 2세 의사소통

(1) 목표

① 2세 영아가 듣기, 말하기, 읽기, 쓰기의 의사소통 방식에 관심을 가지고 활용하며, 책과 이야기에서 상상하는 즐거움을 경험하기이다. 2세 영아가 일상생활에서 듣고 말하기를 즐기고, 그림과 문자 상징을 읽고 쓰기에 관심을 가지는 것과 책과 이야기를 즐길 수 있는 경험을 하는 것을 목표로 한다.

② 의사소통 능력과 상상력의 기초를 기른다.

가. 일상생활에서 듣기와 말하기를 즐긴다.

나. 읽기와 쓰기에 관심을 가진다.

다. 책과 이야기에 재미를 느낀다.

(2) 내용 범주 및 내용

내용 범주	내용
듣기와 말하기	• 표정, 몸짓, 말과 주변의 소리에 관심을 갖고 듣는다. • 상대방의 이야기를 듣고 말한다. • 표정, 몸짓, 말소리로 의사를 표현한다. • 자신의 요구와 느낌을 말한다.
읽기와 쓰기에 관심 가지기	• 주변의 그림과 상징, 글자에 관심을 가진다. • 끼적이며 표현하기를 즐긴다.
책과 이야기 즐기기	• 책에 관심을 가지고 상상한다. • 말놀이와 이야기에 재미를 느낀다.

6 표준보육과정 영역과 영아 언어지도 연계

[그림 5-1] 표준보육과정 영아 영역

1) 기본생활 영역과 영아 언어

0~1세 영아의 기본생활 영역 목표는 건강하고 안전한 일상생활을 자연스럽게 경험하는 것이다. 신체의 청결과 위생, 수유 및 이유식 등의 식사, 편안한 휴식과 배변을 통해 건강한 생활을 경험하며 놀이를 하고 교통수단을 이용하는 등 일상에서 안전한 생활을 경험하는 것을 목표로 한다.

2세 영아의 기본생활 영역 목표는 건강하고 안전한 생활 습관의 기초를 형성하는 것이다. 신체의 청결과 위생, 즐거운 식사, 배변 습관의 형성, 안전한 놀이와 생활, 위험한 상황에서의 대처 등 일상생활에서 건강하고 안전한 생활 습관의 기초를 형성하는 것을 목표로 한다.

기본생활 영역에서 영아언어가 통합적으로 이루어지기 위한 방안은 다음과 같다.

'건강하게 생활하기'에서는 손 씻는 법 말해 보기, 우리 이 닦기 해요, 옷 입는 방법 말해 보기 등으로 자연스럽게 건강하고 청결한 생활과 함께 언어지도를 이끈다.

0세	1세	2세
 식사용 턱받이	 수건걸이	 영양 가득한 급·간식
 손 씻기 순서	 여아용 변기사용법	 남아용 화장실 사용법
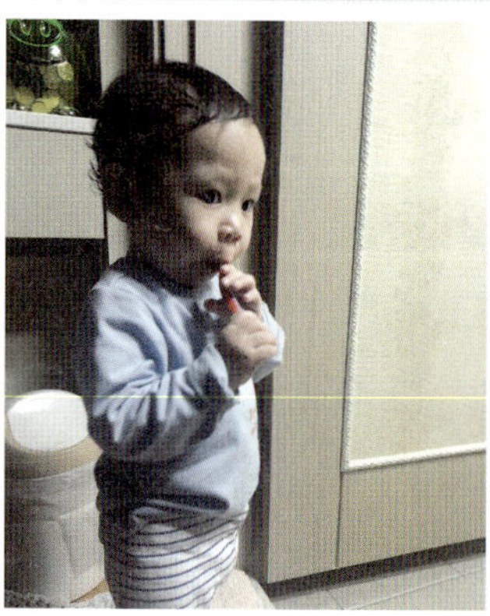 혼자서 이 닦기	 이 닦는 순서	 비 오는 날의 옷치림

'안전하게 생활하기'에서는 뜨거운 것은 조심해요, 신호등 이름 맞추기, 횡단보도는 어떻게 건너야 할까?, 딱딱하거나 날카로운 물건을 조심해요, 물 · 눈 놀이 전에 안전한 놀이 방법 이야기를 나눠요, 소화기 사용법, 미끄럼 방지 등으로 안전함을 알리면서 언어지도를 돕는다.

0세	1세	2세

안전캡

실외용과 실내용 약 보관

영아들의 약 관리

안전한 터널놀이

안전하게 악어처럼 걷기

안전하게 물품 보관

기저귀 갈이용 물품

징검다리

미끄럼 방지

2) 신체운동 영역과 영아 언어

0~1세 영아의 신체운동 영역 목표는 주변 자극에 반응하고 감각으로 주변의 사물과 환경을 인식하며 자신의 신체를 즐겁게 탐색해 보는 것이다. 또한 영아의 기본 운동 능력을 발달시키기 위해 자신의 대소근육을 이용하여 기본 운동을 시도하고 실내외에서 신체를 이용한 활동을 즐기는 것에 중점을 둔다.

2세 영아의 신체운동 영역 목표는 감각을 활용하고 신체 활동을 즐기는 경험을 하는 것이다. 감각을 활용하여 주변 사물과 환경을 탐색하고 자신의 신체를 인식하며, 대소근육을 조절하고 기본 운동과 실내외 신체 활동을 즐기도록 하는 데 중점을 둔다.

신체운동 영역에서 영아언어가 통합적으로 이루어지기 위한 방안은 다음과 같다.

'감각과 신체 인식하기'에서는 눈, 코, 입은 어디 있나?(신체 구조, 명칭 알아보기), 친구 얼굴은 어떻게 생겼지?, 선생님 얼굴은 어떻게 생겼지?, 가족 얼굴 떠올려 보기. 나의 눈썹과 친구 눈썹은 어떻게 다를까? 등으로 언어지도를 이끈다.

0세	1세	2세
 가족 얼굴 찾기	 신나는 신체놀이	 징검다리 건너기
 거울 속 나를 찾기	 얼굴 꾸미기	 나무를 손으로 느껴 보기
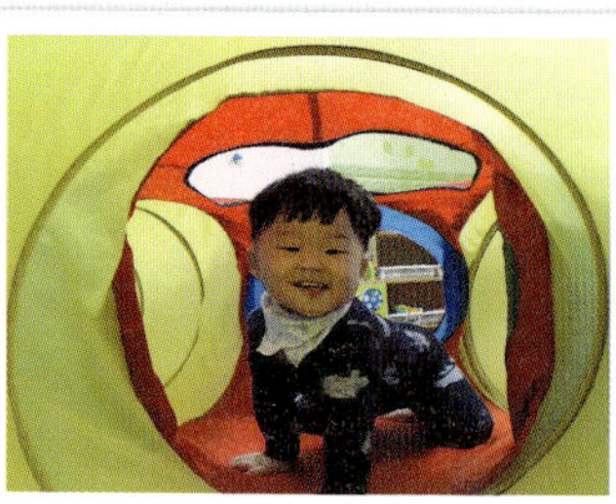 터널 통과하기	 누가누가 더 빠른가	 줄을 넘기

'신체 활동 즐기기'에서는 동물들 움직임 말로 표현하기, 한글 블록 높이 쌓기, 특정 단어 찾기, 동물의 소리 흉내 등으로 즐거움을 통한 언어지도를 돕는다.

0세

자동차놀이 교구

시장놀이

볼풀장에서 공 잡기

1세

공을 굴려요

신체·음률영역 교구

농구놀이

2세

미끄럼틀

골프놀이

공 위에서 중심 잡기

3) 의사소통 영역과 영아 언어

0~1세 영아의 의사소통 영역 목표는 의사소통 능력의 기초를 형성하는 경험을 하는 것이다. 일상생활에서 다른 사람의 말이나 이야기를 듣고 말하기를 즐기며, 주변의 그림과 다양한 상징에 관심을 갖고 자유롭게 끼적이기에 관심을 갖는 것과 다양한 책과 이야기를 접하며 관심을 가지는 것을 목표로 한다.

2세 영아의 의사소통 영역 목표는 듣기, 말하기, 읽기, 쓰기의 의사소통 방식에 관심을 가지고 활용하며, 책과 이야기에서 상상하는 즐거움을 경험하기이다. 일상생활에서 듣고 말하기를 즐기고, 그림과 문자 상징을 읽고 쓰기에 관심을 가지는 것과 책과 이야기를 즐길 수 있는 경험을 하는 것을 목표로 한다.

의사소통 영역에서 영아언어가 통합적으로 이루어지기 위한 방안은 다음과 같다.

'듣기와 말하기'에서는 물건 이름 듣고 물건 찾기, 이름 듣고 선생님이나 친구 찾기, 운율이 있는 말 듣기, 선생님의 지시대로 행동하기, 동시와 동화 듣기, 동물 울음소리 듣기, 나의 이름을 듣고 손 들어 보기, 소리 듣고 흉내 내기, 선생님 따라 말하기. 친구 이름 언어 카드, 교실에 있는 물건 이름 말하기, 언어 카드 따라 말하기, 꽃 이름 카드 말하기, 자기 이름 듣고 대답하기, 여러 가지 소리 내 보기, 상황과 행동에 맞는 말하기, 자신의 느낌과 생각 말하기, 나도 아나운서, 역할놀이를 해요 등으로 상호작용을 통한 언어지도를 이끈다.

0세

내 친구들 이름 말하기

1세

하루 일과표

2세

콩으로 만든 음식 말하기

공놀이의 설명 듣는 중

선생님과 친구 이름 찾기

매미가 되어 매미 찾기

나도 아나운서

교실에서 사계절의 느낌

역할놀이

'읽기와 쓰기에 관심 가지기'에서는 친구 얼굴 사진 책, 그림책에 흥미 가지기, 글자 모양에 흥미 가지기, 글자를 읽는 흉내 내 보기, 큰 종이에 끼적거리기, 다양한 쓰기 도구(크레파스, 색연필, 연필, 매직 등)에 흥미 가지기, 점선 따라 써 보기, 내 이름 쓰기, 마음대로 끄적거려요 등으로 흥미와 관심을 통한 언어지도를 돕는다.

0세

그림 그리기

1세

미술영역의 도구

2세

그림 꾸미기

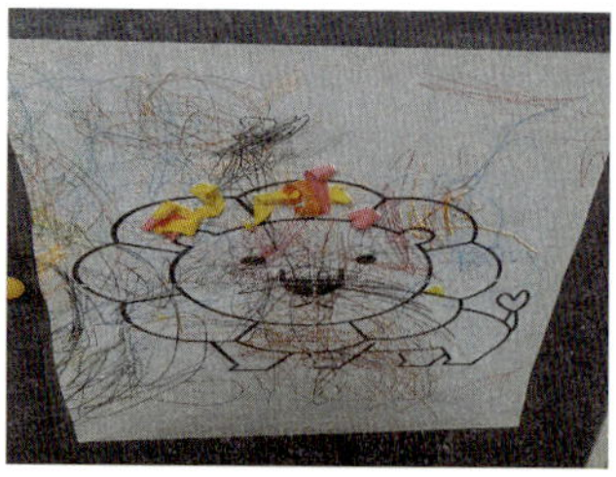
끼적이기

나를 꾸며 보기

연못 속에 사는 생물

영아의 신나는 그리기

끼적이기 및 꾸미기

이름 꾸미기

'책과 이야기 즐기기'에서는 친구와 함께 책 보기, 내용을 말해 보기, 내가 좋아하는 동화책 이름 말하기, 등장인물의 흉내 내기, 내가 만약 주인공이라면? 등으로 즐거움을 통한 언어지도를 돕는다.

0세

그림책 찾기

1세

언어영역

2세

주인공 흉내 내기

꿀벌 되어 보기

인형극 틀

언어영역의 그림책

동화책 읽기

언어영역

주인공 되어 보기

4) 사회관계 영역과 영아 언어

0~1세 영아의 사회관계 영역 목표는 자신을 인식하고 주변의 친숙한 사람과 관계를 맺는 경험을 하는 것이다. 다른 사람과 분리된 자신을 고유한 존재로 인식하고 친숙한 성인과 안정적인 애착을 형성하여 어린이집에서 또래, 교사와 편안하게 지내는 것을 목표로 한다.

2세 영아의 사회관계 영역 목표는 자신에 대해 알아가고, 다른 사람과 더불어 생활하는 경험을 통해 사회관계 형성의 기초를 기르는 것이다. 자신이 다른 사람과 다르다는 것을 알고 자신을 긍정적으로 인식하며, 다른 사람과 생활하며 즐겁게 지내기 위한 태도를 기르는 것을 목표로 한다.

사회관계 영역에서 영아언어가 통합적으로 이루어지기 위한 방안은 다음과 같다.

'나를 알고 존중하기'에서는 내 물건에 내 이름 카드 붙이기, 친구에게 나의 기분 말하기, 내 이름이 붙어 있는 물건을 찾아요, 나는 어디가 예쁠까? 등으로 자아존중감을 통한 언어지도를 이끈다.

0세

인형과 시소 타기

새싹반의 친구들

친구들과 스펀지 줍기

1세

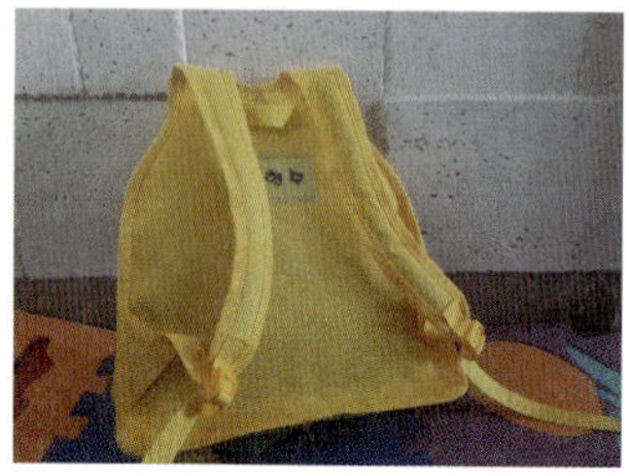

나의 가방

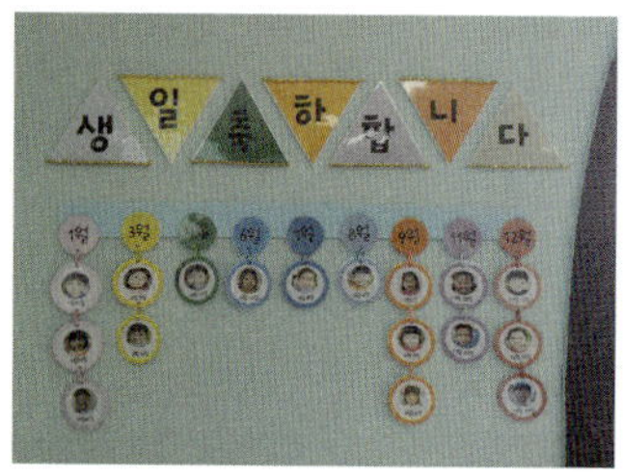

우리 반 생일 분포도

소원을 말해봐

2세

허수아비와 참새 꾸미기

우리 반 친구들의 생일

생일케이크 나눠 먹기

'더불어 생활하기'에서는 이름 카드에 맞게 물건의 자리에 갖다 놓기, 만나고 헤어지는 인사하기, 자신이 속한 반 이름 찾기, 바른 태도로 인사하기, 친구 이름 맞히기, 선생님과 친구들에게 사랑한다고 말하기 등으로 사회관계를 통한 언어지도를 돕는다.

0세	1세	2세
 누구일까요?	 나를 찾아주세요	 까꿍놀이판
 사이좋게 걸어요	 병아리반 교사와 친구들	 우리 반 친구들
 나의 생일판	 생일판	 질서를 지켜요

5) 예술경험 영역과 영아 언어

0~1세 영아의 예술경험 영역 목표는 자연과 생활에서 아름다움을 느끼고 경험하며 표현하는 과정을 즐기는 것이다. 아름다움에 관심을 가지고 느끼는 것을 즐기며 자신의 경험과 느낌을 자연스럽게 표현하도록 한다.

2세 영아의 예술경험 영역 목표는 일상에서 아름다움을 느끼고 즐기는 것이다. 자연과 생활 속 경험에서 아름다움을 느끼고 관심을 가지며, 예술을 통해 자신의 느낌과 생각을 자유롭게 표현하도록 한다.

예술경험 영역에서 영아언어가 통합적으로 이루어지기 위한 방안은 다음과 같다.

'아름다움 찾아보기'에서는 자신이 경험한 아름다움 말해 보기, 아름다운 자연물의 색은? 노래 속 익숙한 낱말 찾아보기 등으로 아름다움을 통한 언어지도를 이끈다.

0세	1세	2세
 눈사람으로 꾸미기	 작품 전시 공간	 작품 전시 공간
 자연물 감상하기	 붓으로 물감 칠하기	 나무가 되어 보기
 색종이에 그리기	 기차 만들기	 꾸며 보기

'창의적으로 표현하기'에서는 악기 소리를 입으로 표현해요, 음악을 들으며 끼적거려요, 익숙한 낱말들은 노래로 만들어요, 동물 가면 만들고 울음소리를 표현해요 등으로 창의성을 통한 언어지도를 돕는다.

0세	1세	2세
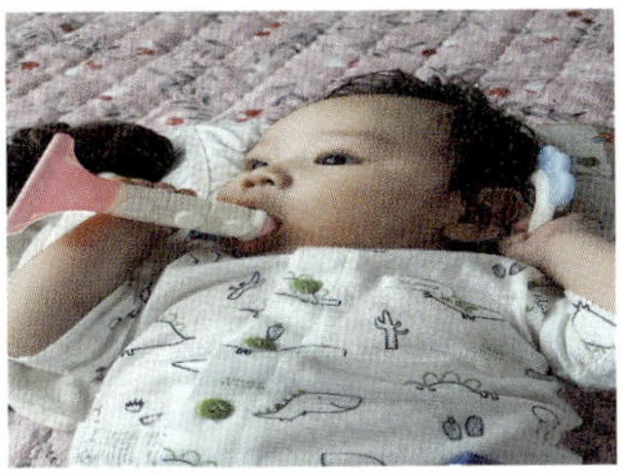 누워서 나팔 불기	 인디언처럼 춤추기	 음률영역의 자료
 음악에 맞춰 춤추기	 언어·음률·미술교구	 솜씨 자랑
 노래 부르기	 무지개 천 흔들기	 악기 합주놀이

6) 자연탐구 영역과 영아 언어

0~1세 영아의 자연탐구 영역 목표는 주변 환경과 자연에 관심을 가지는 경험을 하는 것이다. 자신을 둘러싸고 있는 주변 세계와 자연에 호기심을 가지고 일상에서 탐색하기를 즐기며 주변의 동식물과 날씨의 변화에 관심을 가지는 것을 목표로 한다.

2세 영아의 자연탐구 영역 목표는 주변 환경과 자연에 관심을 가지고 탐색하는 과정을 즐기는 데 있다. 자신을 둘러싸고 있는 주변 세계와 자연에 대해 호기심을 가지고 생활 속에서 주도적으로 탐색하기를 즐기며 주변의 동식물에 관심을 가지고 날씨와 계절의 변화에 관심을 가지는 것을 목표로 한다.

자연탐구 영역에서 영아언어가 통합적으로 이루어지기 위한 방안은 다음과 같다.

'탐구과정 즐기기'에서는 주변 사물 이름 알아맞히기, 자연물(모래, 나무, 돌 등) 이야기해 보기, 모래는 어떤 느낌일까? 등으로 탐구과정을 통한 언어지도를 이끈다.

0세	1세	2세
 리본끈의 느낌	 탐색영역	 촉각판
 겨울 환경판	 느껴 보아요	 자연물로 꾸미기
 두부의 느낌	 눈의 모형 느껴 보기	 감각판

'생활 속에서 탐구하기'에서는 같은 모양 찾아보기, 주변 사물 모양과 색 말하기, 숫자와 크기 알아맞히기, 물건 수 카드를 맞혀요, 도형 찾아 말해 보기 등으로 탐구심을 통한 언어지도를 돕는다.

0세	1세	2세

도형과 색 찾기

색종이 접기용 재료

콩의 모양과 색

블록으로 성 쌓기

우산의 모양과 색

모양을 맞춰요

놀이터의 모양과 색

도형 알기

콩을 세어 봐요

'자연과 더불어 살기'에서는 주변 동식물의 모양과 특징 카드, 돌, 모래, 물 등의 자연물 카드, 날씨 카드, 선생님과 친구 목소리는 어떻게 다를까?, 어떤 물건일까? 등으로 자연과 더불어 익숙한 언어지도를 이끈다.

0세	1세	2세
		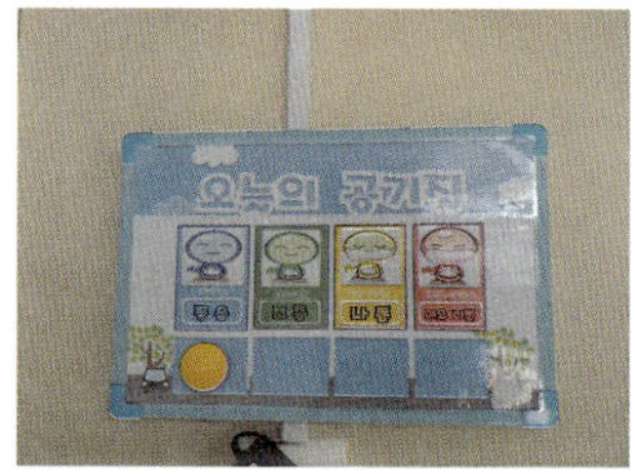
날씨 관찰하기	귤 따기 체험	오늘의 공기질은?

민들레 관찰	귤을 이용한 음식 말하기	콩의 종류와 음식 알기

물은 어떻게 나올까?	우리들의 농장	축사견학

생각나누기

언어지도

Chapter

06

누리과정에서의 의사소통 영역

3~5세 연령별 누리과정(2019)은 유아중심, 놀이중심 보육과정을 통해 자율성·창의성을 높이는 것을 목적으로 구성한다. 6장에서는 누리과정에서 제시하고 있는 의사소통 영역의 성격과 목표, 수준별 내용 등을 살펴보고자 한다.

메아리

속담 및 격언

콩 심은 데 콩 나고 팥 심은 데 팥 난다.

그림책 소개

꽃을 좋아하는 소 페르디난드
먼로 리프(2017) – 비룡소

로지의 산책
팻 허친스(2007) – 더큰컴퍼니

프레드릭
레오 리오니(1999) – 시공주니어

예비교사들의 언어에 대한 표현

언어는 친구들과 책 읽기이다.
(책을 읽는 즐거움)

희망을 추구하는 동화와 주문

꽃점
문명예(2021)
책읽는곰

안단테 에스프레시보(Adanteespressivo)
프랑스어로 '감정을 갖고 천천히'라는 뜻으로 '짝사랑을 이뤄준다'는 주문.

1 누리과정의 체제

「2020 개정 누리과정」은 「영유아보육법」 제29조와 같은 법 시행규칙 제30조, 「유아교육법」 제13조 제2항에 의거하여 국가수준의 교육과정으로 유아가 놀이를 통해 심신의 건강과 조화로운 발달을 이루고 바른 인성과 민주 시민의 기초를 형성하는 것을 목적으로 하고 있다.

3~5세 보육과정(누리과정)의 고시 특성을 정리하면 다음과 같다.

가. 교육과정의 구성 체계를 확립하였다.

나. 누리과정의 성격을 '공통의 교육과정'으로 명시하였다.

다. 기존의 구성 체계를 유지하고 5개 영역의 내용을 간략화하였다.

라. 유아중심, 놀이중심을 추구하였다.

마. 누리과정 실행력과 현장의 자율성을 강조하였다.

바. 평가를 간략화하였다.

2 누리과정의 구성 방향

1) 구성 방향

가. 3~5세 모든 유아에게 적용할 수 있도록 구성한다.

나. 추구하는 인간상 구현을 위한 지식, 기능, 태도 및 가치를 반영하여 구성한다.

다. 신체운동 · 건강, 의사소통, 사회관계, 예술경험, 자연탐구의 5개 영역을 중심으로 구성한다.

라. 3~5세 유아가 경험해야 할 내용으로 구성한다.

마. 0~2세 보육과정 및 초등학교 교육과정과의 연계성을 고려하여 구성한다.

표 6-1 누리과정 5개 영역별 내용 범주

영역	신체운동·건강	의사소통	사회관계	예술경험	자연탐구
내용 범주	신체활동 즐기기	듣기와 말하기	나를 알고 존중하기	아름다움 찾아보기	탐구과정 즐기기
	건강하게 생활하기	읽기와 쓰기에 관심 가지기	더불어 생활하기	창의적으로 표현하기	생활 속에서 탐구하기
	안전하게 생활하기	책과 이야기 즐기기	사회에 관심 가지기	예술 감상하기	자연과 더불어 살기

2) 누리과정의 성격

가. 국가수준의 공통성과 지역, 기관 및 개인 수준의 다양성을 동시에 추구한다.

나. 유아의 전인적 발달과 행복을 추구한다.

다. 유아중심과 놀이중심을 추구한다.

라. 유아의 자율성과 창의성 신장을 추구한다.

마. 유아, 교사, 원장(감), 학부모 및 지역사회가 함께 실현해 가는 것을 추구한다.

3) 추구하는 인간상

가. 건강한 사람

나. 자주적인 사람

다. 창의적인 사람

라. 감성이 풍부한 사람

마. 더불어 사는 사람

3 누리과정의 운영

「2019 개정 누리과정」은 이상의 국정 방향을 충실히 반영하여 유아중심·놀이중심, 교사의 자율성 강화를 기본 방향으로 하여 개정되었다.

1) 목적

3~5세 유아가 놀이를 통해 심신의 건강과 조화로운 발달을 이루고 바른 인성과 민주 시민의 기초를 형성하는 것을 목적으로 하고 있다.

2) 목표

가. 자신의 소중함을 알고, 건강하고 안전한 생활 습관을 기른다.
나. 자신의 일을 스스로 해결하는 기초 능력을 기른다.
다. 호기심과 탐구심을 가지고 상상력과 창의력을 기른다.
라. 일상에서 아름다움을 느끼고 문화적 감수성을 기른다.
마. 사람과 자연을 존중하고 배려하며 소통하는 태도를 기른다.

3) 편성 · 운영

가. 1일 4~5시간을 기준으로 편성한다.
나. 일과 운영에 따라 확장하여 편성할 수 있다.
다. 누리과정을 바탕으로 각 기관의 실정에 적합한 계획을 수립하여 운영한다.
라. 하루 일과에서 바깥놀이를 포함하여 유아의 놀이가 충분히 이루어지도록 편성하여 운영한다.
마. 성, 신체적 특성, 장애, 종교, 가족 및 문화적 배경 등으로 인한 차별이 없도록 편성하여 운영한다.
바. 유아의 발달과 장애 정도에 따라 조정하여 운영한다.
사. 가정과 지역사회와의 협력과 참여에 기반하여 운영한다.
아. 교사 연수를 통해 누리과정의 운영이 개선되도록 한다.

4) 교수 · 학습 방법

교수·학습은 유아가 즐겁게 놀이하며 스스로 배울 수 있도록 교사가 지원할 때 고려해야 할 사항이다.

가. 유아가 흥미와 관심에 따라 놀이에 자유롭게 참여하고 즐기도록 한다.

나. 유아가 놀이를 통해 배우도록 한다.
다. 유아가 다양한 놀이와 활동을 경험할 수 있도록 실내외 환경을 구성한다.
라. 유아와 유아, 유아와 교사, 유아와 환경 간에 능동적인 상호작용이 이루어지도록 한다.
마. 5개 영역의 내용이 통합적으로 유아의 경험과 연계되도록 한다.
바. 개별 유아의 요구에 따라 휴식과 일상생활이 원활히 이루어지도록 한다.
사. 유아의 연령, 발달, 장애, 배경 등을 고려하여 개별 특성에 적합한 방식으로 배우도록 한다.

5) 평가

누리과정은 유치원과 어린이집에서 유아 · 놀이 중심 교육과정을 운영하는 데 도움이 되고자 평가를 간략화하고 각 기관의 자율적인 평가를 강조하였다. 유치원과 어린이집은 평가의 목적, 대상, 방법, 결과의 활용을 바탕으로 누리과정 평가를 자율적으로 실시할 수 있다.
가. 누리과정 운영의 질을 진단하고 개선하기 위해 평가를 계획하고 실시한다.
나. 유아의 특성 및 변화 정도와 누리과정의 운영을 평가한다.
다. 평가의 목적에 따라 적합한 방법을 사용하여 평가한다.
라. 평가의 결과는 유아에 대한 이해와 누리과정 운영 개선을 위한 자료로 활용할 수 있다.

4 누리과정 의사소통 영역의 목표

의사소통의 목표는 일상생활에서 말과 글의 의미 있는 경험을 통해 기초적인 수준의 말과 글을 즐겁고 바르게 사용할 수 있는 능력과 태도를 기르는 데 있다.
가. 다른 사람의 말을 주의 깊게 듣는 태도와 이해하는 능력을 기른다.
나. 자신의 생각과 느낌을 말하는 능력을 기른다.
다. 글자와 책에 친숙해지는 경험을 통하여 글자 모양을 인식하고 읽기에 흥미를 가진다.
라. 말과 글의 관계를 알고 자신의 생각, 느낌, 경험을 글로 표현하는 데 관심을 가진다.

5 누리과정 의사소통 영역의 내용

유아는 주변 사람들과 소통하며 관계를 맺는 능동적인 의사소통자이다. 유아는 다른 사람의 말을 주의 깊게 듣고 자신의 생각과 느낌을 다양한 방법으로 표현하며 소통하는 것을 즐기고, 책과 이야기에 관심을 가진다. 의사소통 영역은 유아가 다른 사람과 소통하며, 일상에서 만나는 글자나 상징에 관심을 가지고 책과 이야기를 즐기는 경험과 관련된 내용이다.

교사는 유아가 자신의 느낌과 생각을 적절하게 말하는 경험을 통해 바른 언어생활을 할 수 있도록 돕는다. 또한 유아가 아름다운 우리말이 담긴 책과 이야기에 흥미를 가지고 언어가 주는 재미와 상상을 충분히 즐길 수 있도록 지원할 수 있다.

1) 목표

일상생활에 필요한 의사소통 능력과 상상력을 기른다.

가. 일상생활에서 듣고 말하기를 즐긴다.

나. 읽기와 쓰기에 관심을 가진다.

다. 책이나 이야기를 통해 상상하기를 즐긴다.

2) 내용 범주 및 내용

내용 범주	내용
듣기와 말하기	• 말이나 이야기를 관심 있게 듣는다. • 자신의 경험, 느낌, 생각을 말한다. • 상황에 적절한 단어를 사용하여 말한다. • 상대방이 하는 이야기를 듣고 관련해서 말한다. • 바른 태도로 듣고 말한다. • 고운 말을 사용한다.
읽기와 쓰기에 관심 가지기	• 말과 글의 관계에 관심을 가진다. • 주변의 상징, 글자 등의 읽기에 관심을 가진다. • 자신의 생각을 글자와 비슷한 형태로 표현한다.
책과 이야기 즐기기	• 책에 관심을 가지고 상상하기를 즐긴다. • 동화, 동시에서 말의 재미를 느낀다. • 말놀이와 이야기 짓기를 즐긴다.

6 누리과정 영역과 유아 언어지도 연계

[그림 6-1] 누리과정 유아 영역

1) 신체운동 · 건강 영역과 유아 언어

신체운동·건강 영역의 목표 및 내용 범주는 유아가 다양한 신체 활동에 즐겁게 참여하고, 청결과 위생, 즐거운 식사, 적당한 휴식을 통해 건강한 생활 습관을 기르며, 일상에서 안전하게 생활하는 방법을 배우고 실천하는 내용으로 구성하였다.

'신체 활동 즐기기' 유아가 스스로 신체를 움직이는 동안 자연스럽게 자신의 신체를 인식하고 조절하며, 실내외에서 다양한 신체 활동에 자발적으로 참여하면서 즐기는 내용이다.

'건강하게 생활하기' 유아가 스스로 몸과 주변을 깨끗이 하고, 즐겁게 식사하며, 자신의 신체 리듬에 맞게 휴식을 취하고, 질병을 예방하는 다양한 방법을 실천하는 내용이다.

'안전하게 생활하기' 유아가 안전하게 놀이하고 생활하며, 자주 접하는 TV, 컴퓨터, 스마트폰을 바르게 사용하고, 안전하게 다닐 수 있도록 교통안전 규칙을 지키며, 안전사고, 화재, 재난, 학대, 유괴 등의 위험한 일이 발생하였을 때 도움을 요청하거나 대처할 수 있는 방법을 경험하는 내용이다.

신체운동·건강 영역에서 유아 언어가 통합적으로 이루어지기 위한 방안은 다음과 같다.

내용 범주	유아의 언어 통합활동
신체 활동 즐기기	눈 가리고 친구 안내 들으며 걷기. 여러 가지 감각 느끼고 촉감 말해 보기. 무슨 냄새일까?. 쓴맛, 단맛, 신맛, 매운맛, 짠맛(미각) 구별해서 말해 보기. 눈 가리고 말소리, 노랫소리 찾아가기. 실내외 다양한 놀이 체험하기. 그림 카드 뒤집기(소근육 조절). 기본 운동 후 느낌 말하기. 무궁화 꽃이 피었습니다. 숨겨진 낱말 카드 찾아보기. 놀이기구 타 보고 느낌 말하기. 스피드 게임, 몸으로 말해요.
건강하게 생활하기	손 씻는 방법 말하기. 계절에 맞는 옷은?. 바른 식사 습관 말하기. 몸에 좋은 음식·나쁜 음식 말하기. 이 닦기 순서 알기. 규칙적인 생활 습관 기르기. 적절한 휴식 취하는 방법.
안전하게 생활하기	교통안전 규칙 말하기. 교통수단 말하기. 질서를 지켜요. 교통안전 수칙 읽기. 상황 속 도움 요청하는 법 말하기. 자기 반의 규칙 정해 보기. 대중 매체와 기기를 바른 태도로 사용하기.

신체운동·건강

손 씻기와 이 닦기

흉내 내기

미세먼지

실내 암벽 타기

안전하게 밤 줍기 게임

후프를 이용한 신체활동

건강과 안전의 약속판

뛰고 던지기

교실에서의 약속

2) 의사소통 영역과 유아 언어

의사소통 영역의 목표와 내용 범주는 유아가 일상생활에서 다른 사람의 말이나 이야기를 듣고 말하기를 즐기며, 주변의 상징을 읽고 글자와 비슷한 형태로 써 보기에 관심을 가지며, 다양한 책과 이야기를 통해 상상하기를 즐기는 내용으로 구성하였다.

'듣기와 말하기' 유아가 다른 사람의 말이나 이야기를 관심 있게 듣고, 자신의 경험, 느낌, 생각을 상황에 적절한 단어를 사용하여 말하고, 고운 말을 사용하는 내용이다.

'읽기와 쓰기에 관심 가지기' 유아가 말과 글의 관계에 관심을 가지고 주변의 상징, 글자 등을 읽으며, 자신의 생각을 글자와 비슷한 형태로 표현해 보는 내용이다.

'책과 이야기 즐기기' 유아가 다양한 책에 관심을 가지고 상상하며 동화, 동시에서 말의 재미를 느끼고, 말놀이와 이야기 짓기를 즐기는 내용이다.

의사소통 영역에서 유아 언어가 통합적으로 이루어지기 위한 방안은 다음과 같다.

내용 범주	유아의 언어 통합활동
듣기와 말하기	다른 사람 말에 귀 기울이기. 친구 이야기 들어 주기. 선생님이 들려주는 동화 듣기. 자연 소리 듣기. 낱말 발음을 들어 봐요. 동요, 동시 듣기. 바른 태도로 들어요. 질문을 듣고 적절하게 대답해요. 이야기를 듣고 기억해서 말해요. 소리 듣고 무엇인지 말해 보기. 나의 이름 소개하기. 나는 누구일까요? 수수께끼 하기. 친구, 선생님께 하고 싶은 말. 오늘은 내가 선생님! 끝말잇기. 알맞게 문장 순서를 말해 봐요. 바르게 발음해서 말해요. 자신의 느낌, 생각, 경험 말하기. 상황에 맞는 언어를 사용해요. 바른 태도로 말해요. 친구와 마주 보고 말해요. 말 따라 하기 게임. 사건이 일어난 순서대로 그림 보고 말해 보기. 타인에게 들은 이야기를 전달해요.
읽기와 쓰기에 관심 가지기	책 소리 내어 읽기. 이어 읽기. 낱말 카드 읽어 보기. 주변에서 자주 보는 글자 읽기. 동요, 동시, 동화 읽기. 그림책을 읽어요. 그림책 보고 내용 예측하기. 게임 규칙 읽기. 비슷한 발음 읽기. 동시 보고 쓰기. 내 이름 적기. 그림 카드 쓰기. 놀이 규칙 보고 적어 보기. 내가 할 수 있는 일 적어 보기. 가족 이름 쓰기. 가족에게 편지 쓰기. 재미있는 경험 쓰기. 간판 이름이나 사물 이름표 만들기. 쪽지 쓰기. 문집 만들기. 선 긋기. 도형 그리기.
책과 이야기 즐기기	책 읽고 상상하기. 동시와 동화 즐기기. 우리말의 재미와 아름다움 느끼기. 끝말잇기. 수수께끼와 스무고개 만들기

의사소통

교실 입구

선생님께 편지 쓰기

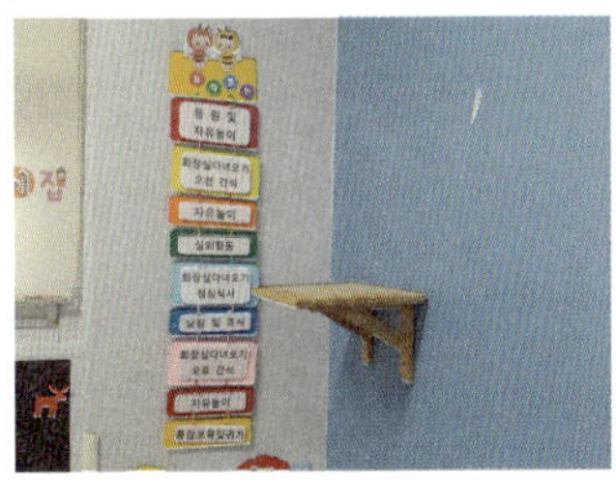

하루일과표

친구와 함께 책 읽기

유아 경험 말하기

동화책 읽기

동요판

크리스마스의 소원

동시판

3) 사회관계 영역과 유아 언어

사회관계 영역의 목표와 내용 범주는 유아가 자신을 이해하고 존중하며, 친구와 가족 또는 다른 사람들과 사이좋게 지내며, 유아가 속한 지역사회와 우리나라, 다양한 문화에 관심을 갖는 내용으로 구성하였다.

'나를 알고 존중하기' 유아가 자신을 나타낼 수 있는 것과 자신의 감정을 알고 상황에 맞게 적절하게 표현하며, 자신이 할 수 있는 것을 스스로 해 봄으로써, 긍정적인 자아존중감과 자율성을 경험하는 내용이다.

'더불어 생활하기' 유아가 가족의 의미와 소중함을 알며, 친구와 서로 돕고 양보, 배려, 협력하며 사이좋게 지내고, 사람들마다 감정, 생각, 행동이 각기 다름을 알고 존중하여, 친구와의 갈등을 여러 가지 긍정적인 방법으로 해결하는 내용이다. 또한 친구와 어른께 예의 바른 태도로 말하고 행동하며, 사회 공동체의 일원으로서 약속과 규칙의 필요성을 알고 지키는 내용이다.

'사회에 관심 가지기' 유아가 사회 구성원으로서 자신이 사는 지역에 관심을 가지고 탐구하며, 우리나라의 상징, 언어, 문화를 알아 가면서 대한민국 국민으로서 긍지와 자부심을 가지는 내용이다. 그리고 다른 나라의 다양한 문화에 관심을 가지고 존중하는 경험을 담고 있다.

사회관계 영역에서 유아 언어가 통합적으로 이루어지기 위한 방안은 다음과 같다.

내용 범주	유아의 언어 통합활동
나를 알고 존중하기	나의 소중함 말해 보기. 나의 장점 말해 보기. 나의 기분 말하기. 내가 자랑스러웠던 경험 말하기. 내가 할 수 있는 일 써 보기. 적절한 감정 표현하기.
더불어 생활하기	친구 표정을 읽어요. 게임을 한 후 기분 말하기. 주말에 있었던 일 친구와 말해 보기. 집에서 내가 할 수 있는 일은? 가족 이야기해 보기. 부모님을 도와 드린 경험 말하기. 친구와 어른께 인사해요. 친구와 약속을 정하기. 친구와 사이좋게 지내려면? 갈등 해소법 적어 보기.
사회에 관심 가지기	우리나라 여러 인사법을 말해 봐요. 우리나라를 상징하는 것 말해 보기. 전통놀이 경험해 보고 느낌 말해 보기. 마트와 시장에서 물건 샀던 경험 말하고 지도 그려 보기. 다양한 문화와 생활 양식 찾아보고 말하기.

사회관계

생일 축하해요

감정판

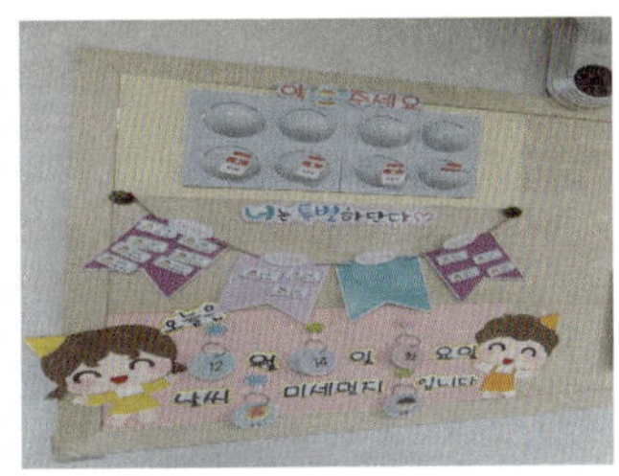
너는 특별하단다

견학 후의 기분 나누기

우리들은 좋은 친구

문제해결 방법 말하기

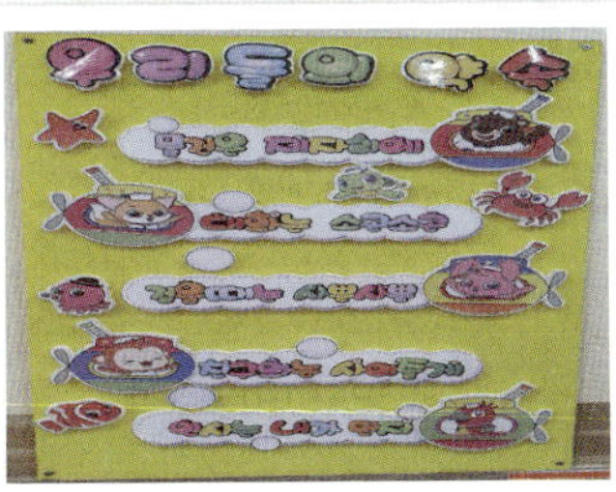

우리들의 약속

친구들의 소원 알기

칭찬합니다

4) 예술경험 영역과 유아 언어

예술경험 영역의 목표와 내용 범주는 유아가 자연, 생활, 예술에서 아름다움을 느끼고, 음악, 움직임과 춤, 미술, 극놀이 등의 예술에서 자신의 느낌과 생각을 창의적으로 표현하는 과정을 즐기며, 다양한 예술 작품을 감상하며 다른 사람의 예술 표현을 존중하는 내용으로 구성하였다.

'아름다움 찾아보기' 유아가 자연과 생활에서 아름다움을 느끼며 예술적 요소에 관심을 가지고 찾아보는 내용이다.

'창의적으로 표현하기' 유아가 노래를 즐겨 부르고, 간단한 소리와 리듬을 만들어 보며, 자유롭게 움직이며 춤추고, 다양한 미술 재료와 도구를 활용하여 표현하며, 경험과 이야기를 극놀이로 표현하는 내용이다.

'예술 감상하기' 유아가 자신과 또래의 작품뿐만 아니라 다양한 예술을 감상하며 상상하기를 즐기고, 서로 다른 예술 표현을 존중하며, 우리 고유의 전통 예술에 친숙해지는 내용이다.

예술경험 영역에서 유아 언어가 통합적으로 이루어지기 위한 방안은 다음과 같다.

내용 범주	유아의 언어 통합활동
아름다움 찾아보기	물건의 색, 모양, 질감 이야기해 보기. 산책하면서 아름다웠던 풍경 말해 보기. 빠르기가 다른 음악 듣고 느낌 이야기해 보기.
창의적으로 표현하기	노랫말 동화 만들기. 리듬악기를 연주하고 느낌을 말해 봐요. 노래로 자기 생각을 말해요. 극놀이 경험 이야기해 보기. 예술 활동에 참여하고 표현 과정 말해 보기. 노래 개사하기.
예술 감상하기	연극을 보고 느낌을 말해 봐요. 음악을 듣고 느낌을 말해 봐요. 친구들의 예술 작품을 보고 이야기해 보기. 미술관 구경 후 느낌을 말해 봐요. 우리나라 전통 예술에 관심 가지기.

예술경험

우리들의 표현활동

털모자 꾸미기

교실 환경판

환경판

문양 꾸미기

눈 결정체

그림 그리기

소고로 장단 맞추기

다양하게 꾸며 보기

5) 자연탐구 영역과 유아 언어

자연탐구 영역의 목표와 내용 범주는 유아가 호기심을 가지고 궁금한 것을 적극적으로 탐구하는 과정을 즐기며, 생활 속의 문제를 수학적 · 과학적으로 탐구해 보면서 생명과 자연환경을 존중하는 내용으로 구성하였다.

'탐구과정 즐기기' 유아가 주변 세계와 자연에 대해 지속적으로 호기심을 가지고, 궁금한 것을 탐구하는 과정에 적극적으로 참여하면서 서로 다른 생각에 관심을 갖는 내용이다.

'생활 속에서 탐구하기' 유아가 물체의 특성과 변화를 여러 가지 방법으로 탐색하고, 물체를 세어 수량을 알아보고, 물체의 위치와 방향, 모양을 알고 구별하며, 길이와 무게 등의 속성을 비교하고, 반복되는 규칙을 찾아보고, 모은 자료들을 기준에 따라 분류하며, 도구와 기계에 관심을 가지고 생활 속의 문제를 다양하게 탐구하는 내용이다.

'자연과 더불어 살기' 유아가 주변의 동식물에 대해 관심을 가지고, 생명과 자연환경을 소중히 여기며, 날씨와 계절의 변화를 생활과 관련짓는 내용이다.

자연탐구 영역에서 유아 언어가 통합적으로 이루어지기 위한 방안은 다음과 같다.

내용 범주	유아의 언어 통합활동
탐구과정 즐기기	자연에 대해서 호기심 가지고 찾아 이야기해 보기. 궁금한 것을 찾아 탐구하고 써 보기. 나하고 다른 생각을 들어 보기. 수수께끼놀이를 통한 궁금증 해결해 보기.
생활 속에서 탐구하기	덧셈, 뺄셈 말하기 퀴즈. 책 속 등장인물 수 말하기. 많다, 적다 비교해서 말하기. 물건의 위치, 방향을 말해 봐요. 물체의 특성 탐색. 도구와 기계의 명칭 알기. 우리 생활에 도움을 주는 기계나 도구의 비교. 내가 모으거나 수집하는 것들의 분류. 우리 생활 속 규칙과 질서 써 보기. 신체나 물건들의 길이와 무게 재어 보기.
자연과 더불어 살기	낮과 밤의 규칙성 말해 보기. 계절의 변화 이야기해 보기. 돌의 촉감은? 관심 있는 동물 특징 말해 보기. 오늘의 날씨 말해 보기. 달걀이 꼬꼬닭이 되었어요. 곤충을 관찰하고 생김새 말해 보기. 동물들의 먹이와 사는 곳 알기.

자연탐구

날짜와 날씨

창문의 모빌

오늘의 날짜판

고구마 체험

지렁이 생김새 관찰

개미 관찰하기

김장체험

알밤의 크기와 모양 관찰

채소 가꾸기

생각나누기

언어지도

Chapter

07

영유아의 언어발달을 돕는 환경구성

영유아의 듣기, 말하기, 읽기, 쓰기 발달은 그들의 속해 있는 언어환경에 따라 크게 달라진다. 환경의 구성은 언어교육의 시작이라 할 만큼 중요하다. 7장에서는 영유아들의 언어능력을 가장 효율적으로 향상시키기 위해서는 언어활동이 즐겁고, 재미있고, 신나게 일어날 수 있도록 언어 환경구성에 대하여 알아보고자 한다.

메아리

속담 및 격언

작은 고추가 맵다.

그림책 소개

사계절
존 버닝햄(1996) – 시공주니어

춤추는 수건
제성은, 윤태규(2019) – 개암나무

꽃무늬 고양이 비누
소호랑(2021) – 킨더랜드

예비교사들의 언어에 대한 표현

언어는 주변생활의 풀이름, 꽃이름, 약속 등을 알게 한다.(견학에서의 다양한 읽기)

희망을 추구하는 동화와 주문

피터팬
제임스 매튜 배리(2015)
삼성출판사

아브라카다브라(Abracadabra)
말한 대로 이루어지게 하는 마법의 주문.

1 언어발달을 위한 물리적 환경

환경이 인간의 발달을 결정하지는 않지만, 풍부한 환경은 인간의 발달을 촉진시킨다. 그런 의미에서 영유아가 생활하는 물리적 환경이 영유아의 언어발달에 영향을 미칠 수 있다. 영유아의 언어발달을 위한 물리적 환경은 언제, 어느 곳에서나 쉽게 언어사용이 가능한 환경이며, 일상생활에서 경험하는 것처럼 다양하고 자연스럽게 언어를 접할 수 있는 환경이어야 한다. 또한 영유아들의 생활과 직접적으로 관련되는 의미 있는 언어들로 구성되어 있어야 한다.

다음은 영유아의 언어활동을 촉진시킬 수 있는 언어영역을 구성한 예이다.

컴퓨터가 있는 언어영역

듣기와 읽기가 마련된 언어영역

언어교구장

동화와 인형이 준비된 책꽂이

1) 언어영역을 구성할 때의 고려사항

영유아를 위한 언어영역의 환경을 구성할 때는 다음의 사항을 고려하여야 한다.

① 읽기 영역은 조용하고 채광이 좋은 위치에 둔다. 가능하면 자연채광이 있는 창문 옆에 위치하는 것이 좋으나, 직사광선은 해로우므로 직사광선을 피할 수 있는 커튼이나 가리개를 준비한다.

② 여러 종류의 책, 잡지, 어린이용 소책자 등을 낮은 영유아용 책꽂이에 배치한다. 이때 영유아들이 쉽게 고르도록 책표지를 앞으로 하여 정렬한다.

③ 소음을 줄이도록 부분 카펫을 바닥에 깔아 주고 영유아가 책을 혼자 보거나 친구들과 볼 때 부드럽고 편안함을 느끼도록 큰 베개, 푹신한 의자, 흔들의자 등을 제공한다.

④ 녹음기로 이야기나 노래를 들을 수 있는 조그만 탁자를 갖춘 듣기 영역을 마련한다. 이곳에는 동화나 노래, 다양한 소리가 녹음된 테이프와 카세트, 책, 헤드폰 등을 준비한다.

⑤ 영유아들이 동화책을 읽고 극 놀이를 쉽게 할 수 있도록 낮은 선반에 동화책과 그와 관련된 소품들과 인형 등을 제공한다.

⑥ 영유아가 앉아서 책을 보거나 글을 쓸 수 있는 영유아용 의자와 탁자를 제공한다.

⑦ 영유아의 눈높이에 맞게 문자 경험을 위한 포스터나 차트목록과 같은 것들을 게시한다.

⑧ 쓰기 영역에서 글자를 만들거나, 쓰고 가지고 놀 수 있도록 낮은 선반에 자료들을 제공한다. 투명한 플라스틱 바구니에 재료 이름을 붙여 쓰기 재료들을 담아 두며, 영유아들이 완성한 쓰기 결과물을 보관할 장소도 마련한다.

⑨ 영유아들이 쓰기를 연습하기 쉽게 영유아용 칠판이나 자석판을 함께 제공한다.

⑩ 컴퓨터를 이용하여 영유아가 쓰기를 연습할 수 있는 공간을 제공한다. 이때 프린터도 함께 제공한다.

⑪ 영유아의 읽기와 쓰기 활동을 위해 교사가 준비한 자료를 보관할 장소를 마련한다.

언어영역의 환경구성은 듣고, 말하고, 읽고, 쓰는 모든 활동이 이루어지도록 구성되어야 하는데, 언어 내용의 교육목표나 교육활동의 특성에 따라 언어영역을 구성할 수도 있다.

2) 듣기와 말하기의 환경구성

듣기는 지식을 쌓는 기초이므로 효율적인 듣기 지도를 위해서는 듣기 영역을 구성해 주는 것이 좋다. 이때 말하기도 함께 이루어지도록 계획하는데, 듣기와 말하기에는 여러 가지 소리가 녹음된 녹음자료, 테이프나 CD자료가 첨부된 동화책, 교사나 영유아들의 목소리가 녹음된 자료 등과 녹음기, 카세트, 헤드폰, 마이크, 공테이프나 CD, 녹음할 수 있는 기기와 말하기 자료 등을 준비해 준다. 이때 녹음테이프와 동화책은 지퍼백 등을 이용하여 함께 보관하며 지퍼백에는 책 제목을 표시해 놓아 서로 섞이지 않도록 정리한다. 또한 영유아가 말하여 녹음한 내용을 기록할 수 있는 쓰기도구와 라벨용 스티커 등도 함께 준비한다.

듣기와 말하기를 위한 자료들이 준비되면 전기 코드를 꽂을 수 있는 곳 가까이에 듣기 활동을 만들어 주며, 영유아들이 편하게 들을 수 있도록 방석, 쿠션, 영유아용 책상과 의자를 배치한다. 또한 기기작동방법을 설명한 설명서와 헤드폰, 책의 사용방법과 보관방법 등을 설명한 설명서들을 준비하고 사용방법 등을 지도한다(강성화·김경희, 2003).

듣기 활동의 환경구성

듣기 코너가 있는 언어영역

동시를 듣는 유아

3) 읽기 활동의 환경구성

영유아들이 책을 많이 읽을수록 영유아들의 읽기 능력이 향상되므로, 영유아들이 편안한 마음으로 책을 읽을 수 있는 영역을 마련해 주는 것이 좋다. 많은 경우 언어영역을 구성한다고 하면 영유아용 책꽂이와 동화책을 준비하는 것으로 끝나는데, 여기에 영유아들이 혼자서 또는 친구들과 함께 즐겁게 책을 읽을 수 있는 장소와 책을 읽고 난 후 표현활동으로 연결할 수 있는 공간도 확보해 주는 것이 좋다.

영유아들에게 제공되는 책은 그림 동화책을 기본으로 영유아들이나 교사가 만든 책, 요리책, 관찰실험 보고서, 지도, 잡지, 광고지, 전화번호부, 사전 등 다양한 볼거리와 읽을거리를 제공할 필요가 있다. 영유아들이 책을 읽고 난 다음에, 자신이 읽은 책을 기록할 수 있는 영유아 개인별 기록장을 준비해 주는 것도 책 읽기를 격려한다.

또한 동화책과 함께 동화와 관련된 인형을 준비해 주면 책 읽기가 보다 재미있는 활동이 될 것이다.

독서 기록장

영유아 이름				
읽은 날짜	책 이름	저자	주인공 이름	기억에 남는 장면, 글

읽기 활동의 환경구성

'모자 장수' 그림책과 인형

언어영역의 책꽂이

책을 보는 유아들

친구와 동화책 읽기

4) 쓰기 활동의 환경구성

쓰기는 읽기와 말하기 같은 과정으로 발달하는데, 교실 안에 쓰기 활동을 조성하는 것은 영유아들이 자신의 기록이나 경험 등을 기록하고 이것을 읽어볼 기회를 제공한다. 영유아들의 쓰기 발달을 위해 다양한 크기와 재질의 종이, 여러 용도의 연필과 펜, 크레파스 등의 쓰기도구와 플라스틱이나 시리얼 글자들, 글자 스탬프, 게임이나 퍼즐 글자 등의 다양한 글자모형, 칠판이나 화이트보드, 보고 쓸 글자카드와 문장카드 등을 준비해 준다. 또한 키보드나 마우스를 이용한 쓰기도 관심이 생기도록 컴퓨터 활동과 연계하여 컴퓨터 활동과 쓰기 활동을 이웃하여 구성할 수도 있는데, 이 경우에는 프린터를 준비해 준다. 완성된 쓰기작품과 미완성의 쓰기작품을 보관할 박스나 폴더 등도 마련한다.

쓰기 활동의 환경구성

컴퓨터에 이웃한 쓰기 활동

프린터가 준비된 컴퓨터 자료

쓰고 있는 유아

쓰기를 즐기는 유아

2 언어발달을 위한 심리적 환경

물리적 환경이 우수하다고 하여도 영유아들의 언어를 학습하려는 욕구를 자극하고 유지시켜 주는 심리적 환경이 부족하다면, 제공된 물리적 환경만으로 언어발달의 효과를 거두기는 어렵다. 이를 더피와 로헬러(Duffy & Roeheler, 1989)는 지적 도전을 하도록 만드는 환경이라 하고, 영유아들의 지적 도전을 유발하는 심리환경적 요인으로 기대, 모델링, 흥미와 동기유발 등을 제안한다.

1) 기대

교사의 말과 행위를 통하여 영유아들은 교사의 기대를 감지하는데, 영유아들에 대한 교사의 기대는 영유아들의 언어발달에 크게 영향을 미친다.

2) 모델링

학습에서의 모델링 효과는 학습을 유발하는 강력한 요소인데, 특히 발달의 초기에 있는 영유아는 모델링을 통한 학습의 효과가 크다. 교사의 어투나 억양, 선호하는 용어 등은 영유아의 언어에 그대로 반영된다.

3) 흥미와 동기유발

음성언어나 문자언어에 대한 흥미, 즉 다른 사람의 말을 집중해서 듣고 대화를 나누려는 시도나 그림책을 보면서 말이나 글로 표현하려는 노력은 영유아가 말하기와 글쓰기를 익히게 하는 중요한 요소이다. 영유아가 지닌 언어에 대한 흥미는 활동을 통해 활성화될 수 있으며, 언어에 대한 필요성을 영유아 스스로 인식함으로써 보다 강화된다. 영유아에게 자연스럽게 나타나는 언어사용의 욕구와 학습동기를 강화하고 유지하도록 돕는 교사의 지지가 필요하다.

3 언어발달을 위한 사회·정서적 환경

서로에게 의미를 주고받는 언어활동은 타인과의 관계 속에서 가능한 사회적 활동이고, 이 사회적 활동은 분위기나 정서에 크게 영향을 받는다. 사회·정서적 환경은 사회적 관계와 정서로 구분하여 설명할 수 있다.

1) 사회적 관계의 격려

또래나 성인들과 사회적 상호작용을 하면서 영유아가 언어활동에 대한 이해를 증진시키고, 언어가 다른 사람과 소통하는 데 필요한 수단이라는 것을 인식하게 되면 언어발달이 촉진된다.

2) 정서적 안정의 제공

언어는 개인의 정서상태에 의해 많은 영향을 받는다. 심리적으로 안정되어 있고, 상대방이 자신의 말을 들어주고, 신뢰할 것이라는 믿음은 언어표현을 자극한다.

생각나누기

언어지도

Chapter

08

듣기와 말하기 지도방법

듣기는 단순히 소리를 듣는 것이 아니라 그 의미를 파악하고 이해하는 과정이 포함되며, 말하기는 듣는 사람을 고려하여 이해할 수 있도록 정확하게 효과적으로 상대방에게 의사를 표현하는 것이다. 8장에서는 영유아의 듣기와 말하기의 특성, 영향요인, 지도방법 등을 살펴보고자 한다.

메아리

속담 및 격언

우물 안 개구리

그림책 소개

돼지책

앤서니 브라운(2009) – 웅진주니어

손 큰 할머니의 만두 만들기

채인선, 이억배(2001) – 재미마주

곰 사냥을 떠나자

마이클 로젠, 헬린 옥슨버리(2017) – 시공주니어

예비교사들의 언어에 대한 표현

언어는 신나는 놀이이다.
(영유아의 일상생활 속 놀이 장면)

희망을 추구하는 동화와 주문

신데렐라

푸른숲글방(2019)
그린키즈

러버스 레폴링 레이디마트(Lovers leporine ladymart)
'사랑을 이뤄지게 하는 주문'이라고 한다.

1 듣기 교육

언어생활의 시작은 듣기부터라고 할 수 있다. 어머니의 배 속에 있는 태아도 청각적 자극을 통해 자연스럽게 소리를 경험하고 어머니 소리를 듣는 것에 대한 선천적인 선호를 보인다. 그러나 듣기가 저절로 획득되는 것은 아니다. 들려오는 여러 소리 가운데서 필요한 소리나 들어야 할 소리를 선별적으로 듣고 그 소리의 의미가 무엇인지를 파악하기 위해서는 특별한 주의가 필요하다.

우리의 일상 언어생활에서도 듣기가 중요한데, 초등학교에서의 하루 언어활동 시간을 조사한 레인킨(Rainkin, 1928)의 보고에 의하면, 듣기에 45%, 말하기에 30%, 읽기에 16%, 쓰기에 9%의 시간을 보내는 것으로 나타났으며, 윌트(Wilt, 1958)는 하루 학교생활 중 57.5%가 듣는 시간이라고 보고하고 있고 학교에서 학습자가 듣는 시간이 66%에 이른다는 보고도 있다(노명환, 1988). 이렇듯 우리 생활에서 듣기가 차지하는 비중이 크므로, 어린 시절부터 올바른 듣기가 이루어지도록 지도를 하여야 한다.

1) 듣기의 정의

듣기는 단순하고 수동적인 청각적 수용(hearing)이 아닌 경청(active listening)이라는 적극적 의미가 내포되어 있다. 경청은 의도적으로 소리에 주의를 집중하여 의미를 정확하게 파악하는 과정으로, 음성화된 언어가 듣는 사람의 마음에서 의미로 전환되는 과정이다. 따라서 청각 기능 이상의 인지적 사고과정을 포함한다.

2) 듣기 과정

듣기가 이루어지는 과정을 다음의 네 단계로 제시할 수 있다(Petty & Jensen, 1980).

① 일련의 소리, 단어, 문장을 듣는 단계

② 들은 단어와 문장을 이해하는 단계

③ 이해된 의미를 수용할 것인지 또는 거부할 것인지를 평가하는 단계

④ 들은 내용을 평가한 후에 신체동작, 표정, 음성 등의 수단을 통해 표현하거나 반응하는 단계

3) 듣기의 영향요인

듣기에 영향을 주는 요인을 살펴보고 이들 요건을 충족시켜 주면 듣기 활동을 지도하는 데 도움을 줄 수 있다. 다음의 요인들은 신체기관이 정상발달 상태에 있음을 가정한다.

(1) 청각적 수용능력

청력의 예민도, 듣고 있는 소리에 대한 주의집중능력, 어휘에 대한 기본적인 이해능력 등은 청각적 수용도를 결정하며, 청각적 수용능력이 많은 사람이 듣기를 더 잘한다.

(2) 환경적 요인

듣기를 방해하는 소음의 여부나 영유아의 주의를 끄는 어떤 물건이 있을 때 듣기가 방해받는다. 따라서 교실의 분위기를 정돈하고 소음의 발생을 최소화해야 한다.

(3) 말의 속도

말의 속도도 듣기에 영향을 미친다. 말의 속도가 빠르면 그 의미를 미처 이해하지 못할 수 있는데, 이는 새로운 내용일수록 그 영향이 크다. 반면에, 말의 속도가 느리면 지루하여 영유아가 주의집중을 하는 데 문제가 있게 된다.

(4) 이야기 주제에 대한 영유아의 흥미나 관심도

이야기의 내용이 영유아가 알고 있는 내용이거나 흥미로울 때 이야기를 잘 들을 수 있다.

(5) 교사 요인

교사의 언어형태가 영유아의 수준에 맞는지 여부와, 교사 자신이 주의가 산만한지 여부도 듣기에 영향을 미친다. 교사가 차분한 태도로 듣기에 보범을 보일 때 영유아는 듣기를 잘 할 수 있다.

4) 듣기 지도방법

듣기 지도를 할 때 다음 사항에 유의하여 지도한다.

(1) 듣기의 중요성 강조

영유아들에게 듣기의 중요성을 인식시킨다. 듣기 활동의 목적을 분명히 제시하여 듣기를 격려해야 한다. 듣기의 목적은 정보를 얻기 위한 것, 동시나 동화를 감상하기 위한 것, 교사의 지시를 따르기 위한 것이라는 것을 알도록 지도한다.

(2) 효과적인 듣기 환경의 제공

어떤 상황에서 영유아가 잘 들을 수 있는지를 파악하여 이에 알맞게 지도한다. 즉, 듣기에 영향을 주는 요인을 고려하여 방해요인을 제거한다. 또한 잘 들을 수 있는 교육기관의 환경을 조성하고 영유아의 흥미나 이해도를 고려하여 듣기 활동을 계획한다.

(3) 개인차의 고려

영유아의 듣기 능력과 듣는 태도에는 개인차가 크므로 개별적으로 지도해야 한다. 프로그램을 계획할 때 개인차를 고려하여 다양한 수준의 활동을 제시하며, 영유아들과 가능하면 개별적 대화를 많이 하도록 한다.

(4) 다양한 듣기자료의 제공

듣기에 대한 흥미를 유도하는 다양한 교육자료를 활용한다. 예를 들어, 녹음기를 통한 듣기나 전축, 책, 필름, 전화, 확성기, 손 인형 등은 듣기에 대한 흥미를 유발하고 관심을 지속시키는 효과를 가져올 수 있다.

(5) 바람직한 듣기 습관의 형성

영유아에게 언어적 지시를 줄 때는 체계적으로 잘 정돈된 지시를 주어야 하며, 반복하여 같은 지시를 주지 말고 한 번 말해 주는 것이 좋다. 다시 한 번 같은 지시를 말해 주는 경우는 먼저 교사의 지시가 무엇인지 생각해 보도록 한 다음에 지시를 준다. 또한 영유아와 듣기 활동을 하고 난 다음에 교사와 영유아 간 또는 영유아들 간의 상호소통 여부를 검토한다. 이야기가 끝난 후 들은 것을 말하게 하여 제대로 이해하고 있는지를 확인하는 활동이 필요한데, 이 때문에 듣기가 싫어지지 않도록 주의한다. 또한 불필요한 소리자극은 무시하며 말하는 사람의 어조나 태도의 변화에 관심을 갖는 것이 습관화되도록 지도한다.

(6) 영유아의 자기 신뢰감 발달

듣는 과정에서 영유아가 자기 신뢰감을 발달시킬 수 있도록 지도한다. 영유아가 바르게 듣고 교사의 지시에 따라 활동에 효과적으로 참여하고 과제에서의 성공경험을 많이 하게 되면 영유아는 이를 통해 자기 신뢰감을 형성시키게 된다. 따라서 상황이나 과제를 이해하고자 노력하는 영유아에게는 여러 차례 반복하여 지시를 주고 필요한 정보를 제공한다.

(7) 효과적인 듣기 모델의 제공

영유아는 직관적으로 듣기 때문에 경청하는 태도는 지도할 수 있으나, 듣고 이해하는 방법 자체를 지도할 수는 없다. 또한 영유아가 제대로 듣고 이해하였는지를 파악하는 데는 듣기 이외의 다른 능력, 예를 들면 말하기나 그리기 등의 표현능력이 영향을 주므로 제대로 들었는지를 평가하는 것이 어렵다. 따라서 영유아 스스로 효과적으로 듣는 방법을 터득하도록 도와야 한다. 이를 위해 주위에서 들을 수 있는 여러 가지 소리에 대한 감각을 높여 주며, 다양한 듣기 경험을 제공할 필요가 있다. 또한 교사 자신이 듣기의 좋은 모델이 되어야 한다. 교사는 영유아가 어떤 이야기를 시작하면 영유아의 눈이나 얼굴을 쳐다보거나 자세를 바로 하여 영유아를 향하는 등 외형적으로 열중하여 듣고 있다는 것을 부각시킨다.

5) 듣기 활동의 실제

효과적인 듣기를 위해 계획해 볼 수 있는 활동들을 소개하면 다음과 같다.

① 동물 울음소리, 생활 속에서 나는 다양한 소리, 또는 또래나 교사의 목소리 등을 구별하고 그것이 어떤 소리인지 알아맞히기

② 같은 음과 다른 음, 높은음과 낮은음 구별하기

③ 소리 듣고 흉내 내기

④ 여러 가지 악기 소리 듣기, 음악 감상하기
⑤ 언어적 지시에 따르기
⑥ 수수께끼 놀이
⑦ 동시, 동요, 동화 듣기
⑧ 듣기 기계(전화, 녹음기, 인터폰 등)를 통한 말 듣기
⑨ 소리 듣고 그 느낌을 그림이나 동작으로 표현하기

2 말하기 교육

듣기가 이루어지면 자연스러운 말하기가 시작되는데, 말하기 지도를 위해 교사들이 알고 있어야 할 말하기 교육을 중심으로 살펴보면 다음과 같다.

1) 말하기의 정의

말하기는 정확하게 효과적으로 상대방에게 자신의 생각을 전달할 수 있는 능력을 말한다. 이를 위해 타인이 이해할 수 있는 발음과 어법, 문법 규칙을 적용한 언어를 구사해야 한다. 즉, 말하기를 잘하기 위해서는 다음의 사항이 모두 갖추어져야 한다.

① 정리된 내용
② 조어법에 맞는 품위 있는 말
③ 알맞은 음성과 속도
④ 정확한 발음
⑤ 적절한 태도

2) 말하기의 목표

영유아의 말하기를 지도함에 있어 중점적으로 지도해야 하는 말하기의 목표는 다음과 같다.

① 의사소통능력을 길러 준다.
② 놀이나 집단 활동을 통해 말하는 경험을 갖고 이를 즐기도록 한다.

③ 새로운 단어를 사용해 봄으로써 어휘확장의 기회를 갖도록 한다.
④ 타인의 의견이 자신과 다를 수 있다는 것을 받아들이도록 지도한다.
⑤ 영유아가 자신의 감정이나 욕구, 상상력 등을 표현하는 데 있어 언어를 사용하도록 돕는다.
⑥ 문제해결에 언어를 사용하도록 한다.
⑦ 자기 차례를 기다려 말할 기회를 갖도록 지도함으로써 말하기 예절을 습득하도록 돕는다.

3) 말하기의 영향요인

영유아가 말을 잘하기 위해서는 신체적으로 건강하며 정서적으로 안정되어 있어야 한다. 다른 영역보다 영유아의 심리상태가 큰 영향을 미치는 영역이 말하기이다.

말하기에 영향을 주는 요인들은 다음과 같다.

① 영유아가 자기 자신에게 갖는 태도, 신뢰감 등이 말하기에 영향을 준다.
② 말하려는 상대에 대한 친숙성과 상대에 대한 지각상태가 말하기에 영향을 준다. 즉, 친숙한 관계에 있는 상대방이 자신의 말을 잘 들어 줄 것이라는 생각을 하게 되면 편안하고 쉬운 상태에서 말하기를 할 수 있다. 말하는 상대방이 개인인 경우 또는 집단인 경우에 따라 말하기가 달라지며, 상대의 연령도 영향을 준다.
③ 말하려는 내용의 주제가 말하기에 영향을 준다. 영유아가 경험하여 알고 있는 내용의 경우 말하기가 쉽다.
④ 소통하려는 형태에 따라 말하기가 달라진다. 설명을 하는 경우, 질문에 대답을 하는 경우, 또는 토의에 참석한 경우 등 각 상황에 따라 말하기가 달라진다.
⑤ 말하기를 할 때 인형이나 전화, 마이크, 확성기 등 도구가 있는 경우 말하기에 영향을 준다. 이러한 도구는 영유아들이 보다 쉽게 말하기를 할 수 있도록 돕는다.

4) 말하기 지도방법

말하기 활동을 계획할 때 다음 사항을 고려한다.

(1) 음성의 조절

말하기를 잘하기 위해서 영유아는 음성을 효과적으로 조절할 수 있어야 한다. 교사는 음성의 크기와 속도 등에서 적절한 음성을 사용하는 모델이 되도록 한다.

(2) 정확한 발음과 언어예절 지도

영유아가 정확하고 올바른 발음을 할 수 있도록 돕는다. 영유아기에 보이는 발음의 이상은 발음기관의 미성숙, 소리변별능력의 부족, 정서상의 문제, 잘못된 언어습관 때문에 생기는 경우가 대부분이다. 만약에 영유아가 잘못된 발음을 하거나 아기 말을 계속하여 사용하는 경우, 교사는 정확한 발음의 모델을 제공하여 발음지도를 해야 한다. 동시에 주의 깊게 듣고 적절한 시기에 반응을 하는 모범을 보인다. 시선을 수평으로 맞추고, 차례를 기다려 말하는 등 대화에 필요한 예의도 습관화되도록 지도한다.

(3) 어휘의 학습

영유아의 어휘를 확장하고 문장을 바르게 사용할 수 있도록 돕는다. 영유아가 말을 잘하기 위해서는 많은 어휘를 학습하고 사용할 기회를 가지며 완전한 문장으로 이야기하는 능력이 있어야 한다. 영유아가 습득한 어휘는 영유아의 흥미나 경험, 지적 발달 정도를 반영하는데, 어휘를 잘 습득하기 위해서는 구체적 경험이 필요하다.

(4) 말할 수 있는 분위기의 제공

영유아가 대화를 잘하기 위해서는 말하고 듣는 사람들 사이에 좋은 관계가 성립되어 있어야 하고, 정서적으로 안정되어 있어야 한다. 이를 위해 영유아의 말하기를 허용하는 개방적인 분위기를 제공하며, 공동의 화제가 될 수 있는 대화의 소재를 제공한다. 영유아에게 말할 기회를 주고 자신의 말을 흥미 있게 들어주는 사람이 있다는 느낌을 갖도록 하여 영유아가 자신에 대해 신뢰감과 수용감을 갖도록 돕는다.

(5) 개인차 고려

영유아의 개인차를 고려하고 영유아의 현재 언어능력을 기초로 말하기 활동을 계획한다. 특히, 일상생활과 관계되는 언어활동을 계획한다.

(6) 다양한 대화 경험의 제공

다양한 사람과 말해 보는 기회를 제공하고, 또 여러 사람 앞에서도 조리 있게 말해 볼 기회도 준다. 교사나 어머니, 친구들 앞에서는 말을 잘하나, 노인이나 남자 앞에서는 말하기 어려워하는 영유아들도 있으므로 이들과 말해 보는 경험을 의도적으로 계획하며 견학할 때 설명을 해 주는 사람이나 외부에서 강사를 초빙할 경우에는 이 점을 고려한다.

(7) 몸짓 사용에 대한 지도

영유아가 말을 하면서 간단한 제스처를 사용하도록 지도한다. 몸짓이 과장되는 경우 상대방에게 신뢰감을 주지 못하며, 짜증이나 싫증이 나게 할 수 있으므로 주의한다.

(8) 자발적인 말하기의 유도

영유아에게 말하도록 강요는 하지 않는다. 말은 자연스럽게 나와야 하는 것이므로, 말을 안 하는 영유아일수록 말하도록 강요하지 말고, 인내심을 갖고 말하기를 기다린다. 이를 위해 교실에 긴장감을 없애며 말할 소재를 제공하고, 인형이나 녹음기 등을 이용하여 말하기에 흥미를 갖도록 한다.

5) 발음문제를 돕기 위한 방법

영유아의 발음에 문제가 있는 경우, 영유아의 발음문제를 돕기 위해 다음의 활동을 해볼 수 있는데, 발음의 문제가 지속되는 경우 전문가의 치료를 받도록 한다.

① 음이 어떻게 만들어지는가를 교사가 보여 주면서 입술과 혀의 움직임을 영유아가 관찰하게 한다.

② 교사가 발음한 음을 모방하여 말해 보게 하고, 거울을 보면서 입술이나 혀의 모양이 똑같이 만들어졌는지 확인한다.

③ 발음이 정확하지 않은 특정 음은 여러 번 반복하여 발음해 본다. 처음에는 그 음이 들어간 짧은 단어나 음절을 발음하고 이것이 정확해지면 문장 속에서 발음하도록 한다.

6) 문장구성 능력을 길러 주기 위한 방법

영유아의 문장구성 능력을 길러 주기 위해서 부모나 교사는 반복확장, 의미부연, 촉진 등의 방법을 사용할 수 있다.

① **반복확장** : 영유아가 말한 불완전한 문장을 완전한 문장으로 말해 준다.

② **의미부연** : 영유아가 표현한 문장에 대해 의미를 확대하여 반응해 준다.

③ **촉진** : 질문을 통해 완전한 문장이나 다른 문장을 말할 수 있도록 자극한다.

예를 들어, 영유아가 그림을 보여 주며 "내가 그렸어."라고 말한다면 교사는 다음과 같이 반응해 줄 수 있을 것이다.

반복확장	"수영이가 자동차 그림을 그렸구나." "달리는 자동차를 그렸구나."
의미부연	"빨간색 자동차가 쌩쌩 달리고 있구나." "수영이가 그린 자동차에는 여러 사람이 타고 있네." "수영이가 자동차 그림을 그려서 기분이 좋구나."
촉진	"자동차 안에는 누가 타고 있나요?" "자동차를 타고 어디로 가고 있는 걸까?"

7) 말하기 활동의 실제

영유아의 말하기를 돕기 위해 계획해 볼 수 있는 말하기 활동들은 다음과 같다.

① 말 따라 하기 게임

② 사건이 일어난 순서대로 그림 보고 이야기하기

③ 이름, 연령, 주소, 유치원 명, 가족소개 등 자신의 신상과 관련된 말하기

④ 일상적인 인사하기, 사회적 언어 사용하기

⑤ 타인에게 들은 이야기를 전달하기

⑥ 생활경험이나 자신의 생각 말하기

⑦ 대답하고 질문하기

⑧ 극 대사 말하기, 인형극, 동극 등에 참여하기

⑨ 간단한 경어 사용하기

⑩ 수량, 형태, 위치, 속도 등의 용어 사용하기

'수박파티' 공연장

'꿀벌의 여행' 공연

생각나누기

언어지도

Chapter

09

읽기와 쓰기 지도방법

영유아는 구어가 어느 정도 발달하면 문자언어에 관심을 가지고 글자를 배우려 한다. 영유아가 글을 읽게 되는 경험은 부모에게 자녀가 처음 옹알이를 할 때만큼의 경이로운 경험은 아니나, 많은 부모들이 영유아가 글을 읽고 쓸 수 있기를 기대하고 이를 위해 많은 노력을 한다. 9장에서는 영유아가 글을 읽게 되고 쓰게 되도록 지도하기 위해 어떠한 준비를 해야 하며, 어떻게 각각의 능력이 발달되도록 지도해야 하는지를 알아보고자 한다.

메아리

속담 및 격언

개구리 올챙이 적 생각을 못 한다.

그림책 소개

점
피터 H. 레이놀즈(2003) – 문학동네어린이

길 떠나는 너에게
최숙희(2020) – 책읽는곰

나의 아기 오리에게
코비 야마다, 찰스 산토소(2022) – 상상의힘

예비교사들의 언어에 대한 표현

언어는 사랑이다.
(선생님! 사랑합니다.)

희망을 추구하는 동화와 주문

해와 달이 된 오누이
김미혜, 최정인(2014)
비룡소

마크툽(Maktoob)
'신의 뜻대로 되게 해달라'는 주문.

1 읽기 교육

읽기는 문자언어를 해독하는 것으로 읽기 능력은 초등학교에서 다른 학습의 기초가 되는 중요한 부분이며 성숙과 교육의 상호작용에 의해 발달한다. 즉, 기본적인 능력의 발달이 이루어지더라도 적절한 읽기 지도가 있어야 읽기가 가능하다. 영유아의 읽기 능력은 읽기 경험에 의해 크게 좌우된다.

1) 읽기의 정의 및 준비도

읽기는 의사소통의 과정으로 문자언어가 상징하는 바를 처리하여 필자의 의도, 태도, 신념, 느낌 등을 해독하는 과정이다(Hall, 1987). 읽기 과정은 문자로 된 상징을 지각하는 수준과 읽은 내용의 의미를 파악하는 수준 등 두 개의 과정으로 이루어진다.

1920년대는 영유아기를 읽기 준비의 시기로 간주하여 영유아기에 관심을 갖게 되었으며, 읽기 준비도의 개념이 생겨났다. 이때의 관심은 영유아가 정신적으로 읽을 준비가 되게 하는 요인이 무엇인지를 밝히는 것이었다. 영유아가 읽을 준비가 되었는지를 판단하는 요인을 무엇으로 볼 것인가 하는 시각은 크게 영유아의 성숙, 특히 신경 성숙의 결과로 보는 입장과 적절한 경험이 읽기 준비도를 가속화시킨다는 견해가 지배적이었다.

1950년대 초까지도 대부분의 아동발달이론이나 양육이론들은 발달이 성숙에 의해 통제된다고 본 게젤(Gesell)의 영향을 받았다. 즉, 인지기술이나 운동기술에서의 진보는 자동적으로 나타나는 신경 성숙이나 내재적 성장의 결과로 간주되었다. 읽기 준비도에도 이러한 견해가 적용되어 읽기 준비도는 신경 성숙의 결과로 읽기에 요구되는 정신적 과정이 준비될 때까지 기다렸다가 읽기를 지도하라고 조언하고 있다. 훌륭한 교육은 미리 정해진 자동적인 성숙의 과정을 방해하지 않는 환경을 제공하는 것으로 보았으며, 이러한 생각은 40년 동안 지속되었다. 이러한 생각 때문에 영유아가 읽기 학습을 잘하기 위해서는 성숙이 전제되어야 한다고 보았다. 하지만 영유아가 읽을 준비가 될 때까지 기다렸다가 읽기를 지도하라는 이러한 생각은 1980년대 들어 사회심리학적 측면이 강조되는 총체적 언어 접근법이 소개되면서 수정이 불가피하게 되었다. 이들은 문해 발달이 이루어지는 시기를 가정하며, 영유아가 구어를 배운 것과 같은 방법으로 자연스러운 문자 경험을 통해 글자에 노출시킴으로써 읽기와 쓰기를 지도할 수 있다고 본다. 문해 발달과 총체적 언어 접근법에 관해서는 10장과 11장에서 자세히 살펴보겠다.

2) 읽기에 요구되는 능력

영유아가 문자를 읽게 되기 위해서는 다음의 읽기에 필요한 사항을 갖추고 있어야 한다.

(1) 신체적 요인

읽기 능력을 발달시키기 위해서는 영유아의 일반적인 건강상태가 양호하고, 시력이나 청력 등이 정상적으로 발달되어 있어야 한다. 또한 글을 읽을 때 필요한 왼쪽·오른쪽, 위·아래 등의 방향감각과 안구운동 능력이 발달되어야 한다.

(2) 인지적 요인

읽기를 잘하기 위해서는 지시를 따르고 이야기의 전후관계를 파악할 수 있는 능력이 있어야 한다. 글을 읽는다는 것은 의미를 해독하는 과정이므로 읽기에는 이해, 해석, 개념학습, 문제해결, 추리 등과 같은 지적 능력이 필요하다.

(3) 심리적 요인

영유아교육기관에서의 집단생활에 적응하는 정도와 영유아의 문자에 대한 흥미, 그리고 글을 읽으려는 동기 등이 읽기 능력에 영향을 준다.

(4) 지각적 요인

읽기를 자극해서 정보를 추출하는 능력이 있어야 하며, 시각적·청각적 변별이 가능하여야 한다. 즉, 문자 형태의 유사점과 차이점을 식별하는 능력, 글자와 소리의 관계를 파악하고 소리의 차이점과 유사점을 식별하는 능력이 있어야 한다.

(5) 환경적 요인

영유아가 문자를 접한 경험과 읽을 기회를 제공하여 읽기를 촉진하는 환경, 그리고 글이나 책을 읽는 영유아 주변의 읽기 모델 등이 영유아의 읽기능력발달에 영향을 준다.

3) 읽기 준비도 프로그램의 내용

성숙으로서의 읽기 준비도 개념이 경험의 산물로서의 읽기 준비도 개념으로 바뀌면서 영유아교육기관에서는 영유아가 읽기 준비도를 갖추도록 지도하게 되었다. 읽기 준비도 프로그램의 내용은 다음과 같다.

(1) 청각변별과 청각기억

읽기를 위해서는 말소리를 변별하고 그 소리를 기억하는 능력이 요구된다. 특히, 비슷한 말소리의 차이를 구별하고 인식하도록 하는 것이 필요한데, 예를 들어 '밤'과 '방', '버선'과 '버섯' 등을 구별하는 활동을 통해 발음의 차이를 알도록 지도할 수 있다.

(2) 시각변별과 시각기억

한글의 자음이나 모음 또는 알파벳 철자의 차이를 구별하고 이것을 기억하는 것이다. 시각적 변별력이 덜 발달된 영유아가 같은 구조를 보이는 'ㅏ'와 'ㅓ', 'ㅗ'와 'ㅜ', 그리고 영어 알파벳의 'b'와 'd', 'p'와 'q'를 구별하는 것은 어려운 일이므로 이것을 구별하고 기억하도록 돕는 활동이 필요하다.

(3) 철자의 이름과 소리

자모철자의 이름을 아는 것은 단어를 쓸 때 도움이 되므로 이들의 이름과 각 철자가 내는 발음소리를 알 수 있도록 지도한다.

(4) 단어 재인

영유아가 듣거나 말해 본 단어를 다시 기억하도록 돕는 것은 읽기 지도에 도움이 된다.

준비도 개념이 도입된 후 읽기 준비도의 개념과 프로그램, 이와 연관된 검사는 거의 반세기 동안 영유아교육기관의 한 부분이 되었으며, 총체적 언어 접근법이 문해 발달에 대한 관점의 변화를 가져오기 전까지 초기 문해 교육의 주요 접근법으로 자리를 잡았다.

4) 읽기 성취의 예언변인

읽기 준비도 프로그램이 시행되면서 많은 학자들은 영유아의 읽기학습의 성공 여부를 예언해 주는 읽기 성취의 예언변인에 관심을 가지게 되었다.

(1) 철자의 이름을 아는 것과 그 소리의 인지

챌(Chall, 1967)은 철자(letter)의 이름에 대해 아는 것이 읽기 성취의 가장 강력한 예언변인이라고 하였으며, 본드와 딕스트라(Bond & Dykstra, 1967) 역시 챌의 보고를 지지하면서 읽기 성취의 가장 강력한 예언변인은 첫째, 글자에 대한 지식이고, 둘째, 청각적으로 음소를 구별하는 능력이라고 하였다. 이 두 가지는 읽기 교수방법에 관계없이 영유아가 얼마나 수월하게 글을 읽을 수 있는지를 예언해 주는 주요 변인이라고 하였다. 이렇듯 글자에 대한 지식과 음소에 대한 인식이 읽기 성취와 관련되므로 읽기를 시작하는 영유아에게 글자 대 소리의 관계(letter to sound relation)에 익숙해지도록 하는 것이 중요하다.

그러나 철자의 명칭을 아는 것이 읽기 성취를 예언한다는 결과는 아마도 이렇게 해석할 수 있을 것이다. 교육기관에서 문자교육을 받기 전에 철자의 명칭을 미리 배운 영유아의 가정은 그만큼 영유아의 발달과 학습에 관심이 있는 가정으로 영유아발달에 도움이 되는 활동과 환경이 갖춰져 있을 것이다. 이런 가정의 자녀는 인지발달 수준도 적절하고, 정서적으로 안정되어 있으며, 주의집중력도 있고, 성인과 적절한 상호작용을 할 수 있는 능력도 있을 것이다. 또한 부모는 자녀의 읽기 시도를 격려하고 많은 읽기 경험을 주려 노력할 것이다. 이러한 모든 요인이 영유아의 읽기 능력에 긍정적인 영향을 미쳐 영유아는 보다 빠르게 읽기를 성취할 수 있게 된다.

(2) 영유아의 지능

읽기 성취의 예언변인으로는 정신연령을 들 수 있다. 돌취와 블롬스터(Dolch & Blomster, 1973)는 12학년 115명을 대상으로 IQ검사를 하고, 인쇄된 단어와 실험자가 말한 단어를 연결시키는 능력을 측정하였다. 그 결과 정신연령이 낮은 아동은 발음중심 교수법, 즉 단어 맞추기 검사에서 낮은 점수를 얻었다고 보고하였다. 이러한 결과에 근거하여 일부에서는 읽기 지도는 정신적으로 준비될 때까지 시작해서는 안 된다는 주장을 펴나, 이는 아동을 준비시키기 위해 준비될 때까지 기다리라는 주장이므로 모순이 있다.

실제로 읽기 준비도는 IQ 점수보다는 분류, 배열, 양의 보존과 같은 논리분석적 과제를 수행하는 데 사용되는 인지능력에 의해 더 잘 예언된다. IQ와 읽기 성취의 상관을 연구한 많은 연구에서는 초기의 읽기 성취와 IQ 간에 낮은 관련성이 있다는 많은 경험적 연구가 있다.

그런데 IQ와 일반 인지기술이 읽기 성취에는 크게 영향을 주지 않으나, 초기에 읽기에 실패를 하게 되면 이는 IQ와 일반 인지기술에 있어 부정적인 영향을 주어 IQ와 일반 인지기술이 점진적으로 하향화하게 하므로 초기 읽기의 실패의 영향력은 크다.

5) 읽기 지도방법

읽기 지도를 잘하기 위해 유의할 사항은 다음과 같다.

(1) 읽기 준비도의 습득

영유아가 읽기 준비도를 습득하도록 지도한다. 즉, 시각적 변별력이나 청각적 변별력이 발달되도록 돕고, 왼쪽에서 오른쪽으로의 방향감각을 갖도록 돕는다.

(2) 환경의 조성

영유아가 교실 속에서 충분히 글자를 경험을 할 수 있도록 자극적인 교실환경을 마련한다. 영유아의 이름이나 표지판, 교구 이름, 활동 이름, 게임 규칙 등을 문자로 적어 두어 자연스러운 문해 환경을 제공한다.

(3) 영유아의 능력 고려

영유아가 가지고 있는 언어능력을 활동의 기초로 활용한다. 읽기도 언어활동의 일부분이므로, 영유아가 지닌 기본적인 언어능력과 특성, 언어에 대한 태도와 흥미 등을 파악하여 이를 활동에 반영한다.

(4) 영유아의 개인차 고려

영유아에 따라 개인차가 크므로 개별적인 읽기 지도계획을 수립한다. 영유아의 능력에 알맞을 때 영유아는 자신감을 가지고 읽기를 배우는 일에 흥미와 열정을 가질 수 있다. 따라서 교사 편의 위주가 아니라 영유아의 발달단계에 따라 읽기 과정을 조정해야 한다.

(5) 동화책의 활용

동화책은 좋은 읽기 자료이므로 이를 활용하여 다음의 활동을 해 볼 수 있다.

① 영유아에게 가능한 한 동화책을 많이 읽어 주고 들려준다.
② 좋아하는 그림이나 내용에 관하여 서로 이야기를 나눌 시간과 기회를 제공한다.
③ 글자가 없는 그림책을 보여 주고 말해 보는 경험을 통해 영유아의 음성언어 발달을 돕는다.
④ 영유아에게 글 읽는 모습을 보여 주어 읽기의 모델이 된다.
⑤ 영유아가 특별히 좋아하는 책을 잘 간수하고, 반복해서 읽어 준다.
⑥ 영유아들이 가진 책을 서로 돌려가며 보는 경험을 가지게 한다.
⑦ 같은 책을 여러 영유아가 함께 보게 한다.

(6) 통합적 활동으로의 유도

읽기 활동은 듣기, 말하기, 쓰기가 포함되는 통합적 활동이 되도록 계획한다.

(7) 언어경험 접근법의 활용

효과적인 읽기학습방법인 '언어경험 접근법'을 활동에 적용한다.

언어경험 접근법은 이야기할 주제나 내용을 정하여 영유아가 말을 하도록 한 후, 이를 교사나 글을 아는 영유아가 종이에 기록하게 하고, 기록한 것을 읽어 보는 방법이다.

이를 도식화하면 다음과 같다.

영유아의 말하기 ➡ 영유아나 교사에 의한 말한 내용의 기록 ➡ 기록된 내용 읽기

이때 주의해야 할 사항은 영유아가 말한 내용을 기록할 때는 영유아의 소리를 그대로 받아 적어야 한다는 것이다. 예를 들어, 쌓기 영역에서 지켜야 할 규칙을 정해야 하는 경우, 영유아들이 생각하는 쌓기 영역에서의 규칙을 이야기하게 하고 이것을 교사나 글을 아는 영유아가 큰 종이에 기록하였다가 기록한 내용을 읽어 수면서 영유아들과의 토론을 통해 이 중에서 쌓기 영역에서 지켜야 할 규칙을 만들어 낼 수 있다. 이 과정에서 영유아는 자신이 말한 소리가 문자로 기록되고 기록된 문자를 소리로 재생할 수 있다는 것을 배우게 된다. 언어경험 접근법은 말하기와 쓰기, 읽기가 연결된 활동으로, 이 과정을 통해 영유아는 소리와 문자의 관계를 알게 되고 문자가 의미를 전달하는 매체임을 자연스럽게 배우게 된다.

6) 읽기 활동의 실제

읽기 발달을 위해 제안할 수 있는 활동을 소개하면 다음과 같다.

① 그림책 보고 내용 예측하기

② **주의집중력 발달을 위한 활동:** 바느질하기, 패턴 맞추기, 작은 블록 맞추기

③ 동화, 동시, 동요 읽기

④ 어휘력을 길러 주고 사물의 관계를 이해하도록 돕는 여러 가지 그림카드

⑤ **시각적 기술발달을 돕는 활동:** 점 연결하기, 퍼즐 맞추기, 색 구슬 꿰기, 같은 무늬 찾기, 패턴 블록 맞추기

⑥ **청각적 변별력을 길러 주는 활동:** 글자와 소리관계, 동음이의어, 비슷한 발음 구별하기, 음악 감상

⑦ **읽기 동기를 유발하는 활동:** 게임규칙 읽기, 요리표 읽기, 작업표 읽기, 편지 읽기

⑧ **읽기를 촉진하는 견학활동:** 도서관 방문하기, 서점 가기

2 쓰기 교육

쓰기는 문자를 쓰는 것뿐 아니라 쓰기와 관련된 종이나 쓰기도구를 가지고 노는 모든 활동을 포함한다. 그러나 쓰기에 대한 부모의 과도한 기대로 영유아교육기관에서 쓰기 활동은 문자를 쓰는 것을 강조하고 있으며, 문자중심의 교육에서도 영유아의 발달상태를 고려하지 않은 같은 수준에서의 일률적인 쓰기가 이루어지고 있어 쓰기 문제로 지적된다.

1) 쓰기의 정의

영유아에 있어서 쓰기는 문자와 친숙하여지고 문자를 구성하는 여러 가지 선을 만들어 보는 활동이다. 글을 모르는 영유아일지라도 영유아는 자신의 경험을 이해하고 조직하기 위해 상징적 도구를 사용하여 기록하는데, 쓰기는 상징적 도구를 사용하여 자신의 경험을 이해하고 조직하여 다른 사람에게 전달하는 활동이다. 외형적으로 나타난 영유아의 쓰기는 아무렇게나 생각 없이 마음대로 휘갈긴 그림이나 낙서로 생각될 수 있다. 그러나 조금만 세심하게 영유아의 기록을 살피면 실제는 그것이 쓰기이며, 후일 글을 쓰는 데 중요한 요인이 됨을 알

수 있다. 쓰기가 제대로 이루어지려면 쓰기를 위한 여러 가지 준비가 필요하다. 또한 다른 활동도 마찬가지지만, 쓰기는 영유아의 욕구와 필요에 의해 자연스럽게 이루어져야 하며 쓰기를 위한 근육을 발달시키고 힘을 갖는 데 중점을 두어야 한다.

2) 쓰기의 준비도 평가 기준

듣기나 말하기와는 달리 읽기처럼 쓰기도 성숙과 경험이 함께 작용한다. 특히, 쓰기를 위해서는 근육의 발달이나 눈과 손의 협응능력, 시각적 변별력, 공간관계 인식력 등의 발달이 선행되어야 한다.

다음은 영유아가 쓰기를 할 준비가 되었는지에 대한 평가 기준이다(Petty, Petty & Becking, 1981).

① 쓰기가 잘 이루어지기 위해서는 먼저 영유아가 왼손과 오른손을 구별할 수 있어야 하고, 어느 한 손을 지배적으로 더 잘 사용할 수 있어야 쓰기가 가능하다.
② 가위질을 하거나 크레용을 사용할 때 손가락과 손목의 움직임이 유연하여야 한다.
③ 사물의 크기나 모양, 공간관계 등에 대한 학습이 이루어져야 한다.
④ 왼쪽에서 오른쪽으로 시선을 자연스럽게 움직일 수 있어야 한다.
⑤ 글씨를 쓰는 활동을 할 때 영유아는 지시에 필요한 어휘를 알고 있어야 한다. 즉, 크다, 작다, 짧다, 길다, 둥글다, 위, 중간, 아래 등의 용어를 알면 쓰기 학습이 보다 수월하게 이루어진다.
⑥ 주의집중 시간이 어느 정도 길어야 한다.
⑦ 자기 이름이 쓰인 것을 알아볼 수 있어야 한다.
⑧ 글씨 쓰기의 목적을 인식하고 쓰기의 필요성을 느껴야 한다. 즉, 쓰기에 관심과 흥미를 보여 생일카드나 명절카드를 적어 줄 것을 요구하여야 한다.

3) 쓰기 지도방법

영유아들에게 쓰기 지도를 할 때 주의할 점은 다음과 같다.

(1) 영유아의 발달 정도를 고려한 개별적 지도

영유아의 손가락 근육 발달 정도나 손힘의 세기 정도를 고려하여 개별적인 쓰기 지도가 이루어지도록 한다. 단어카드를 이용하면 영유아 개개인의 흥미를 고려한 다양한 수준의 쓰기가 가능해진다.

(2) 의미 있는 쓰기 지도

글자의 의미를 강조하기 위해 영유아와 관련된 내용이나 경험을 쓰도록 한다. 영유아 자신에게 의미 있는 쓰기일 때 영유아는 활동에 적극적으로 참여하게 된다.

(3) 쓰기 모델의 제공

영유아에게 글씨 쓰는 장면을 많이 보여줌으로써 영유아 스스로 쓰기의 필요성을 느끼고 자발적으로 쓰기가 이루어지도록 한다.

(4) 쓰기 문제점의 지도

영유아가 보이는 쓰기의 문제점을 효과적으로 지도한다. 영유아는 글을 쓸 때 거꾸로 쓰는 경향이 있는데, 이는 방향인식의 부족, 시각적 기억력의 제한, 눈과 손의 협응력 미숙 등이 원인이 될 수 있으므로 그 원인을 파악하여 지도한다.

(5) 쓰기에 요구되는 근육발달의 지도

쓰기에 요구되는 손가락 근육과 손 근육의 발달과 눈과 손의 협응력 발달이 이루어지도록 그림 그리기, 손가락 그림 그리기, 구슬 꿰기, 가위질하기, 풀 붙이기, 점토놀이, 도장 찍기, 바느질하기, 블록 끼우기 등의 활동을 제공한다.

(6) 적절한 쓰기 자료의 제공

영유아에게 매력적이고 적절한 쓰기도구를 제공한다. 줄이 그어져 있지 않은 다양한 크기와 재질의 종이, 크레파스, 색연필, 굵고 부드러운 연필 등을 제공한다. 또한, 틀리게 쓰는 것을 두려워하는 영유아를 위해 쓰고 바로 지울 수 있는 칠판과 화이트보드, 백묵과 펜을 제공하며 이젤과 물감 등도 함께 제공한다.

(7) 통합적인 쓰기로의 유도

쓰기 교육은 듣기, 말하기, 읽기와 관련하여 통합적인 방법으로 지도한다.

4) 쓰기 활동의 실제

쓰기 활동을 위해 영유아교육기관에서 해 볼 수 있는 활동을 소개하면 다음과 같다.

① 간판 이름이나 사물 이름표 만들기

② 편지쓰기와 쪽지 쓰기

③ 읽은 것, 느낌, 생각 등을 글이나 그림으로 표현하기

④ 책 만들기

⑤ 재미있는 경험 쓰기

⑥ 관찰이나 실험자료의 기록

⑦ 보고 그리기, 보고 쓰기

⑧ 모래종이에 글자 쓰기, 광고지에서 글자 오려 붙이기

⑨ 선 긋기, 도형 그리기, 미완성 그림 완성하기

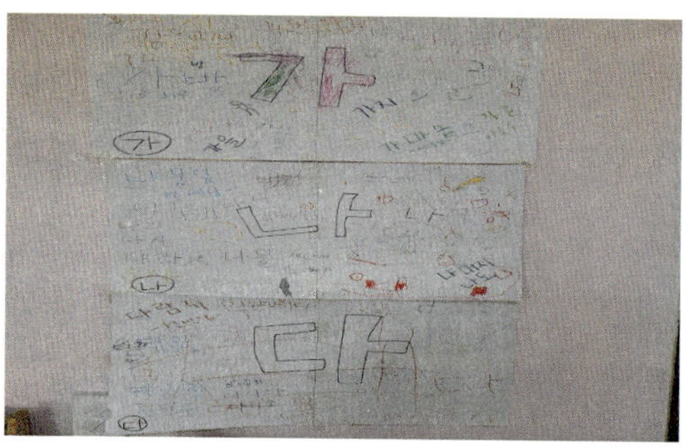

연상되는 단어쓰기 Ⅰ

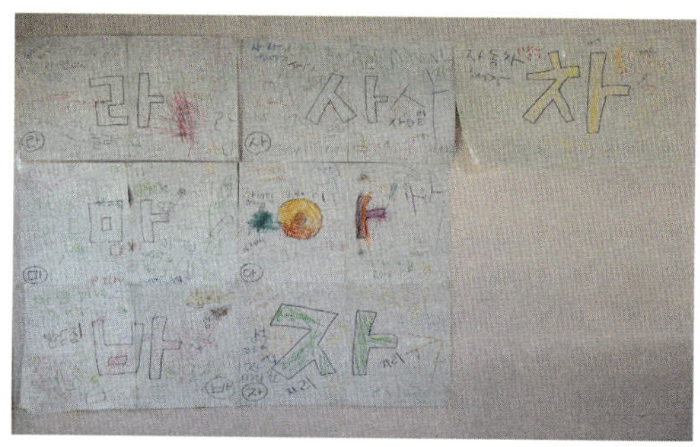

연상되는 단어쓰기 Ⅱ

나의 얼굴 그리기

이름 모자이크

생각나누기

언어지도

Chapter

10

영유아의 문해 지도

문해(literacy)는 읽고 쓰는 것과 관련한 모든 것을 가리키며, 문해 능력은 영유아가 음성언어와 문자언어의 관계를 이해하고 글을 읽고 쓰는 능력을 가지는 것을 의미한다. 10장에서는 영유아의 문해 발달을 위해 어떻게 도울 수 있으며, 문해 지도방법에는 어떠한 방법이 있는지 알아보고자 한다.

메아리

속담 및 격언

천 리 길도 한 걸음부터

그림책 소개

까마귀 소년
야시마 타로(1996) – 비룡소

깃털 없는 기러기 보르카
존 버닝햄(2001) – 비룡소

일곱 마리 눈먼 생쥐
에드 영(2017) – 시공주니어

예비교사들의 언어에 대한 표현

언어는 날씨의 변화다.
(오늘의 날짜와 날씨 이해하기)

희망을 추구하는 동화와 주문

알라딘
대원키즈편집부(2019)
대원키즈

루프레텔캄(Roopretelcham)
'모든 것을 이뤄지게 해준다'는 주문.

1 문해 발달과정

1) 언어발달에서의 문해 능력의 중요성

문해 능력이란 읽고 쓰기에 대한 능력을 지칭한다. 전통적으로 읽기, 쓰기에 관한 견해는 성숙으로서의 읽기 준비도와 경험의 산물로서의 읽기 준비도가 지배적이었다. 그러나 1980년대에 들어오면서 문해 학습은 연속적인 과정으로 어려서부터 구어와 문어, 책자 등을 접하면서 문해 능력이 발전한다는 사회심리, 언어학적인 측면을 강조하는 문해출현의 관점이 대두되었다. 이런 관점은 영유아들은 끊임없이 읽고 쓰기를 학습하며 듣기와 말하기를 배우는 것과 같은 과정을 통해 읽고 쓰기를 배울 수 있다고 본다.

영유아들은 문해 환경을 탐색하면서 문해 능력을 발달시킨다. 즉, 문자언어가 의미 있다는 것을 인식하며, 인쇄물을 가리키며, "저건 무어라고 해?"라고 물을 때, 또는 낙서를 하고는 '편지 썼다'고 표현할 때 문자언어가 구어나 생각을 상징화한다는 것을 알게 되며, 비로소 읽기와 쓰기를 시작하게 된다. 3세에서 5세 사이에 유아는 활자가 메시지를 가진다는 것을 배우며, 0세에서 2세의 영아는 책 속의 그림이 의미를 지닌다고 생각한다.

영유아는 문자를 인식함으로써 의사소통의 상호작용이 유용해지며, 타인의 지시와 해석에 근거한 언어표상을 스스로 능동적으로 형식화시키게 된다. 즉, 어머니나 교사가 영유아의 문해 활동을 격려하고, 무의식중에 문해와 관련된 활동의 중요성을 지적하면 영유아는 정신적 표상 능력의 기초를 형성하여 영유아 스스로 문해의 중요성을 인식하게 된다. 성인의 격려 속에서 문해 경험을 많이 한 영유아는 문자가 시간과 공간을 초월하여 같은 메시지를 전달할 수 있으며, 누구에게나 항상 같은 의미로 해석된다는 것을 알게 되며 자신의 생각이나 느낌을 전달할 수 있는 유용한 도구로 문자를 인식하게 된다.

2) 영유아에게 문해 능력이 있다는 증거

문자를 배우기 이전에 영유아들도 문해 능력을 가지고 있다는 증거는 다음의 사항으로 알 수 있다.

① 영유아들은 구어와 문어의 사용과 그 기능에 대한 영유아 나름대로의 생각을 구성함으로써 많은 경험을 가지고 있다.

② 영유아는 언어의 유창성을 가지고 있고, 언어규칙의 많은 부분을 내재화하고 있으며, 언어의 학습과 사용에 대한 개념화된 과정을 소유하고 있다.

③ 많은 경우 영유아는 그리기와 쓰기를 구별 지울 수 있다.

④ 많은 경우 영유아들은 환경적 인쇄물, 즉 도로 표지판, 가게 상호, 식당 간판 같은 표식을 읽을 수 있다.

⑤ 많은 경우 영유아들은 책과 읽기를 연관 지울 수 있다.

⑥ 언어와 의사소통 체계에 대한 영유아의 지식은 영유아의 사회적·문화적 배경에 의해 영향을 받는다.

⑦ 많은 경우 영유아들은 읽기와 쓰기가 감각활동(sense-making activities)일 것으로 기대한다.

3) 문해 발달이 어려운 이유

영유아가 문해 능력을 가지고 있고, 듣기와 말하기를 배운 것과 같은 방법으로 글을 읽고 쓸 수 있다고는 하나 현실적으로 영유아가 글을 알게 되기까지는 많은 노력이 있어야 한다. 영유아들이 글을 읽고 쓰기 어려워하는 이유를 살펴보면 다음과 같다.

① 많은 경우 영유아들은 엄격하고 형식적인 사전 – 읽기프로그램(pre-reading programs)을 통한 교육을 받는데, 이러한 프로그램은 영유아들의 발달수준과 관련하여 부적당한 기대와 경험을 하게 한다.

② 영유아 개개인의 발달이나 학습양식에 대해서는 거의 관심을 받지 못한다.

③ 가속화된 언어프로그램의 압력은 영유아가 언어를 실험해 보는 모험가가 되는 것을 허용하지 않으며 영유아가 언어조작방법에 대한 개념을 내재할 수 있는 기회도 허용하지 않는다.

④ 구어와 통합된 읽기나 읽기와 관련된 쓰기, 또는 듣기보다는 읽기 과정의 고립된 읽기 기술의 발달이나 읽기 과정의 추상적 부분에 지나치게 관심이 집중되어 있다.

⑤ 즐거운 읽기에 관심이 없어서 영유아는 종종 읽기를 통해 즐거움을 느낄 수 없다.

⑥ 읽기 프로그램과 관련된 결정은 종종 영유아가 어떻게 배우는가에 대한 지식보다는 정책적·경제적 고려에 근거하여 이루어진다.

⑦ 영유아에게 주어지는 표준화된 검사에서의 높은 점수를 받는 것에 대한 압력은 영유아의 사회적·정서적 발달을 간과하게 하여 호기심이나 비판적 사고, 창의적 표현 등을 부인하는 부적절한 활동을 자주 하게 한다. 이러한 활동들은 의사소통 기술을 돕는 활동에 부정적인 태도를 갖게 한다.

⑧ 영유아교육에 대한 지식이 없는 성인은 영유아를 지도하는 데 있어 부적절한 방법론을 선택한다. 쓰기 활동도 즐거운 경험이 되어야 하는데, 영유아의 발달적 특성과 개인의 능력, 영유아의 쓰기에 대한 관심 정도 등을 고려하지 않는 쓰기 활동은 영유아들을 쓰기에 부적절한 수행자로 만든다.

4) 문해 발달을 위한 방안

영유아의 문해 발달을 위해서는 문자 경험을 풍부하게 할 수 있는 환경을 제공하며, 영유아가 글자를 알아야 하는 이유를 알게 하고 놀이나 실생활 속에서 문자 경험을 하도록 지도하는 것이 중요하다. 영유아가 효율적으로 문해를 발달시키기 위해서는 다음의 사항이 충족되어야 한다.

(1) 문해 발달을 돕는 성인

읽고 쓰기(문해) 학습은 영아기에 시작된다. 교육기관에서의 읽기와 쓰기 경험은 이미 존재하고 있는 구어와 문어의 지식을 구성하는 데 도움이 된다. 문해 학습은 문해 발달을 돕는 지지적인 환경, 즉 영유아가 자신과 언어와 문해에 대한 긍정적인 태도를 형성하도록 하는 환경에서 이루어진다. 최선의 학습이 이루어지도록 교사는 의미 있는 말을 하고 주의 깊게 듣고, 쓰고, 읽는 것을 포함하는 기능적인 언어경험에 영유아들을 적극적으로 개입시켜야 한다. 영유아 교사는 영유아의 언어와 문화적 배경의 차이에 대한 지식을 알아야 하고, 언어의 한 부분으로서뿐 아니라 전체 교육과정으로서의 문해 지도를 계획하여야 한다. 영유아의 문해 능력이 획득되는 과정에는 영유아보다 높은 수준의 언어능력을 가지고 있는 언어 사용자와 영유아 간의 사회적 상호작용, 그리고 영유아가 상위언어(문자)를 인식하는 능력이 중요한 역할을 한다. 영유아는 사회적 상호작용을 통해 언어의 의미를 부여하고 그 언어가 의미하는 문화적 관습을 배우게 된다. 성인 화자(어머니나 교사)는 문자와 수, 이름 등에 관한 질문에 답하기, 단어에 관한 질문에 답하기, 책에 나온 그림에 관한 질문에 답하기, 요구에 따라 큰 소리로 읽어 주기, 책의 그림과 내용에 관하여 일관성 있는 대화를 수행하기, 요구할 때 쓰기에 도움 주기 등의 활동을 통해 영유아의 문해 발달에 기여할 수 있다.

(2) 문해적 환경의 창조

영유아교육기관의 교실은 문자를 기능적으로 사용하는 언어가 풍부한 환경이어야 한다. 교실환경 자체가 영유아가 글을 읽도록 유도하고, 영유아가 쓰고자 하는 많은 단어나 문장이 쓰여 있어야 한다. 이는 교실 안의 모든 비품이나 사물에 글자를 써서 붙이라는 의미는 아니며, 활동이나 환경에서 자연스럽게 글자에 노출되도록 하라는 의미이다.

(3) 문해 활동과 놀이 및 생활과의 연계

영유아에게 있어 놀이는 성인의 일과 동일하므로 언어발달에 있어서도 놀이는 가치 있는 경험이 된다. 편지를 그냥 읽어 주거나 쓰게 하는 것보다는 우체국 놀이를 하면서 친구들과 편지를 배달하고 함께 쓰고 읽어 볼 수 있다. 특히, 생일을 맞은 친구에게 축하 카드를 쓰는 일이나, 음식점 놀이에서 메뉴판을 만드는 일, 쌓기 영역에서 지켜야 할 규칙 등을 영유아들과 함께 적어 보는 일은 영유아교육기관에서 손쉽게 할 수 있는 활동이다.

예를 들어, 피자가게 놀이에서는 메뉴판이나 가격표를 통해 영유아들에게 문자를 경험시킴은 물론 전화를 놓아줌으로써 전화 주문을 받는 활동을 해봄으로써 말하기나 듣기를 촉진하며 주문내용을 받아 기록하는 과정에서 자연스럽게 쓰기를 경험시킬 수 있다. 또한 병원 놀이에서 진료 기록표를 만들거나 처방전에 표시하는 활동을 통해 자연스럽게 문해 활동에 참여하게 된다.

동시에 문자 환경을 만드는 데 영유아를 참여시키는 것이 문자에 대한 호기심을 길러 줄 수 있다. 예를 들어, 과학(탐색)영역에서 '올챙이 키우는 법'이나 쌓기 영역에서의 '놀이 규칙' 등에 관해 토론을 하는 과정에서 글을 아는 영유아가 받아쓰도록 유도한다.

(4) 문해 활동의 목적 제공

언어는 수단이지 목적은 아니다. 영유아가 어떤 목적을 가지고 문해 활동을 할 때 가장 효과적인 문해 학습이 일어난다. 따라서 영유아에게 메시지를 전달하기 위해, 또 이야기를 기록하기 위해, 그리고 다른 필요한 정보를 수집하기 위해 문자를 아는 것이 필요하다는 것을 인식시킨다면 효과적인 문해 학습이 이루어질 것이다.

전화를 거는 유아

전화를 받는 유아

영유아들이 문자를 읽고 쓸 수 있다면 연극을 계획하고 초대장이나 팸플릿을 만들어 다른 영유아에게 연극을 홍보할 수 있으며, '작업 활동표', '요리 활동 계획표'를 보고 그 활동을 실천할 수 있다. 또래 친구들의 장래 희망이나 받고 싶은 선물을 기록하는 일도 글을 안다면 쉽게 할 수 있다. 이러한 활동을 통해 영유아는 문해 능력이 필요하다는 것을 자연스럽게 인식하게 되므로, 영유아의 문해 교육은 과학, 사회, 예능, 수학 등과 통합되어 이루어지는 것이 바람직하다(Goodman & Goodman, 1981).

메모하고 있는 유아

전화기와 메모장

5) 문해 지도를 할 때 고려사항

영유아의 문해 발달을 돕기 위해 우선적으로 교사가 고려하여야 할 사항을 살펴보면 다음과 같다(Tompkins et al., 1991).

① 구어와 읽기, 쓰기에 관해 영유아가 이미 알고 있는 것에 기초하여 가르친다. 이때 읽기와 쓰기의 독립된 기술의 발달보다는 영유아에게 의미 있는 경험과 의미 있는 언어가 되도록 초점을 맞춘다.

② 영유아가 교육기관에 오기 전에 경험한 가정언어(모국어)를 존중하고 이것을 언어교육과 문해 활동의 기초로 활용한다.

③ 모든 영유아들이 쓰기 활동에서 성공했다는 느낌을 갖도록 하고, 영유아 스스로 구어와 문어를 즐겁게 탐색할 수 있는 사람임을 느끼도록 돕는다.

④ 말하기, 듣기, 쓰기를 포함하는 활동을 제공함은 물론 미술, 수학, 음악과 같은 다른 의사소통 체계로서의 보다 넓은 의미의 의사소통과정의 통합된 부분으로 읽기 경험을 제공한다.

특히, 말하고, 듣고, 읽고, 쓰는 활동을 실험해 보도록 허용하는 활동을 통해 영유아가 수동적으로 지식을 받기보다는 학습과정에서 적극적으로 참여하도록 격려한다.

⑤ 문자의 적절한 형태나 정확한 관습적 철자를 쓰는 것과는 관계없이 영유아가 보이는 첫 쓰기의 시도를 격려한다.

⑥ 읽기와 쓰기의 처음 시도에서 위험을 감수하도록 격려하고 실수를 영유아의 성장과 발달에서 보이는 자연스러운 과정임을 받아들인다.

⑦ 잘 알려진 이야기와 같은 친숙한 교수매체를 사용하라. 이런 것들은 영유아에게 통제감과 자기 확신에 대한 느낌을 제공한다.

⑧ 영유아가 흉내 낼 수 있는 모델을 제시한다. 교실에서 교사는 적절하게 언어를 사용해야 한다. 주의 깊게 듣고, 말한 것에 반응을 하며 스스로 읽고 쓸 수 있도록 격려한다.

⑨ 영유아가 다양한 종류의 시와 픽션, 논픽션을 읽을 수 있는 시간을 규칙적으로 갖도록 한다.

⑩ 영유아가 혼자 쓰기를 할 수 있는 시간을 규칙적으로 제공한다.

⑪ 영유아가 알고 있고, 생각하고, 느끼는 것을 소통할 수 있는 기회를 제공함으로써 정서적·인지적 발달을 촉진한다.

⑫ 영유아를 평가하기에 발달적으로 문화적으로 적절한 평가절차를 사용한다. 평가측정의 선택은 교수프로그램의 목적에 기초해야 하며, 각 영유아의 전체적인 발달과 읽기 수행의 결과를 고려하여야 한다. 특히, 영유아기의 읽기와 쓰기 기술에 대한 형식적인 평가와 표준화된 검사의 한계를 부모에게 알려 평가에 연연하지 않도록 한다.

⑬ 부모에게 영유아교육기관에서 이루어지는 언어프로그램을 인식시키고 가정에서도 활동이 이루어질 수 있도록 아이디어를 제공한다.

2 문해 지도방법

영유아교육기관에서 활용될 수 있는 문해 지도방법을 소개하면 다음과 같다.

1) 문학을 이용한 반응적 읽기를 통한 문해 지도

영유아가 문학작품을 읽는 이유는 두 가지로 생각할 수 있다. 하나는 지식을 얻기 위한 실제적 목적에서 책을 읽는 경우이고, 다른 하나는 소리나 느낌을 인식하고 이야기를 경험함으로써 자신의 개인적 가치를 구성하기 위한 경우이다. 전자는 공적이며 인지적 측면과 관련되는 것이며, 후자는 사적이고 정의적 측면과 관련된다.

잘 쓰인 동화나 시는 영유아의 쓰기를 위한 좋은 모델이 된다. 좋은 책을 읽음으로써 영유아는 가능한 이야기의 구조를 만들 수 있고, 자신이 읽고, 듣고, 경험한 이야기를 시각적으로 쓰게 된다. 글을 쓴다는 것은 이야기를 영유아의 사고로 정확하게 표현하는 것이다. 글을 읽음으로써 저자가 쓴 기법을 실험하고, 직관적으로 서두, 본문, 결말에 대해 배우며, 이야기의 관점이 어떻게 바뀌는지를 배우게 된다. 또한 인물의 성격을 개발시키는 법과 상황이 사건에 어떤 영향을 주며 이야기가 어떤 방식으로 전개되는지를 관찰함으로써 쓰기를 배울 수 있다

학습은 사회적 맥락에서 이루어지는데, 문학이 이러한 맥락을 제공한다. 책을 읽어 주는 상황, 책에 대해 이야기하기, 다른 사람이 책 읽는 모습을 관찰하기 등은 책에 대해 긍정적인 관심을 갖는 데 효과가 있다. 문학프로그램이 성공하기 위해서는 책 읽는 시간이 충분하게 제공되어야 한다. 영유아에게 충분히 책을 읽을 시간을 제공하고, 책을 경험하고 얻은 느낌이나 생각을 충분히 표현할 수 있도록 반응할 시간을 제공해 주어야 한다.

문학을 이용한 문해 지도방안을 제시하면 다음과 같다.

(1) 반응적 독자로 만들기

영유아를 책읽기를 즐기는 반응적 독자로 만들기 위해서는 영유아에게 어떤 책을 누구와 어떻게 읽을지 선택하도록 하고, 책을 읽을 시간과 책을 읽은 후 반응을 하거나 또래와 함께 느낌을 나눌 수 있는 시간을 제공해 주어야 한다. 동시에 교사가 독자가 되거나 영유아와 함께 책을 읽는 경험을 하며, 때로는 소리 내어 책을 읽어 주는 것도 필요하다.

(2) 소리 내어 책 읽어 주기

영유아에게 책을 소리 내어 읽어 주는 것은 영유아의 구어발달에는 물론 문어발달에도 도움이 되는데, 책을 읽어 줄 때는 다음과 같은 사항에 주의한다.

① 책을 크게 읽어 주기 전에 먼저 교사가 읽어 본다.

교사가 미리 책을 읽어 보아 책의 내용이나 책 속의 단어와 문장에 익숙해지면 쉽고 부드럽게 책을 읽어 줄 수 있으며, 책을 읽어 주며 듣는 영유아와 눈을 맞출 수 있어 효과적인 상호작용이 가능해진다.

② 책의 이야기를 강화하기 위한 도구들을 준비한다.

책 가까이에 손인형이나 동물인형, 또는 실제 물건들을 준비해 두고 이야기와 병행해서 사용하면 영유아들의 흥미와 주의를 사로잡게 된다.

③ 책 읽기 시간이 다른 시간에 의해 방해받지 않도록 계획한다.

바닥 소음을 줄이기 위해 부분 카펫 위에 앉아서 책읽기 과정에 참여하게 하는 것이 좋다. 다른 장난감이 가까이 놓여 있다면 책 읽기에 방해가 되므로 이런 것들은 방해하지 않을 곳에 둔다.

④ 영유아가 편안한 상태에서 책을 읽어 준다.

책 읽어 주는 것을 듣기 위해 둘러앉은 영유아들이 모두 불편하지 않고 기대감에 차 있는지 살펴본다. 책을 읽어 줄 때는 책의 가장자리를 잡고 읽어 영유아들이 삽화를 충분히 볼 수 있도록 고려하여야 한다.

⑤ 영유아들과 함께 책의 이야기를 개괄적으로 훑어본다.

책 제목과 작가에 대해 먼저 이야기를 시작하면 같은 작가가 썼던 다른 책들의 제목을 떠올릴 수 있다. 책 제목이나 표지 그림에 대해 영유아들과 이야기를 하면서 책의 내용이 어떻게 전개될 것인지 추리하도록 격려한다.

⑥ 책을 읽을 때는 큰 소리로 극적인 어조로 생생하고 즐겁게 읽도록 한다.

영유아들은 어른들이 극적인 제스처나 목소리로 책을 읽어 줄 때 흥미와 즐거움을 느끼며 책 속에 깊이 빠져들게 된다.

영유아에게 책을 소리 내어 읽어 줄 경우는 다음의 효과를 기대할 수 있다.

① 읽는 동안에 새로운 단어를 소개하여 어휘력이 길러진다.
② 흥미로운 문장 유형을 발견할 수 있다.
③ 다양한 문어 형태를 제시해 준다.
④ 이야기 감각을 발달시킨다.
⑤ 더 읽고자 하는 동기를 유발한다.
⑥ 쓰기에 대한 개념을 제공한다.
⑦ 일반적 지식을 확장시킨다.
⑧ 읽기나 발음에 대한 좋은 모델을 제공한다.
⑨ 즐거움을 제공한다.

소리 내어 책 읽기는 영유아에게 익숙한 책에서 시작하여 영유아의 읽기수준을 약간 넘어서는 것을 선택한다. 이때 좋은 책을 선택하는 것이 중요한데, 문학적 소양을 높여 주는 것이나, 전체 영유아가 원하는 것을 선택한다.

(3) 문학 경험 후의 반응 활동

책을 읽고 난 후 반응 활동을 하는 것은 책 읽기의 재미를 경험시켜 줄 수 있다. 반응 활동에는 쓰기, 책 공유하기, 말하기, 토의하기, 극화하기, 예술 활동으로 표현하기 등이 있다.

쓰기는 영유아가 읽은 문학작품에 기초하여 작가처럼 글을 쓰는 활동이다. 기사 쓰기와 편지 쓰기도 가능하다.

책 공유하기는 광고를 만들거나, 저자나 주인공에 대해 글이나 말로 표현해 봄으로써 자신이 좋아하는 책을 다른 친구들과 공유하는 활동이다.

말하기는 글자 없는 책이나 그림 등을 보며 이야기를 말해 보는 활동이다. 이때 녹음기를 이용하여 녹음을 해 두었다가 다시 들어 보거나 극 놀이에 활용해 볼 수 있다.

토의하기는 책을 읽고 그 내용이나 책과 관련된 사항을 논의하는 것이다. 이때는 교사의 질문이 중요한데, 논의된 사항을 주제망(webbing)으로 구성해 볼 수 있다. **주제망**은 개념, 정보, 상호관계 등을 시각적으로 표상해 보는 것으로, 이해와 학습을 증진시키고 읽기와 쓰기를 연결하여 주며, 문학의 이해를 돕고 즐길 수 있게 한다.

극화 활동은 팬터마임이나 소리 내어 읽은 후 몸으로 표현하기, 재미있는 표현을 극적으로 연기하는 것처럼 읽기, 역할놀이, 공연 등 다양한 방법이 사용될 수 있는데, 영유아들 간에, 교사와 영유아 간에 대화를 증진시키는 데 도움이 된다.

많은 경우 영유아들은 책을 읽은 후 구어나 문어로 표현하는 것보다는 그림 그리기, 노래 부르기, 춤추기 등의 예술 활동을 통해 표현하는 데 더 익숙해 있다. 책을 읽고 나서 읽은 내용을 스케치하거나 집단으로 그림을 그릴 수 있으며, 그림을 그리고 나서 그림 내용을 직접 설명해 볼 수도 있다.

2) 문학 이외의 기타 활동에서의 문해 지도

영유아에게 문학 경험을 활용하지 않고 일상생활의 각 활동영역에서 문해 발달을 도울 수 있는 방안을 소개하면 다음과 같다.

(1) 각 활동영역에서의 문해 지도

영유아의 문해 지도는 읽기, 쓰기의 언어영역에서만 이루어지는 것이 아니라 수, 과학, 사회, 음악, 미술 등 모든 영역에서의 이루어진다.

예를 들어, 과학영역에 병원 놀이를 계획하면서 진료기록표나 진단서, 처방전 등을 써 볼 수 있는 자료를 제공한다면 자연스럽게 문해 활동이 이루어진다. 음악 활동에서도 노래 지도를 위해 가사를 소개할 때에 시를 소개하는 방법과 같이 소개할 수 있으며 가사를 바꾸어 보는 활동을 통해 쓰기를 경험하게 할 수 있다. 미술 활동에서는 찍기나 주무르기, 오리기 등의 활동은 손가락 근육의 힘을 기르고 눈과 손의 협응력을 길러 준다. 또한 잡지나 신문의 글자를 오려 붙이는 활동을 통해 문자에 친숙해질 수 있다.

(2) 시청각 매체를 통한 문해 지도

영유아에게 문학 경험을 제공하고자 사용되는 비디오나 TV 등의 매체는 책을 대신한다기보다는 책과는 다른 문학적 경험을 만들어 준다. 영유아는 TV에서 만난 주인공을 책을 통해 확인한다. 필름으로 책을 재조명할 때는 세심한 주의가 필요하다. 즉, 원작에 충실함은 물론 그림을 구성하는 데 있어서도 더 많은 예술적 기술이 필요하다. 영유아의 창의적 상상력을 훼손하지 않으며, 미묘한 성격묘사나 표현적 언어를 해치지 않고, 정서적으로도 나쁜 영향을 주지 않는 시청각 매체를 선택하여야 한다. 시청각 매체가 책 자체를 대신할 수는 없겠으나 미디어를 잘 활용하면 동시에 많은 영유아에게 문학적 경험을 시킬 수 있으며, 문학의 보충 재료로 문학 프로그램을 강화시켜 줄 수 있고 영유아가 문학을 이해하고 즐기는 데 도움을 줄 수 있다.

(3) 독서 기록장의 활용을 통한 문해 지도

영유아에게 자신이 읽은 것과 그에 대한 반응을 기록하도록 유도함으로써 영유아가 좋아하는 장르나 이야기 구조를 알 수 있으며, 영유아가 이야기 구조를 이해하였는지 또한 주인공과 동일시하는지 등을 알 수 있다. 이를 통해 영유아가 자신의 삶과 책 속의 삶을 어떻게 이해하고 있는지를 알게 된다. 독서 기록장은 7장의 읽기 활동의 환경구성에 제시되어 있는 형식을 사용할 수도 있으며, 교사의 판단에 따라 다른 형식을 만들어 사용할 수 있다.

3 문해 발달을 위한 교사의 역할

영유아의 문해 발달을 위해 교사는 다음의 역할을 수행하여야 한다.

1) 놀이의 창시자

교사는 학습자가 문제해결에 참여하고, 자신의 욕구를 확인하며, 충족할 수 있도록 자극하는 교실의 맥락을 창조하고 영유아와 함께 참여한다.

2) 관찰자

교사는 영유아의 놀이나 과업의 수행을 관찰하여야 하고, 이를 통해 영유아의 발달수준을 알고 있어야 한다. 교사는 영유아가 도움을 받아 성취할 수 있는 것이 무엇인지를 탐색하는 방법을 알고 있어야 한다.

3) 중재자

교사는 유용한 정보를 제공하는 질문하기, 이례적인 것에 관심 갖게 하기, 간과된 정보에 주의하기, 영유아가 배운 내용을 새로운 개념이나 도식으로 만들 때 도와주기 등을 통해 영유아 스스로 자신이 근접발달 지대를 만들도록 지원한다.

4) 영유아 자유의 수호자

교사가 영유아의 학습에 개입하면 영유아의 자신에 대한 신뢰를 발달시키는 데 방해가 된다. 영유아가 자신의 학습을 자유롭게 통제할 때 학습이 가장 잘 일어나므로 인위적 통제는 하지 않는다. 새로운 철자법을 창조하기, 읽기에서 의미를 추출하기, 불완전하게 읽고 쓰기, 새로운 것을 시도하기, 질문하기 등의 활동을 통해 모험을 장려하고 실패로부터 학습할 수 있도록 지원한다.

5) 문해 활동의 평가자

평가의 초점은 영유아가 할 수 있는 것이 무엇이고, 실제로 하고 있는 것이 무엇인지를 파악하는 데 있다. 교사는 영유아의 작품을 수집하거나 기록함으로써, 행동을 관찰함으로써, 영유아의 이야기를 들음으로써 평가할 수 있다. 영유아가 어떤 책을 선택하였다면 '잘 읽을 수 있는지?, 즐기는지?' 또는 '유창하게 읽지는 못하더라도 그림을 통해 줄거리를 말할 수 있는지?', '영유아가 어떤 읽기전략을 사용하는지?' 등을 파악한다. 책을 읽고 이야기를 나누는 과정을 통해 영유아가 어떤 주제에 관해 이야기하고, 얼마나 다른 사람의 생각에 주의를 기울이는지 등을 평가함으로써 읽기 발달 정도를 평가할 수 있다.

생각나누기

언어지도

Chapter

11

총체적 언어 접근에서의 언어교육

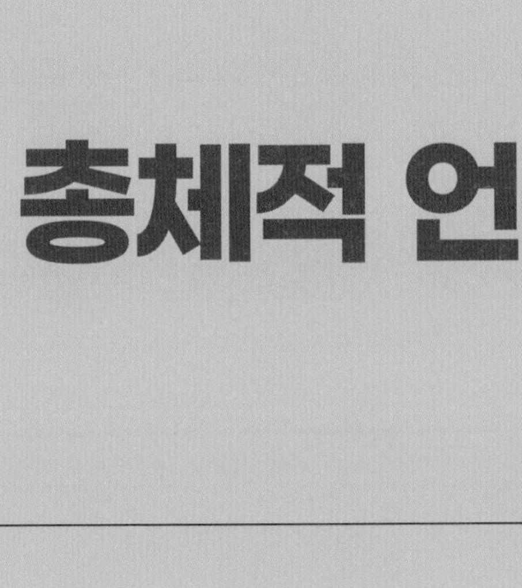

총체적 언어에서는 언어를 개별적인 체계로 보지 않고 다른 인지적인 능력과 밀접히 관계를 가지고 있으며, 동기, 경험, 학습과 같은 비언어적 요소의 영향을 받는 것으로 본다. 11장에서는 언어가 하나의 통합체계로 언어의 각 체계(음운, 의미, 통사)와 언어과정(듣기, 말하기, 읽기, 쓰기)은 서로 밀접히 관련되어 있어 다른 체계나 과정의 영향을 받지 않고 개별적으로 변화될 수 없으며, 사회심리적인 영향을 받기 때문에 언어학습도 실제 언어가 사용되는 자연스러운 상황과 경험 속에서 이루어지도록 알아보고자 한다.

메아리

속담 및 격언

구슬이 서 말이라도 꿰어야 보배다.

그림책 소개

나쁜 씨앗

조리 존, 피트 오즈월드(2018) - 길벗어린이

너는 어떤 씨앗이니?

최숙희(2013) - 책읽는곰

씨앗은 무엇이 되고 싶을까?

김순한, 김인경(2001) - 길벗어린이

예비교사들의 언어에 대한 표현

언어는 표현예술이다.
(동요를 들으면서 즐겁게 춤추기)

희망을 추구하는 동화와 주문

너는 기적이야

최숙희(2010)
책읽는곰

히투마드리수투만

어머니의 힘으로 생명을 보호해 주는 주문.

1 총체적 언어 접근법

총체적 언어 접근법(whole language approach)은 뉴질랜드 교사들이 소수집단의 이중언어를 사용하는 학생들에게 읽기와 쓰기를 가르치기 위해 사용한 접근법이며 교수법이었다. 이 교수법의 효과가 영어를 쓰는 영연방 국가 내에서 인정되고 확대되어 1975년에는 영국의 한 언어위원회에서 '생활을 위한 언어(a language for life)'라는 주제로 보고서를 발표하였다. 이로 인해 언어와 사고, 학습 간의 관계에 대해 교육체계 전반에 변화를 갖게 하였다.

미국에서도 총체적 언어 접근법에 의한 교재와 교구가 활발히 개발되었으며 많은 교사들이 그 효과를 입증하고 있다. 현장의 교사들은 아동의 언어교육이 실제 생활 속에서 전체적으로 의미 있게 교육되고 사용될 때 교육이 효과적으로 이루어지며 기본적인 언어생활을 풍부하게 한다는 생각을 갖게 되었다. 그 결과, 이야기, 차트, 다양한 문학서적, 노래, 리듬, 운율, 다양한 학습자료를 이용하여 효과적인 학습을 유도하며 배움의 즐거움을 갖도록 하게 되었다. 총체적 접근법은 단지 또 하나의 다른 학습방법이 아닌 언어와 사고과정의 관계를 중요시하는, 전체를 강조하는 견해이며 접근이다. 결국 총체적 언어란, 교육에 대한 신념이며 내용과 방법, 결과가 상호 연관된 것으로 이해하고 있다(Goodman, 1986). 총체적 언어이론은 교육과 발달에 관한 다양한 사상을 수용하고 있다.

1) 총체적 언어학자들의 언어학습에 관한 생각

총체적 언어를 주장하는 학자들의 언어학습에 관한 견해를 보면, 굿맨(Goodman, 1986)은 교수방법의 이론에 있어서 언어는 실제 상황에서 사용될 때 의미가 있으며, 언어학습은 행동 속에서, 상황 속에서 학습자가 자발적으로 선택할 때 이루어진다고 보았다. 에델스키(Edelsky)는 총체적 언어는 교사의 신념, 교실의 환경, 교사와 학생의 상호작용이 만드는 실천적인 개념이고 학습자는 능동적으로 학습한다고 믿는다(Edelsky, Altwerger & Flores, 1991). 헤르만(Harman)은 총체적 언어는 의사소통 체계에 관한 규칙들을 추론, 예측, 검증하는 과정이라고 할 수 있다고 주장한다(Harman & Edelsky, 1989). 즉, 의사소통을 통한 상호작용이 언어에 있어 중요하고 언어학습은 맥락 내에서 기술을 습득하는 것이 아니라 사회 내의 언어적 상호작용 체계를 학습하는 것이라고 하였다.

이렇듯 총체적 언어학자들은 총체적 언어가 교수법이 아니라 인간이 어떻게 언어를 배우는가에 초점을 맞춘 철학이자 신념이라 정의하고 있다. 즉, 단지 언어기술만을 지도하는 교육과정이 아닌, 교실 안에서 이루어지는 모든 것을 포함하는 교육과정 속에 들어 있는 일련의 언어에 대한 신념을 의미하는 것이다. 따라서 총체적 언어의 교수법은 아동의 흥미와 사회적인 의미에 기초를 둔 상호작용을 강조한다. 무엇보다 아동은 활동에 직접 참여하게 될 때 자연스럽게 언어를 배우게 된다고 전제한다.

2) 총체적 언어 교사들의 아동관과 교육관

총체적 언어 접근을 신념으로 삼고 있는 교사들은 학습자 중심의 교육과정을 선호하며, '전인으로서의 아동', '능동적인 학습자', '지역사회로서의 교실환경', '배우는 교사', '가르치는 학습자' 등의 개념을 지지한다. 그들은 실제 읽기 상황이 아닌 독해 훈련 상황에서 사용되는 하위기술들은 실제로 읽기를 할 때에 사용되는 기술들의 작용과는 다른 작용을 한다고 믿는다. 또한 진정한 읽기와 쓰기가 이루어지기 위해서는 구어와 문어를 포함한 모든 언어가 목적과 의미를 가지고 있음을 인지하여야 한다고 주장한다. 즉, 진정한 읽기와 쓰기가 일어나기 위해서는 '교수 목적을 위해' 쓰여 있는 자료만이 아니라 아동 문학, 요리 책, 노래 가사, 사전 등을 이용하여야 한다고 믿는다. 그들은 아동이 신뢰할 만한 텍스트를 가지고 읽기와 쓰기에 참여할 때 총체적 언어의 목적이 달성될 수 있다고 주장한다.

총체적 언어교육의 목적은 아동들이 '숙련된 언어 사용자'가 되기를 바라며, 숙련된 언어 사용자들을 만들기 위해 아동 스스로 성취하도록 하는 것이다. 아동은 종족, 계층, 교육적 배경에 관계없이 가족들과의 언어 사용의 자연스러운 환경 안에서 성공적으로 모국어를 사용할 수 있게 된다. 잠자리에 들 때 들려주는 이야기같이 긴장과 갈등이 없는 상황에서 듣기와 말하기를 배우게 되는데, 이렇듯 구어를 자연스럽게 배우게 되는 것은 지지적인 가정환경 때문이다. 영유아는 가정에서 부모의 언어시범을 관찰하고, 언어생활에 적극적으로 참여하도록 격려받으며, 독립적으로 시도하고 연습해 보고, 점차 언어에 대한 자신감과 능력을 갖게 된다.

3) 총체적 언어에서의 읽고, 쓰기에 대한 생각

홀더웨이(Holdaway, 1979)는 영유아들이 구어를 배우는 방법으로 읽기와 쓰기도 배울 수 있다고 하고 '읽기와 쓰기 학습을 위한 발달적 모델'로 '책 경험 나누기'와 '큰 책(big book)의 사용'을 제시하고 있다. 문어가 구어와 동시에 또는 그 이전에 나타날 수 있는데, 문어를 발달시키기 위해서는 풍부한 환경이 중요하다.

영유아는 자신이 흥미 있어 하는 책을 선택하고 스스로 읽고자 하는 욕구를 갖고 있기 때문에 읽기와 유사한 행동을 하게 된다. 즉, 동화의 문어적 표현을 구어적 표현으로 읽는 언어의 변형이 나타나며, 기억하지 못하는 부분은 스스로 만들어 내어 동화책을 읽는다. 영유아는 스스로 자신의 단계에 맞게 의미를 갖는 형태로 표현하며, 의미를 기억해서 구어표현을 만들어 낸다.

책에 대해 지속적으로 경험을 하는 영유아는 문어적 상징과 친숙해지는데, 이런 감각적 경험에 흥미를 느끼게 되면 인쇄된 글자의 의미를 이해하고 이미지를 창조하게 된다. 또한 자신이 알고 있는 어휘구조를 기억하고 있다가 문법적으로 일치되도록 조절하며, 창안한 어휘가 나타나는데, 이런 것이 선행되어야 자연스럽게 읽고 쓰기가 된다.

이때에 중요한 점은 '반응적 환경(responsive environment)'이다. 영유아들에게 자유와 자기규제적 선택권을 부여하여 잠자리에서 동화를 듣는 것같이 정서적으로 즐거운 경험을 하도록 하여 자연스러운 분위기에서 읽고 쓰기를 경험하게 하는 것이 좋다. 의미가 있으면서도 자율적이며 몰입할 수 있는 교육이 일어나도록 하기 위해 교사는 영유아의 개인적인 특성과 흥미를 고려하며, 영유아 개개인이 진보할 수 있는 기회를 제공하는 자연스러운 환경을 조성하여야 한다(Sumara & Walker, 1991).

4) 언어학습이 자연스럽게 이루어지는 상황

구체적으로 아동은 언제 쉽게 언어를 학습하며, 또 언제 학습에 어려움을 느끼게 될까? 굿맨(Goodman, 1986)은 그의 저서를 통하여 언어학습이 쉽게 이루어지는 상황을 다음과 같이 서술하고 있다.

표 11-1 언어학습이 가능한 상황

언어학습이 쉽게 이루어지는 상황	언어학습이 어려운 상황
• 언어가 실제적이며 자연스러운 경우	• 언어가 인위적인 경우
• 언어가 전체적인 경우	• 언어가 단편과 조각으로 쪼개어진 경우
• 언어가 의미를 가진 경우	• 언어가 의미가 없는 경우
• 언어가 흥미를 끌 수 있는 경우	• 언어가 지루하고 흥미가 없는 경우
• 언어가 학습자와 관련되는 경우	• 언어가 학습자와 무관한 경우
• 언어가 실제 사건의 일부분인 경우	• 언어가 상황 밖의 일인 경우
• 언어가 사회적 유용성을 지닌 경우	• 언어가 사회적 가치가 없는 경우
• 학습자가 언어를 통해 이루려는 목적이 있는 경우	• 언어를 통해 달성되는 분별되는 목적이 없는 경우
• 학습자가 선택한 언어인 경우	• 타인에 의해 떠맡겨진 언어의 경우
• 학습자가 쉽게 언어에 접근할 수 있는 경우	• 학습자가 쉽게 언어에 접근할 수 없는 경우
• 학습자에게 언어 사용권한이 있는 경우	• 학습자에게 언어 사용 권한이 없는 경우

2 총체적 언어에서의 교사역할

총체적 언어를 실천하기 위해서 교사는 총체적 언어에 관한 지식과 언어이론과 학습이론에 대한 지식이 있어야 한다. 총체적 언어 접근법을 실행하기 위해서는 이론과 실제를 연결할 수 있는 총체적 언어를 습득한 교사들이 요구된다(Edelsky et al., 1991; Sumara et al., 1991).

총체적 언어에서는 교사와 학습자 간의 상호작용을 중시한다. 교사나 영유아 모두 능동적인 자세로 학습을 이끌어 나가는 존재이며, 특정 문화나 역사 속에 있는 사회적 존재이다.

총체적 언어 접근법을 실행하기 위한 교사의 역할을 살펴보면 다음과 같다.

1) 달성 가능한 목표의 설정과 신중한 계획

교수법에 있어서 영유아의 경험과 언어를 보다 분명하게 인지하고 영유아 스스로 자신의 목표에 도달할 수 있도록 돕는 신중한 계획이 필요하다. 소리와 상징의 관계는 물론 일상적으로 쓰이는 철자의 이해와 같은 문자기술 등도 목표에 포함한다.

2) 영유아에 대한 자료의 수집과 분석

영유아의 문화와 언어, 그리고 그들이 속한 사회경제 계층의 다양성을 고려함은 물론 영유아의 개인적인 경험의 차이를 신중히 고려하여야 한다. 특히 다문화 가정이 증가하고 있는 실정임을 고려할 때 영유아의 언어적 배경을 존중하는 태도가 요구된다.

3) 사회적 구조에서의 권한의 한계

교실환경이라는 사회구조 속에서 교사와 영유아들 간에 힘에 관한 조화를 이루어야 한다. 교사가 권위를 앞세우지 않는다는 의미에서의 '아동중심'과 '제한적 선택'을 표방하고 있다(Goodman, 1986; Newman, 1985). 성공적 학습을 위해 훈련(교수법)의 계획안에서 영유아들에게 자유를 주어야 한다. 여기서 훈련은 교사가 정확하게 교실의 상황을 영유아에게 설명해 주고 지시하여 모델이 되는 것을 의미한다. 이 점에서 학습자의 선택이 제한된다.

4) 예측 가능한 환경의 구성

영유아의 언어능력을 발달시킬 수 있기 위해서는 변화를 주고 실제로 해볼 수 있는 환경을 가진 교실을 필요로 한다. 다양한 문화와 언어, 사회경제적 배경이 있는 교실집단을 고려해야 하기에 교사는 학문적인 이해가 있어야 하고 사회 전반에 대한 지식이 있어야 한다. 교사는 영유아의 개인적인 특성과 흥미를 고려하며 그룹을 나눠서 협동과 또래학습을 유도해야 한다. 안정되고 풍부한 환경은 모든 영유아에게 반드시 필요한 것이며, 영유아가 그 환경을 편하게 느껴야 하고 발달할 수 있는 기회를 주는 환경이어야 한다. 환경을 창조하는 것은 교사의 중요한 몫이며, 환경을 창조하기 위해 교실의 구조를 변화시키고 영유아의 경험을 주의 깊게 살펴야 한다. 또 활동에서의 성공의 기회를 가능한 한 많이 주어야 한다. 특히, 언어활동의 목표를 달성하기 위한 수단이 되는 교구, 활동, 적절한 책의 선택이 중요하다.

결과적으로, 효과적인 총체적 언어 접근법은 교사의 성실성에 달려 있다. 교사의 성실한 교육적 활동이 영유아의 언어뿐 아니라 학습에서의 참여도를 보다 높일 수 있다.

3 총체적 언어의 교수전략

총체적 언어를 어떻게 영유아들에게 소개하는가에 관해서는 많은 논의들이 있어 왔으며, 마치 총체적 언어가 프로그램인 것과 같은 오해를 불러왔을 정도로 총체적 언어를 위해 사용할 수 있는 전략은 다양하다. 총체적 언어 이론가들이 사용하고 있는 교수전략을 소개하면 다음과 같다.

1) 에델스키의 교수전략

에델스키(Edelsky)는 본질적으로 총체적 언어방법이란 존재하지 않으며, 총체적 언어는 실제를 위한 하나의 패러다임이고 이론적 틀이기에 어떤 방법이 '총체적 언어'가 되는가를 결정하는 것은 원리나 신념이라고 보았다(Edelsky, et al., 1991).

(1) 총체적 언어를 가능하게 하는 신념

총체적 언어를 가능하게 하는 신념을 보면 다음과 같다.

① 언어는 실제 사용함으로써 습득된다.

② 읽기는 분리된 기술로 구성되지 않는다.

③ 상호작용을 통해 다양한 방법을 절충하여 아동 스스로 계획을 세우고 이를 실행하는 주체가 되도록 해야 한다.

④ 읽기는 사회 역사적 맥락에서 의미를 만드는 과정이다.

⑤ 읽기와 마찬가지로 쓰기도 학습자가 의미를 발견해 가는 역동적 과정으로 창안한 문자를 사용한 창의적 쓰기가 중요하다.

(2) 총체적 언어에서 활용할 수 있는 방법

총체적 언어를 가능하게 하는 신념에 근거하여 총체적 언어의 시각과 쉽게 일치되는 방법으로 다음과 같은 것을 소개하고 있다.

① 자기가 선택한 문학작품 읽기, 문학 탐구하기

② 내용 탐색을 위한 주제 연구

③ 어떤 주제에 대한 프로젝트

④ 상호작용적 일기 쓰기

⑤ 쓰기 워크숍
⑥ 문학적 환경 조성하기
⑦ 큰 책 함께 읽기

총체적 언어에서는 기술 중심의 상업자료를 사용하지 않으며, 단어들은 분리된 실체가 아닌 의미로 간주한다. 여기서 의미란, 교재와 상호작용하는 개인의 생생한 경험인 주관적 의미를 말한다. 영유아들은 그들이 속한 문화에서 언어를 사용하는 방식으로 언어를 사용해 봄으로써 언어를 배우고, 과학자들이 하는 것처럼 과학을 해 봄으로써 과학을 배우는 식으로 모든 것을 배운다는 것이다. 이를 위해 총체적 언어 교사들은 많은 자료와 다양한 상호작용의 양식을 준비해야 하고, 자유로운 시간표를 계획하여야 한다. 교사들은 한 가지 상호작용 방식, 하나의 시간표, 한 유형의 자료, 주제를 다루는 하나의 방식에 얽매이지 않고 다양한 교수방법을 이해하고 이를 활용해야 한다. 또한 교사는 각각 다른 목적을 지닌 영유아들을 위해 각기 다른 접근방식을 취할 수 있어야 한다(Chow, Dobson, Hurst & Nucich, 1991).

2) 라우트만의 교수전략

라우트만(Routman, 1988)은 총체적 언어교수 학습방법으로 좋은 문학작품을 읽고 하루에 두 시간 정도의 언어교육 시간을 할애해야 한다고 하며, 다음의 활동들을 할 것을 제안하고 있다.

(1) 책 경험 공유하기

매일 영유아들에게 책읽기 경험을 공유하도록 하기 위해 큰소리로 책을 읽어 준다. 라우트만의 방법 중 영유아교육기관에서 가장 잘 활용할 수 있는 것은 '책 경험 공유하기'이다. 책 경험을 공유하는 시간의 대부분은 영유아들이 전체 영유아들과 함께 읽고, 또 다른 영유아들에게 읽어 주는 기회를 갖게 된다. 이때는 비형식적으로 모여 앉아 큰 책을 읽는다. 그림을 통해 이야기를 예상해 보도록 격려받고, 자신의 예상이 맞는지 보기 위해 이야기를 듣는다. 내용을 읽고 읽는 각 단어를 손가락으로 짚어 볼 수 있다. 이렇게 함으로써 공동체 의식이 발달한다. 문자에 관한 질문은 최소화하고 추론적 질문, 즉 예측하기, 분석하기, 적용하기, 평가하기 등을 한다. 단어의 정확성을 지나치게 강조하면 읽기 성취는 억제되게 되므로 의미가 있는 용어(대용어)의 사용을 격려하며, 의미를 발음보다 우선하여 강조한다.

(2) 읽기 기술을 전략으로 발전시키기

영유아와 함께 책을 읽는 과정에서 옳은 단어나 의미가 있는 단어로 내용을 대체해 보도록 하거나 다음의 사건을 예측해 보도록 격려한다. 책을 읽을 때는 영유아의 정확한 발음보다는 영유아가 책 내용의 의미를 제대로 파악하였는지를 강조한다.

유창하게 읽기를 발전시키는 전략을 살펴보면 다음과 같다.

① 소집단으로 예측 가능한 이야기를 읽어 준다.

② 영유아가 자신의 책을 눈으로 따라가며 읽는다.

③ 예측 가능한 단어에서 잠깐 쉬고 반복적으로 이야기한다.

④ 영유아가 교사의 구어적인 읽기를 1회에 1페이지씩 따라 읽어 본다.

⑤ 영유아가 교사와 함께 책의 읽을 페이지를 선정하여 읽는다.

⑥ 영유아가 부모나 형제에게 책을 읽어 준다.

⑦ 독자적으로 책을 읽는다.

⑧ 유창성을 검토하기 위해 한 페이지를 읽고 이해력 체크를 위해 이야기를 다시 말해 보게 한다.

집단으로 여럿이 함께 읽는 활동의 목적은 즐거움을 얻기 위해 친밀한 책을 읽고, 읽기전략을 발전시키며, 영유아에게 독자로서 자신감을 형성하게 하는 것이다. 영유아가 계속해서 읽을 수 있는 책을 선택하는데, 책은 이미 반복해서 듣고 전체 영유아와 함께 토의한 것이어서 영유아가 자신감 있게 읽을 수 있다.

(3) 읽기 집단의 조직하기

교사의 개입이 없이도 다른 영유아들과 책을 읽을 수 있도록 집단을 구성하는데, 이때 글을 아는 영유아가 있다면 다른 영유아들에게 읽어 줄 수도 있으며, 모든 영유아가 글을 모른다면 함께 그림을 보면서 책을 읽을 수도 있다.

(4) 독립적 읽기

영유아가 혼자서도 책을 볼 수 있도록 교육기관의 책을 빌려줄 수 있으며, 다른 영유아들과도 책을 교환하여 볼 수 있도록 한다.

3) 모엔의 교수전략

총체적 언어교수의 목적은 문학을 지지하고, 창조적이고, 신뢰할 수 있는 책임감 있는 학습자를 만들기 위한 것이다. 또한 단어를 잘 알지 못하는 영유아, 읽기와 쓰기를 주저하는 영유아, 그리고 자아상을 갖지 못한 영유아를 위한 것이다. 모엔(Moen, 1991)의 교수전략은 영유아기뿐 아니라 초등학교 아동들에게도 총체적 언어 접근을 통해 아동이 이미 가지고 있는 지식을 의미로 창조하도록 돕는다.

총체적 언어교수방법은 읽고, 쓰고, 말하고, 듣고, 사고하는 언어과정을 통합하기 때문에 다양한 교수자료를 활용하게 된다. 칼데콧(Caldecott) 수상도서, 신문, 잡지, 지도, 참고도서, 달력, 전화번호부, 요리책, 팸플릿, 일정표, 상품 안내책자, 표지판, 포스터, 포장지 등이 언어사용을 확장하기 위한 언어경험에 이용될 수 있다.

교수전략의 주된 목적은 언어과정(읽기, 쓰기, 말하기, 듣기, 사고하기)의 통합을 조장하여 통합된 언어경험을 하도록 하는 것이다. 이를 위해 모엔은 작가적 전략, 협동적 학습전략, 게임 전략, 이해력 전략, 이야기 구조전략, 듣기 실험실 전략, 무대예술 전략, 그리고 시각예술 전략 등의 8가지 전략을 제안하고 있다. 모엔이 제안하는 전략 중에서 영유아교육기관이나 초등학교 저학년 아동에게 적용시킬 수 있는 작가적 전략과 협동적 학습전략, 게임 전략, 이해력 전략을 중심으로 소개하면 다음과 같다.

(1) 작가적 전략(Authorship Strategy)

작가적 전략에서는 언어-확장 활동(language-extension activities)을 위한 기초로 '쓰기'를 사용한다. 하루에 적어도 30분 정도 시간을 할애하여 쓰기를 하도록 해야 하는데, 이는 쓰기가 다양한 비판적 사고기술을 조장하기 때문이다. 즉, 자신의 글을 계획하고 생각을 정리해 보며, 이러한 생각을 분류하고 자신의 글을 판단하고 선택하며, 자신의 생각을 순서 지워 보고, 마지막으로 좋은 글의 원칙을 적용할 때 학생은 비판적으로 사고할 수 있게 된다고 본다. 자신이 창안한 쓰기를 어른에게 보여 줄 수 있는 기회를 줄 때, 모든 영유아는 자신을 표현할 수 있는 작가가 될 것이다.

작가적 전략에서 활용할 수 있는 방법은 다양하다.

① **학생저널**: 영유아가 선택한 어떤 주제에 관해 글과 그림으로 표현한다.

② **등장인물의 일기**: 영유아 자신이 책의 등장인물이 되어 일기를 써 본다.

③ **학습일지**: 학습일지(learning logs)는 기억하고 싶은 자료나 모르던 단어의 의미를 이해했을 때 영유아가 자신의 기록장에 이를 기록하는 것이다.

④ **편지쓰기**: 필자나 주인공, 등장인물 등에게 편지를 써 본다.

⑤ **책 저술하기**: 상상할 수 있는 거의 모든 주제에 관한 책을 쓸 수 있으며, 영유아가 읽은 책의 앞의 이야기나 나중의 이야기를 써 볼 수 있다. 이는 영유아의 상상력과 자연스럽게 이야기하는 능력을 이용하여 자신의 생각을 글의 형식으로 옮기도록 하는 것이다. 이때 가능하다면 삽화도 포함하여 나타내도록 한다. 또한 집단으로 책을 써 볼 수도 있는데, 집단으로 책을 창작하는 것은 협동을 할 수 있게 할 뿐 아니라 영유아의 생각을 밖으로 표출하도록 돕는다.

⑥ **팸플릿**: 책을 소개하는 팸플릿을 만들어 본다.

⑦ **신문**: 책 속의 사건에 기반을 둔 뉴스거리를 쓸 수 있다.

⑧ **전기와 자서전**: 자신과 다른 사람(괴물이나 말하는 동물)에 관해 전기를 쓴다.

⑨ **인물 단평**: 인물의 특징을 찾아 써 보게 한다.

⑩ **시**: 개별적 또는 집단으로 원문의 시를 본보기로 자신의 시를 써 본다.

⑪ **단어 벽**(wall of words): 아동이 이미 알고 있는 지식을 검토해 보고, 아동 자신의 구어적 어휘단어를 문자형태로 볼 수 있도록 단어들의 사용 가능한 목록을 제공하여 영유아가 이를 이용하여 단어를 써보게 한다. 영유아가 쓴 단어들을 모아 벽돌같이 쌓아 단어 벽을 구성한다.

(2) 협동적 학습 전략(Cooperative Learning Strategy)

영유아의 참여를 격려한다면 영유아들은 서로를 가르치고 서로에게서 배우며 서로를 지지해 주게 된다. 영유아들이 서로에게 질문하고, 서로의 생각을 나누며, 서로의 작품을 읽어 주며, 문제해결을 위해 함께 노력할 때 경쟁이 아닌 협동관계가 형성된다. 예를 들면, 유아가 영아에게 책을 읽어 주게 하거나, 글을 읽을 줄 아는 영유아가 글을 읽을 줄 모르는 영유아에게 책을 읽어 주도록 한다.

(3) 게임 전략(Games Strategy)

게임 전략에서 유아를 대상으로 사용할 수 있는 방안은 다음과 같다.

① **적절한 단어를 선택하기**: 의미 있는 단어를 단어 벽에서 선택하여 활동하는 동안 그 단어만을 생각한다. 단어가 살아 숨 쉰다고 느끼면 학습일지에 기록하거나 단어상자에 넣는다.

② **부분 가리기**: 몇 개의 단어를 지우고 가능한 단어를 예측하게 한다. 이때 단어 하나하나보다는 의미에 초점을 둔다.

③ **순서대로 문장 만들기**: 문장 안의 단어를 섞어 놓고 의미 있는 문장이 되도록 순서대로 나열하게 한다.

④ **단어 빌리기**: 교실 안에 있는 문자 환경으로부터(꼬리표, 알파벳 카드, 책 포스터, 사전 등) 단어나 글자를 베껴 자신의 메시지를 만들어 보게 한다.

(4) 이해 전략(Comprehension Strategy)

영유아가 더 잘 이해하고 단어의 의미를 창조할 수 있도록 직접적 교수방법을 활용한다.

① **SWBS도표 만들기**: 이야기를 읽고 난 다음 SWBS도표를 만들어 보게 한다. SWBS는 Somebody, Wanted, But, So의 약자로 Somebody wanted something but there is a problem(누군가가 무엇을 원했으나 문제가 있다)을 뜻하는데, 이에 따라 S－주인공, W－원하는 것, B－문제 제시, S－해결책의 순서로 도표를 만들어 본다.

② **큰 책읽기**: 영유아들이 함께 읽는 시간에 전체가 볼 수 있을 만큼 삽화와 활자가 큰 책을 이용하여 다 함께 읽는다.

③ **벤다이어그램**(van diagram) **그리기**: 비교와 대조의 개념을 이해시키는 데 벤다이어그램이 도움이 된다. 유사점은 두 원의 겹쳐진 부분에 기록하고, 차이점은 각 원의 큰 두 부분에 기록한다.

④ **방사선 그리기**: 읽기와 쓰기, 그리고 어휘 증진을 위하여 영유아들의 어떤 단어나 주제에 대해 연상해 보도록 한다. 영유아들이 말한 어휘를 사용하는 하나의 단순개념으로부터 시작하여 연상되는 단어를 나열하여 단어와 개념이 시각적으로 확장되게 한다.

⑤ **이야기하기**: 집단으로 이야기하기는 사건의 순서 짓기, 완전한 문장 사용하기, 그리고 주의하여 듣기 등의 학습이 이루어진다. 교사가 도표에 쓰는 동안 녹음한 내용을 다시 들으면서 중간에 멈추고 영유아들이 이야기를 편집해 보게 한다. 또는 글자 없는 이야기책의 그림을 보여 주고 영유아들이 삽화에 알맞은 내용을 창작해서 이야기하게 한다.

4 총체적 언어 접근에서의 언어영역별 지도방법

앞에서 소개했던 교수전략을 이용하여 총체적 언어를 영유아에게 적용할 때 고려해야 각 언어영역별로 활용할 수 있는 지침들을 소개하면 다음과 같다.

1) 듣기 활동을 통한 언어교육

교사는 다음의 듣기 활동을 통해 영유아의 언어발달을 도울 수 있다.

① 영유아들에게 매일 적어도 한 권의 책을 읽어 준다.

② '○○ 가라사대……' 같은 게임을 통해 영유아들의 듣기 기술을 발달시킨다.

③ 책과 테이프, 녹음기, 헤드폰 등을 갖춘 듣기 영역을 제공한다.

④ 가정에서 들을 수 있는 일상적인 소리들을 녹음기에 녹음해서 소리들을 구별해 보는 게임을 한다.

2) 말하기 활동을 통한 언어교육

교사는 다음의 말해 보는 활동을 통해 영유아의 언어발달을 도울 수 있다.

① 그림책을 보면서 영유아가 자신들의 단어를 사용하여 이야기해 보도록 격려한다.

② 영유아가 낯익은 손 유희나 동시 또는 옛날이야기를 극 놀이로 표현할 기회를 제공하고 영유아가 좋아하는 이야기를 인형극으로 꾸며 보도록 격려한다.

③ 영유아가 작품을 만들 때 자신의 작품에 관해 간단한 설명을 교사에게 해 주도록 격려하며, 영유아가 원한다면 간단한 문장으로 작품 위에 설명을 써 준다.

3) 읽기를 통한 언어발달

영유아의 읽기 기술을 발달시키기 위해 교사는 다음 사항을 준비해 준다.

① 새로운 노래나 동시들을 위한 단어들을 차트지에 써서 교실에 전시한다.

② 교실 안의 일상적인 사물(벽, 의자, 문 등)의 이름을 카드 위에 써서 붙여 둔다.

③ 각 영유아들의 사물함에 이름표를 붙인다.

④ 언어영역에 영유아용 잡지들을 제공하여 읽기를 경험시킨다.

⑤ 영유아들과 산책을 갈 때 길에 있는 표지판이나 간판 등을 함께 읽어 본다.

4) 쓰기를 통한 언어발달

영유아의 쓰기 발달을 위해 교사는 다음 사항을 주지해 준다.

① 쓰기 영역을 제공한다. 쓰기 영역에는 다양한 쓰기도구와 보고 쓸 자료, 본 등을 제공한다.

② 영유아들이 함께 경험한 것들(견학이나 소풍)에 대해 이야기를 하고 그 이야기들을 써 보도록 격려한다.

③ 생일카드나 위문카드, 감사카드를 써 보고 친구나 요양원, 보육원 등에 배달해 본다.

④ 차트지에 그림과 단어를 이용하여 요리책을 만든다. 교실에서 영유아들 각자가 요리 책을 하나씩 만들도록 격려하여 만든 것을 모두 모아 교실 요리 책으로 활용한다. 요리 책이 아닌 자신만의 그림 사전이나 단어 목록집을 만들 수도 있다. 실제로 영유아들이 만든 요리책을 기초하여 요리를 해 본다.

⑤ 교실에 영유아를 소개하는 책을 만들어 쓰기 영역이나 책꽂이에 비치한다. 즉, 개인 사진과 친구들과 활동하는 사진을 붙여 놓고 영유아의 이름, 좋아하는 것 등을 적어 놓아 생일카드나 편지 등을 쓸 때 보고 쓸 수 있도록 한다.

5) 기타 활동을 통한 언어발달

언어는 생활 속에서 경험되어지고 학습되는 것이므로 매일의 활동에서 언어를 배우도록 한다.

① 하루 일과 중에 영유아들의 생각이나 아이디어를 자유롭게 나눌 수 있는 시간을 제공한다.

② 영유아들의 사고를 격려하는 질문들을 한다. 예를 들면, “영희가 왜 곰들이 사는 집에 들어갔다고 생각하니?”라는 질문은 동화 ‘세 마리 곰’을 읽은 후 영유아들에게 동화의 내용을 전체적으로 사고하도록 격려한다. 이때 교사가 영유아가 보이는 모든 반응을 수용하는 것이 중요하다.

③ 한 주에 한 번씩은 자유롭게 자신들의 물건이나 경험을 교실의 다른 영유아들과 나누는 시간을 갖는다.

④ 일 년에 한 번 정도 도서 전시회를 계획하여 영유아교육기관에 부모들을 초청한다.

5 총체적 언어에서의 평가전략

총체적 언어교실에서 이루어지는 학습은 과정을 중시하는 활동이기 때문에 평가도 이에 따라 여러 학습과정을 통합한 언어능력을 측정하는 것이어야 한다. 총체적 언어에서의 평가는 양적 방법에 근거하여 기술하기보다는 사회학, 인류학, 그리고 민속학과 같은 학문에 더 많이 근거하여 기술하고 있다. 총체적 언어 교사들은 도구로서의 형식적 시험을 거부하며 자연적인 관점에서의 인간 자체의 존엄성과 신뢰성을 믿는다. 따라서 영유아의 독창성, 다른 영유아와 상호작용할 수 있는 능력, 스스로 선택할 수 있는 능력, 스스로 학습할 수 있는 능력, 스스로 평가할 수 있는 능력 등을 포함한 모든 측면에서 평가를 한다. 이는 영유아의 언어능력을 총체적으로 관찰하고 그 모습 그대로를 범주화하여 기술하는 것이다.

총체적 언어교육의 관점에 맞는 새로운 언어교육 평가과정은 다음과 같다.

① 영유아의 발달 수준에 맞는 언어능력의 지표를 만들어야 한다.

② 이런 지표에 따라 영유아의 언어능력을 평가할 수 있는 구체적인 방법을 고안해야 한다.

③ 평가를 수업과 연결시켜야 한다.

언어를 사용할 때의 태도는 언어경험의 질을 결정하는데, 활동을 계획할 때 활동의 목표와 더불어 반드시 고려해야 할 하나는 영유아들이 언어학습에 즐겁게 참여하고 있는가를 평가하는 일이다. 영유아가 언어활동에 제대로 참여하고 있는지를 알기 위해서는 이들이 언어를 어떻게 활용하고 있는가를 관찰해야 하고, 언어활동에 대한 영유아들의 반응을 측정해야 한다.

다음은 표준화되어 있는 평가방법과 자연스러운 평가방법이 어떻게 다른지를 도표화한 것이다.

표 11-2 표준화된 평가와 자연스러운 평가

구분	표준화된 평가	자연스러운 평가
형태	형식적인 평가	비형식적인 평가
방법	객관식 : 표준화된 검사도구	주관식 : 관찰, 면담, 교사가 만든 비형식적 검사도구
피드백	학습활동에서의 보인 행동의 하위영역을 장점과 결점으로 요약하여 보고서를 만든다.	수업시간을 통해 지속적으로 기록하고, 장점을 격려한다.

1) 평가방법

총체적 언어에서 평가를 위하여 많이 쓰는 방법에는 관찰, 작품 수집과 분석, 개인 문집의 제작과 분석, 개인 질문법, 면담법 등이 있다. 각 영유아가 읽고 있는 세부적인 책들, 그리고 그들이 쓴 자료, 영유아가 접했고 해결했던 언어 문제들을 함께 나누는 동안, 또 영유아가 듣고 문제를 제시하며 토론하고 그것을 해결하는 동안 사용한 모든 기술이 가치가 있는 정보의 근원이 된다. 그리고 전체적인 범위의 일상 언어활동으로부터 정보를 수집하며, 수학(조작)·사회·과학(감각·탐색)·미술·음악 등 모든 활동시간에 언어사용과 성장에 관련된 자료를 수집해야 한다.

2) 평가의 목적

총체적 언어학습에서의 평가는 영유아들이 그동안 해 온 활동과정에서 무엇을 배웠으며 자아개념을 어떻게 형성하였는지를 파악하는 것이 주요 목적이 된다. 또한 학습활동을 개선하고 교육과정의 목표를 재검토하기 위한 것이다. 이런 것들을 진단하는 가장 좋은 방법은 영유아들이 교실에서 일상적으로 활동하고 있는 모습을 관찰하는 것이다. 총체적 언어학습에서는 영유아들이 작업한 학습자료의 견본을 수집하여 견본을 진단하는 것으로부터 평가가 시작된다.

3) 평가할 때 고려사항

교사는 매일의 교실활동의 한 부분으로서의 영유아들의 언어활동을 관찰하고 기록하여야 하는데, 영유아들은 이러한 활동을 어떤 종류의 시험으로 간주하지 않고 자연스러운 일상으로 받아들인다. 교사들은 자료를 수집하고 그것을 범주화하기 위해 정보를 정확히 알아야 하나, 획일적인 체크리스트를 사용해서는 안 된다. 일반화된 체크리스트는 교사들의 관찰과 믿음체계에 근거를 제시할 뿐, 영유아의 특성을 반영하지 못할 수도 있다.

총체적 언어학습에서 평가는 다음의 유의사항을 염두에 두고 계획해야 한다.

① 평가는 교실에서 이루어지는 활동을 주로 하여 영유아 중심으로 이루어져야 한다.

② 평가는 일상적으로 이루어지는 교수활동의 하나로 자연스럽게 이루어져야 한다.

③ 평가는 영유아의 성장발달을 돕기 위해 이루어져야 하며, 그들이 무엇을 알고 있고 무엇을 할 수 있으며 어떻게 성장하고 있는가를 파악하기 위한 것이어야 한다.

④ 평가는 표준화된 검사방법은 물론, 평상시 교실에서 이루어지는 활동과 영유아가 작업한 학습자료를 교사가 관찰하는 비형식적인 진단평가를 모두 포함해야 한다.

⑤ 포트폴리오(portfolio)에 영유아가 활동한 학습자료나 보고서 등을 수시로 수집하여 이들의 작업과정을 평가한다. 이 포트폴리오에는 개개인의 총체적인 가능성을 보여 주고 출처가 분명한 견본을 골라 넣어야 한다. 포트폴리오는 영유아의 개별적인 발달과 학구적인 성장을 진단할 수 있는 작업한 정보를 얻기 위해 만들게 된다. 선정된 작품에는 선정한 날짜를 반드시 기입해야 하며, 수집된 작품들을 날짜의 순서대로 정리해 두면 발달단계를 한 눈으로 파악할 수 있다. 이때 질을 고려해서 선정한다. 작품은 파일이나 박스를 이용하여 보관하며 작품의 보관이 어려운 경우 사진을 찍어 보관하는 것도 좋은 방법이다.

생각나누기

언어지도

Chapter

12

문학적 접근에 기초한 언어교육

문학적 접근은 영유아들에게 제시하고자 하는 주제와 관련된 문학작품을 교육활동의 기초로 하여 이와 관련된 활동들을 전개하는 것이다. 12장에서는 문학 경험에 기초한 교육활동을 계획하여 제시하고자 한다.

메아리

속담 및 격언

되성부른 나무는 떡잎부터 알아본다.

그림책 소개

할머니가 남긴 선물
마거릿 와일드(2000) – 시공주니어

셋째 날
성영란(2018) – 반달

할아버지, 안녕!
노르마 폭스 메이저(2010) – 문원

예비교사들의 언어에 대한 표현

언어는 듣고 말하기다.
(언어 도구를 사용한 듣고 말하기)

희망을 추구하는 동화와 주문

소금이 나오는 맷돌
김온유, 김경신(2014)
한국가우스

카스트로폴로스(Castropollux)
행복을 부르는 주문.

1 넌 왜 보청기를 하니

영유아교육기관에서의 장애아 통합교육이 강조되고 있는데, 장애인의 날에 유아들과 함께 읽어 볼 수 있는 『넌 왜 보청기를 하니(아이코리아, 2006)』를 읽고 유아들과 함께할 수 있는 문학 경험을 계획해 보면 다음과 같다.

1) 목적

장애에 대한 이해와 장애를 지닌 사람들과 함께 생활하는 문제는 장애 아동의 통합교육을 강조하고 있는 교육현실을 비추어볼 때 교육자가 해결해야 할 과제이다. 그런데 서로 다른 사람에 대한 이해는 머리만으로 해결되는 것이 아니므로 정서적인 공감대가 형성되는 것이 중요하다. 이를 위해 문학작품을 통해 장애를 지닌 친구에 대한 이해를 돕도록 한다.

2) 줄거리

준호는 윤지가 하고 있는 보청기가 너무 궁금해서 윤지에게 보여 달라고 조르나 윤지는 보여 주는 것이 싫습니다. 집에 온 윤지는 보청기를 끼기 싫다고 하며 어머니에게 투정을 부립니다. 상황을 알게 된 어머니는 준호가 보청기에 대해 정말 궁금해서 그러는 것이니 왜 보청기를 사용하는지 알려 주는 것이 좋겠다고 말씀하시고, 윤지는 준호에게 보청기를 사용하는 이유에 대해 편지를 씁니다. 준호는 윤지에게 소리가 잘 들리지 않아 보청기를 쓰는 윤지나 잘 보이지 않아 안경을 쓰는 자기나 똑같다는 사과의 답장을 씁니다. 윤지는 다시 자신이 잘 알아듣지 못하면 다시 말해 달라는 부탁과 함께 보청기 사용에 관한 자세한 이야기를 편지로 써서 알려줍니다.

3) 관련 개념

장애, 보청기, 재활, 몸이 불편한 친구를 도와주는 방법, 몸이 불편한 사람들을 도와주는 기기들

4) 활동계획 구성

넌 왜 보청기를 하니

언어
- 소리를 들을 수 없다면
- 윤지에게 또는 준호에게 편지 쓰기
- 동화에 나온 글자 탑 만들기
- 몸이 불편한 친구들 이야기 나누기
- 큰 소리가 나는 물건과 작은 소리가 나는 물건 말하기

수학
- 시계 소리 세기
- 모양에 따라 분류하기
- 소리크기 측정
- 소리크기 분류하기

조작
- 우리 몸 퍼즐
- 불편한 우리 몸을 도와주는 기기 찾기

과학
- 신체기관 – S청각기관, 시각기관
- 소리전달 과정
- 소리 만들고 느껴 보기
- 보청기 관찰
- 귓속 탐색하기

미술
- 신체기관 그리기
- 동물의 귀 모양 그리기
- 동극 소품 만들기

신체 · 음률
- 음악 소리에 맞추어 몸 움직이기
- 악기음 구별하기
- 생활소리 흉내 내기

역할
- 병원 놀이
  – 이비인후과, 안과
- 소리 나라 꾸미기

쌓기
- 소리 나라 구성
- 나무 블록과 종이 블록으로 꾸미기

2 앗, 어떻게 하지?

환경파괴의 문제가 심각해지면서 환경파괴로 인해 세계적으로 자연재해로 인한 피해가 많아지고 있다. 이러한 상황에서 유아들의 자연재해에 대한 이해를 높이고 그에 따른 대처능력을 갖도록 하는 활동이 필요하다. 자연재해와 그에 따른 대처방법을 소개한 『앗, 어떻게 하지?(중앙출판사, 2004)』의 동화를 기초로 문학 경험을 계획해 보면 다음과 같다.

1) 목적

유아들을 위한 교육에 있어 안전과 관련된 교육은 유아의 생명이나 건강과 관련되므로 매우 중요하다. 특히, 오늘날에는 세계적으로 인간의 힘으로 감당하기 어려운 많은 자연재해가

발생하고 있는 실정이다. 자연재해의 경우 우리가 직접 해결할 수 있는 수단은 적으나, 적절한 대비책을 알고 있다면 피해를 최소화할 수 있을 것이다. 따라서 안전하고 건강한 생활을 위해 재해 상황에 따른 대처방법을 숙지하도록 지도하는 것이 필요하다.

2) 줄거리

불이 났을 때, 태풍이 불 때, 천둥 번개가 칠 때, 지진이 날 때, 홍수가 났을 때 등의 상황에서 어떻게 대처해야 하는지를 문답식으로 제시하고 있다.

3) 관련 개념

불, 태풍, 지진, 천둥, 번개, 홍수

4) 활동계획 구성

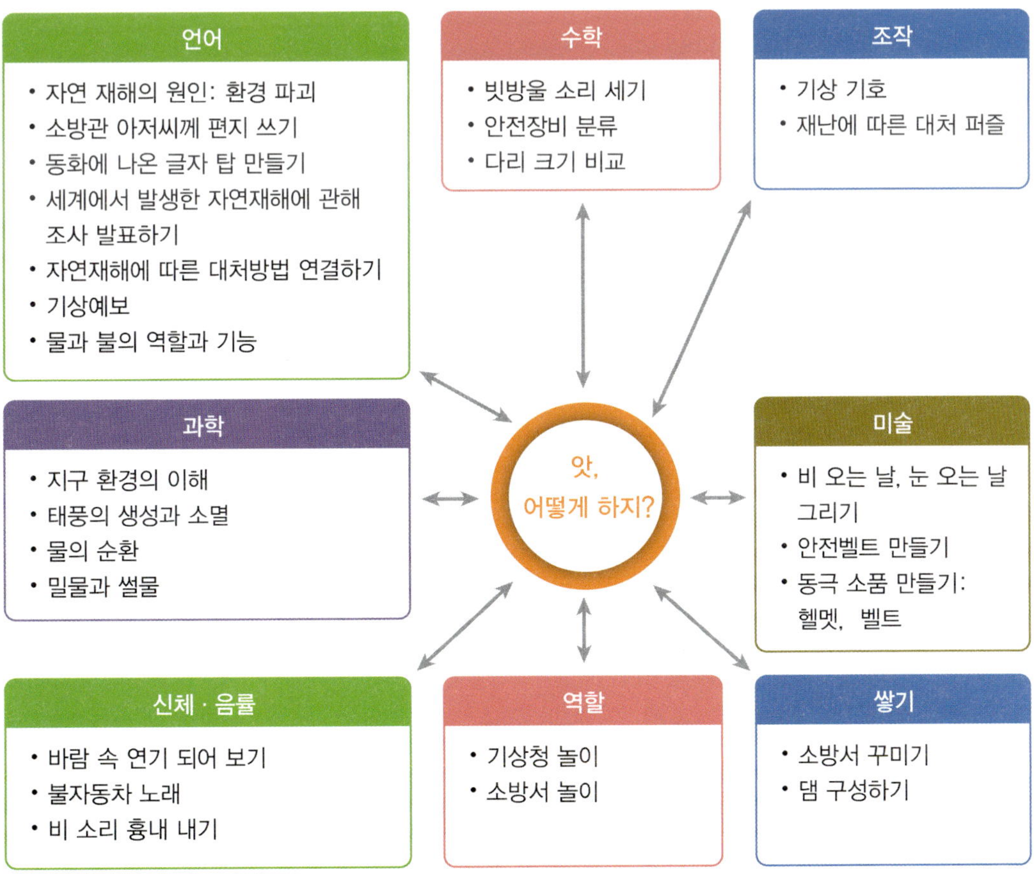

3 풀씨의 여행

씨앗은 생명을 가지고 있다는 점에서 유아들에게 소개할 수 있는 좋은 소재이다. 씨앗에 관한 활동은 식물의 한살이나 식목일 행사, 또는 가을 수확기와 관련하여 함께 계획해 볼 수 있는 활동이다. 유아들에게 씨앗에 대한 지식과 식물의 번식에 관한 이해를 돕고자 『풀씨의 여행(한국어린이육영회, 1992)』 동화를 중심으로 활동을 계획하였다.

1) 목적

자연생태계뿐 아니라 인간생태계에서 차지하고 있는 풀의 위치와 역할을 유아에게 알게 하여 생명의 가치를 인식한다. 아울러 식물의 다양한 번식방법에 대해서도 안다.

2) 줄거리

풀의 씨앗은 걸어 다닐 수도, 날아다닐 수도, 차를 탈 수도, 헤엄을 칠 수도 없는데, 어떻게 여행을 할까요? 풀씨는 로켓처럼 튕겨 내어서, 농부의 몸에 붙어서, 물을 따라 또는 바람을 따라 또 동물의 먹이로 이동을 한대요.

3) 관련 개념

풀, 풀씨, 식물의 번식, 생태계, 자연

4) 활동계획 구성

풀씨의 여행

의사소통
- 씨앗 이름 쓰기
- 읽은 후 뒷이야기를 생각해 보고 말하기
- 풀의 동시 쓰기
- 풀씨에게 편지 쓰기
- 동화 듣고 느낌 쓰기

신체운동 · 건강
- 내 몸이 풀씨가 되어 보자.
- 어떤 모습으로 여행을 할까.

사회관계
- 현장학습
- 자연의 모습관찰
- 수확방법 알기

자연탐구
- 여러 씨앗 관찰하기
- 풀잎 관찰하기
- 씨앗 싹 틔우기
- 가을의 비디오 시청

예술경험
- 풀씨가 날아간 후 모습을 꾸며 보기
- 작고 작은 밭(노래)
- 씨앗(노래)
- 사계 중 가을 감상

5) 활동 예

『풀씨의 여행』

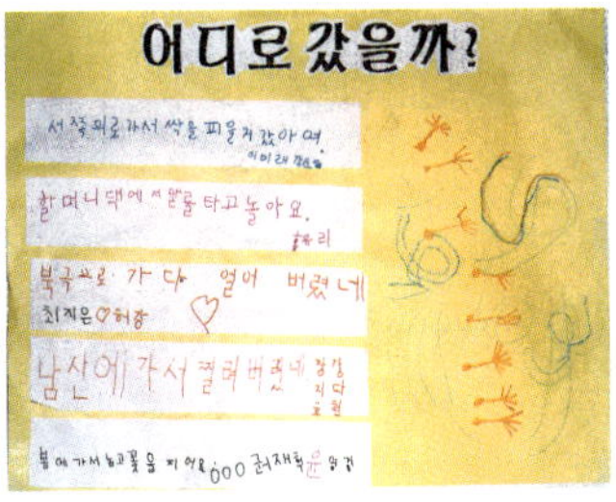

어디로 갔을까?

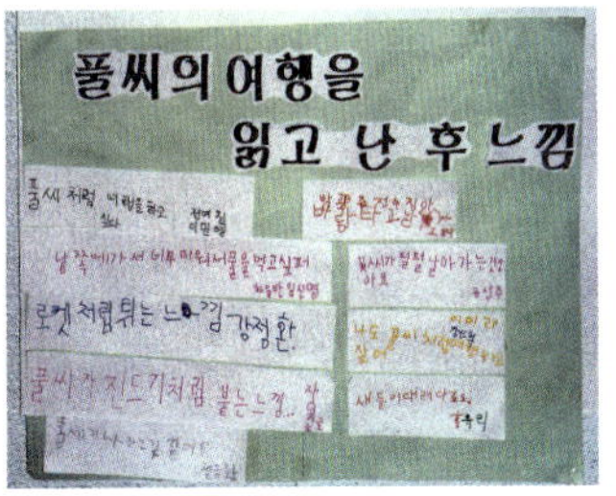

『풀씨의 여행』을 읽고 난 후 느낌 쓰기

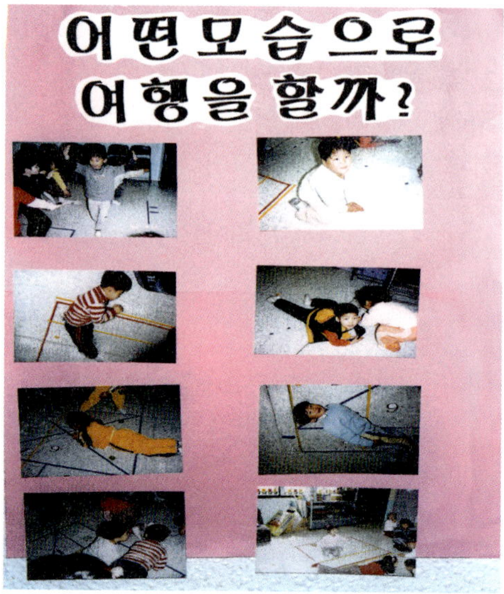

어떤 모습으로 여행을 할까?

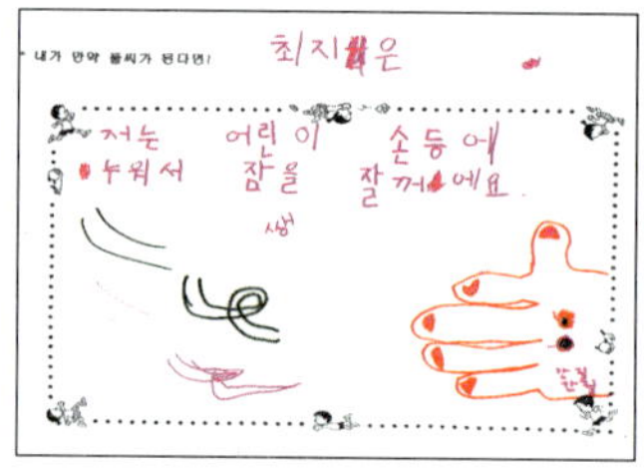

내가 만약 풀씨가 된다면?

풀씨 동시 쓰기

4 사과의 기도

영유아들과 수확의 계절에 계획해 볼 수 있는 활동으로 『사과의 기도(동화출판공사, 1981)』 동화를 읽고 문학 경험에 기초한 수업을 전개하였다. 이 과정을 살펴보면 다음과 같다.

1) 목적

나와 다른 사람의 생각과 감정이 다름을 이해하고 타인을 이해하는 마음과 생명을 소중히 하는 마음을 가지도록 한다.

2) 줄거리

내 이름은 빨간 사과예요. 나는 외로운 나무의 맨 꼭대기에서 자라서 다른 친구들과도 이야기를 할 수 없어요. 다른 친구보다도 더 빨갛고 탐스럽게 자랐지만, 아저씨는 내가 너무 높이 있어 미처 나를 발견하지 못했어요. 참새와 꿀벌들이 나를 괴롭히지요. 나는 나를 맞아 줄 사람을 기다리고 있어요. 겨울이 오기 전에 나를 데려가 달라고 기도하지요. 마침내 한 소년이 나를 발견하고, 나는 소년의 손안에서 행복해합니다.

3) 관련 개념

사과, 수확, 외로움, 슬픔, 기도, 계절

4) 활동계획 구성

동화 『사과의 기도』를 읽고 유아들과 함께 활동할 교육계획안을 유아들의 누리과정에 기초하여 구성하였다.

활동영역		활동제목	교재와 교구	활동방법
신체운동·건강	게임	벌을 피해요.	고깔모자, 침, 풍선	1. 벌 팀과 사과 팀으로 나눈다. 2. 벌 팀은 침이 달린 고깔모자를 쓴다. 3. 사과 팀은 풍선을 불어서 들고 있다. 4. 게임 시 주의사항을 말해 준다. – 서로 부딪치지 않도록 조심한다. – 모자를 벗어서 하지 않는다. – 여러 명이 한꺼번에 한 명을 공격하지 않는다. 5. 음악에 맞추어 벌들이 날아다닌다. 6. 시작 소리와 함께 풍선을 향하여 벌이 공격한다. 7. 벌이 공격하면 사과는 도망 다니다가 풍선이 터지면 끝이 난다. 8. 다시 역할을 바꾸어서 해 본다. 9. 게임이 끝난 후 평가를 한다.
	쌓기	과수원 꾸미기	다양한 쌓기들	1. 과수원에 대해 이야기를 나눈다. – 과수원에는 누가 살고 있을까? – 과수원에서 볼 수 있는 것은 무엇 무엇일까? 2. 쌓기를 이용하여 과수원을 꾸며 본다. – 쌓기를 이용하여 과수원을 어떻게 꾸밀 수 있을까?
의사소통	듣기와 말하기	사과의 기도	융판 동화자료	1. 융판에 융판 동화자료를 붙이며 동화를 들려준다. 2. 동화를 듣고 연상되는 말을 생각해 본다.
		사과는 어떻게 느낄까?	동화책	1. 그림동화책을 본다. 2. 그림 상황에 따라 사과가 어떤 감정을 갖는지에 대해 이야기를 해본다.
	읽기와 쓰기	등장인물에게 편지 쓰기	종이, 연필, 지우개	1. 등장인물이 누구누구 나오는지 이야기한다. 2. 누구에게 쓸 것인지 정한다. 3. 종이에 자신의 생각을 글로 표현한다.
		주제망 짜기	종이, 연필, 지우개	1. 사과의 기도에 나오는 단어로 시작한다. 2. 연결되어 생각되는 것들을 글로 적어 생각을 확산시킨다.

활동영역		활동제목	교재와 교구	활동방법
의사소통	읽기와 쓰기	동시 짓기	종이, 연필, 지우개, 색연필	1. 사과의 기도에 나오는 단어들을 모아 본다. 2. 사과를 주제로 동시를 짓는다. 3. 동시 지은 것을 예쁘게 꾸민다.
	책과 이야기	사과의 기도	역할 머리띠	1. 동극 대본을 만든다. 2. 역할을 정한다. 3. 대사를 외운다. 4. 역할을 연습한다. 5. 동생들을 초청하여 공연을 한다.
사회관계	감정 표현	나의 느낌을 이야기해요.	하루일과표, 연필, 놀이계획지	1. 하루의 일과를 평가한다. – 하루 중 가장 재미있었던 일은 무엇이니? – 나를 힘들게 했던 일은 무슨 일이었니? – 우리 모두가 잘 행동한 일은 어떤 것이었니?
예술경험	노래 부르기	사과 같은 내 얼굴	가사악보	1. 가사를 읽어 본다. 2. 노래를 들어 본다. 3. 한 절씩 따라 부른다. 4. 함께 불러 본다. 5. 율동을 만들어 함께 하며 불러 본다.
	동작 표현	사과가 되어요.	음악 테이프, 카세트	1. 사과에 대해 이야기한다. 2. 개별로 사과를 표현해 본다. 3. 다 같이 하나의 사과를 표현해 본다. 4. 음악을 들으며 다양한 모습의 사과를 표현해 본다.
	조형 활동	동극 포스터, 초대장, 동극자료 만들기	도화지, 크레파스, 색연필, 연필, 가위, 동화책	1. 포스터는 도화지에 그림을 그린 후 장소, 시간, 날짜, 제목을 적은 다음 교실에 게시해 놓는다. 2. 동극자료는 가위로 오린 후 찍찍이를 붙여 머리띠에 붙인다. 3. 초대장은 누구를 초청할지 이름을 적은 후에 예쁘게 꾸며 전해 준다.
	색종이 접기	까마귀	색종이, 색연필, 풀, 접기 순서도	1. 순서도를 보며 까마귀를 접는다. 2. 다 접은 까마귀를 모음장에 붙인다. 3. 까마귀와 연관 지어 그림을 그린다. 4. 그림의 상황을 글로 적어 본다.
자연탐구	과학	관찰: 사과는 어떻게 생겼나요?	사과, 접시, 칼, 관찰일지	1. 사과에 대해 이야기한다. – 사과는 어떤 모양일까요? – 사과는 어떤 색을 띠고 있을까요? 2. 사과를 가지고 분단별로 관찰한다. – 우리의 생각과 사과가 색이나 모양이 어떻게 다를까? – 사과의 모양, 색깔, 냄새, 맛, 반으로 자른 모양, 씨앗의 모양, 개수에 대해 관찰해 본다. 3. 관찰한 것을 관찰일지에 그림과 글로 표현한다. 4. 관찰을 다 하고 나서의 느낌이나 생각을 적어 본다.

활동영역		활동제목	교재와 교구	활동방법
자연 탐구	과학	확산적 사고: 사과에게 손이 있다면	기록일지, 연필, 색연필	1. 동화 속의 주인공에 대해 이야기를 나눈다. – 사과는 어디에 살고 있었니? – 사과는 왜, 외롭고 쓸쓸했을까? – 사과는 무엇 때문에 힘들어했니? 2. 기록일지를 나누어 준다. – 만약 사과에게 우리처럼 손이 있다면 어떻게 했을까? 3. 기록일지에 글과 그림으로 표현해 본다. 4. 다 한 작품은 친구들과 함께 감상한다.
		견학: 나는 서로 달라요.	물, 간식, 돋보기	1. 산에 오를 때의 주의사항을 말한다. 2. 가까운 산을 오르며, 나무들의 생김새에 대해 이야기 한다. 3. 산을 다녀와서 스케치북에 그려 본다.
	수학	게임	사과를 따요.	1. 가위, 바위, 보로 순서를 정한다. 2. 게임판 나무를 나누어 갖는다. 3. 주사위를 던져서 나온 수만큼 사과를 딴다. 4. 먼저 다 딴 유아가 이긴다.
		이야기 나누기	내가 좋아하는 사과는?	1. 그래프 판을 본다. 2. 내가 좋아하는 과일에 이름을 적는다. 3. 다른 친구들이 표시한 것과 비교해 본다.
	조작	사과를 도와주세요.	게임판, 주사위, 말 2개	1. 말과 순서를 정한다. 2. 주사위를 던져 나온 수만큼 이동한다. 3. 구름과 해님이 나오면 3칸 앞으로 간다. 4. 까마귀, 참새, 벌이 나오면 2칸 뒤로 간다. 5. 사과에게 먼저 도착하는 유아가 이긴다.
		사과를 완성해요.	실, 바늘, 부직포(사과, 잎, 줄기모양)	1. 바늘에 실을 꿰어 매듭을 지어 둔다. 2. 부직포 사과모양 2개를 맞추어 본다. 3. 직접 바늘을 이용하여 사과를 완성한다.

5) 활동 예

『사과의 기도』 동화를 융판 동화로 만들어 유아들에게 동화를 들려주었는데, 동화를 듣고 유아들과 함께한 활동들을 소개하면 다음과 같다.

(1) 관찰: 사과는 어떻게 생겼나요?

『사과의 기도』 융판 동화

사과에 대한 경험 나누기

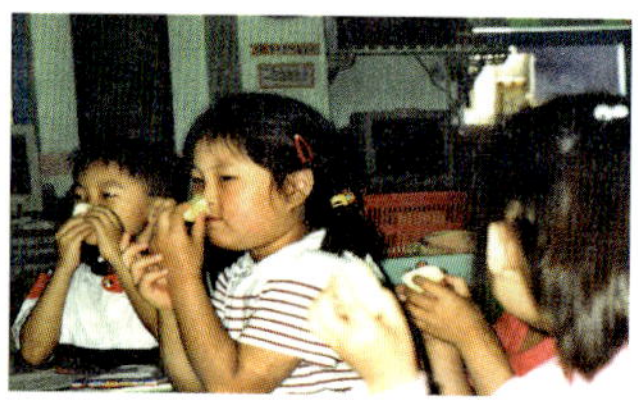

오감으로 체험하기

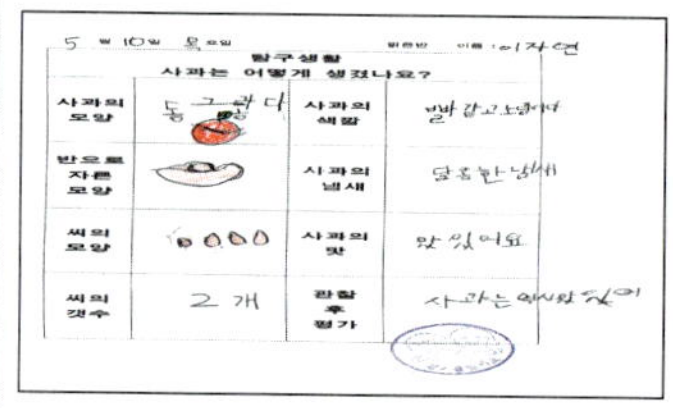

'사과' 활동지

(2) 『사과의 기도』 주제망 짜기

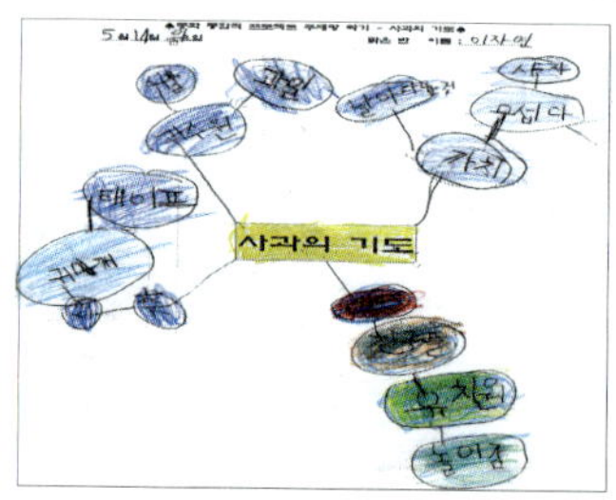

(3) 쓰기 활동

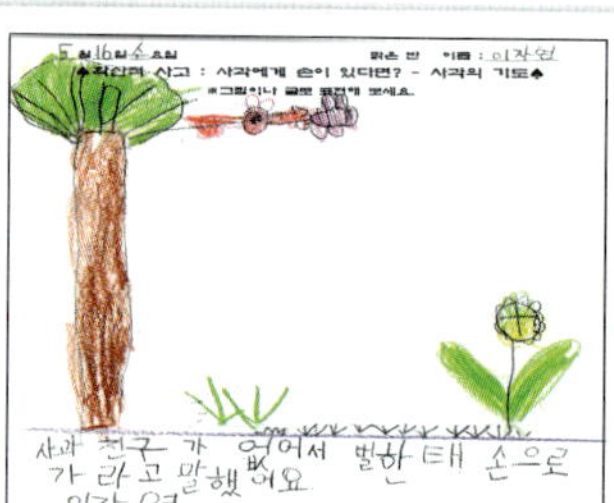

사과에 손이 있다면?

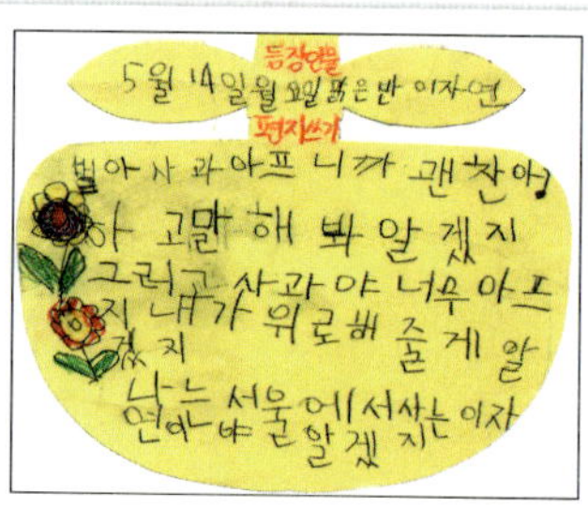

등장인물에 편지 쓰기

동시 짓기

(4) 수학

사과를 따요.

(5) 이야기 나누기

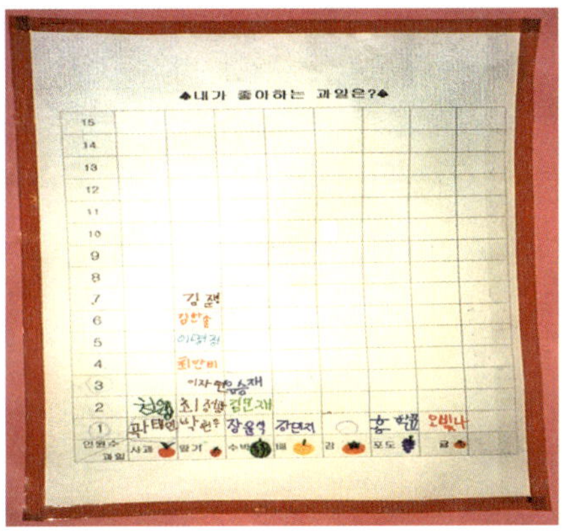

내가 좋아하는 과일은?

(6) 게임

벌을 피해요.

(7) 조작

사과를 도와주세요.

부직포로 만든 사과

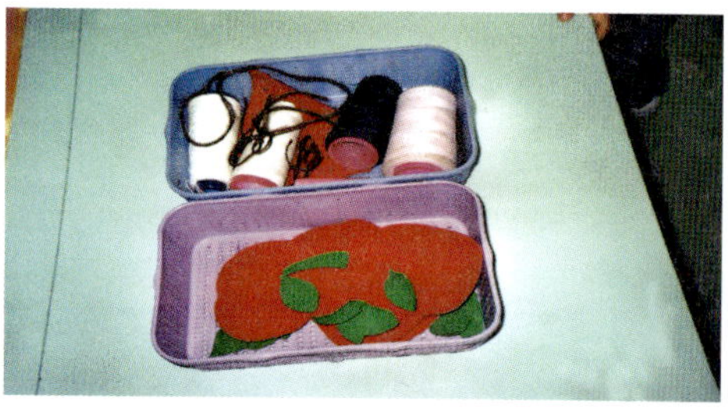

사과 만들기 재료

사과를 완성해요.

색종이로 접어 꾸미기

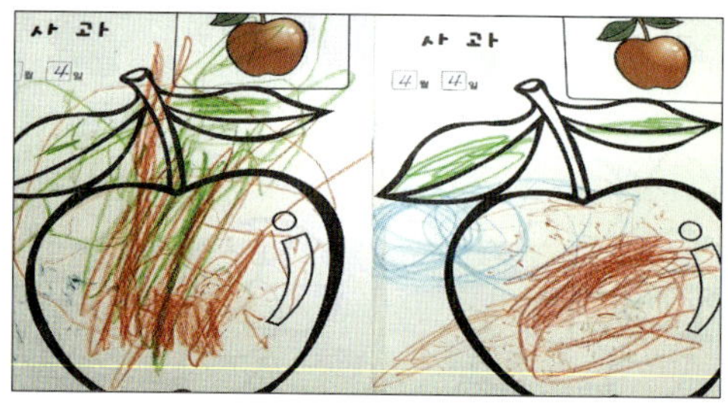

사과그림 끄적이기

사과 모자이크

사과나무 꾸미기

(8) 동작

나무에 열린 사과 되어 보기

사과를 만들어 보기

(9) 동극

동화를 들은 경험을 바탕으로 동극을 계획하였는데, 유아들과 동화를 동극 대본으로 개작하고 동극 공연을 알릴 포스터를 만들었으며 동극에 필요한 소품들을 준비하여 동극 공연을 하였다.

① 사과의 기도 동극 대본

제목 사과의 기도

등장인물 : 해설, 빨간 사과, 아저씨 1, 2, 해님, 벌 1, 2, 사과친구 1, 2, 아주머니, 구름, 참새, 까마귀, 소년

해설 : 여기는 사과나무가 많은 과수원.

빨간 사과 : 내 이름은 빨간 사과예요. 나는 마무 끝에 살고 있어요.
(슬픈 표정) 그래서 나는 친구들과 놀 수가 없어요.
(신나게) 야! 칙칙폭폭 기차가 지나간다.
어, 저기 초등학교도 보이고 초가집도 보이네, 나무도 있는걸.

아저씨 1 : (사과를 만지며) 어서어서 커라.

빨간 사과 : 아저씨, 아주머니 저도 만져 주세요.(아저씨, 아주머니 퇴장)

해님 : 안녕! 빨간 사과야, 이제 다 익었구나. 정말 멋지다.

바람 : 그래, 이제는 누군가가 너를 데려갈 거야. 신나겠는걸.

벌 1 : 야! 맛 좋게 생긴 빨간 사과다.

벌 2 : 우리 한 번 먹어 보자.(침으로 사과를 쏜다.)

빨간 사과 : 아야! 아이, 따가워. 아프단 말이야.

사과 친구 1 : 야! 아저씨들이다.

사과 친구 2 : 우리를 데리러 오신 거야.

아저씨 2 : 사과들이 아주 잘 익었는걸.

아주머니 : 어서, 따 가지고 가요.

아저씨 1 : 그러세, 자 어서어서 따자고.
사과친구 1, 2 : 빨간 사과 잘 있어. 안녕
빨간 사과 : 아저씨 저도 데려가 주세요. 아저씨.
해설 : 가을이 되어 낙엽도 지고 사과들도 모두 떠나고 외롭게 빨간 사과 혼자만 남게 되었어요.
참새 : 아직 사과가 남아 있네. 참 맛있겠다.(사과를 입으로 쫀다)
빨간 사과 : 흑흑. 아파.
구름 : 울지 마. 때가 되면 너를 맞으러 오는 사람이 있을 거야. 힘을 내.
빨간 사과 : (두 손을 모으며) 겨울이 오기 전에 나를 데려갈 수 있도록 도와주세요.
소년 : 사과야! 왜 울고 있니?
빨간 사과 : 너무 외롭고 슬퍼요.
소년 : 걱정하지 마라. 내가 데려가 줄게.
까마귀 : 깍. 깍. 그 사과는 내 거야 건드리지 마.(사과를 향해 공격한다)
빨간 사과 : 저를 도와주세요. 빨리요.
소년 : (나무에 올라 손을 뻗으며) 걱정하지 마. 다 되었다. 상처가 많이 났구나. 이제는 아프지 않을 거야.
빨간 사과 : (소년의 품에서 미소를 지으며) 너무 행복해요.
끝 ~

동극 포스터

포스터를 만드는 유아들

동극 공연

동극 공연을 마치고

생각나누기

언어지도

Chapter

13

프로젝트 접근법을 통한 언어교육

영유아교육기관에서 유아들과 경험할 수 있는 프로젝트 접근방법으로 유아의 언어발달을 도울 수 있다. 13장에서는 '병원'을 주제로 유아들과 함께한 프로젝트 활동을 소개하고자 한다.

메아리

속담 및 격언

바늘도둑이 소도둑 된다.

그림책 소개

생각연필
이보나 흐미엘레프스카(2011) – 논장

용기 모자
리사 데이크스트라(2014) – 책과콩나무

틀려도 괜찮아
마키타 신지, 하세가와 토모코(2006) – 토토북

예비교사들의 언어에 대한 표현

언어는 느낌의 표현이다.
(책을 읽고 자신의 느낌 말하기)

희망을 추구하는 동화와 주문

작은 눈덩이의 꿈
이재경(2016)
시공주니어

루프리텔캄(Roopretelcham)
모든 것을 이루어지게 하는 주문.

1 프로젝트 접근법

'프로젝트'란 한 명 또는 그 이상의 유아가 이행하는 특정 주제에 대한 깊이 있는 연구(Katz & Chard, 1996)로 정의되는데, 유아 스스로 흥미 있는 문제를 제기하고 자신의 결정과 선택에 의해 제기된 문제를 탐색하는 활동이다. 이러한 과정을 통해 유아는 지식이나 기능뿐 아니라 정서나 도덕심, 심미감 등을 발달시킬 수 있다.

프로젝트 접근법은 다음을 목적으로 한다.

① 프로젝트 접근법은 유아가 자신의 주변 세계에 대한 이해를 증진시키고, 학습에 대한 긍정적 태도를 발전시키기 위한 것이다.
② 프로젝트 접근법은 교사들이 현재 영유아교육기관에서 하고 있는 유아교육의 여러 활동들을 대체하고자 하는 것이 아니라, 체계적 교수나 자발적 놀이를 통해 학습한 내용을 프로젝트 활동으로 보완하여 균형 있는 교육과정을 만들고자 하는 것이다.
③ 교과영역의 한계로부터 유아를 자유롭게 하여 교육기관에서의 학습과 유아의 삶이 분리되지 않도록 교육을 생활과 연결시킨다.
④ 프로젝트 접근법은 유아가 교실을 하나의 공동체로서 경험하도록 하여 공동체의식 및 집단에 대한 소속감을 발달시킨다.
⑤ 교사가 도전하는 정신을 가지고 자신의 일을 수행하도록 한다.

프로젝트 접근법은 단원이나 학습주제를 교사가 미리 계획하고, 그것에 충실하게 진행하는 교사중심 교육과정이나, 놀이중심으로 전적으로 유아에게 일임하는 방임적인 교육형태와는 구별된다. 교사는 발달영역이나 교과영역, 흥미영역 간의 통합을 추구하는 교육과정에서의 통합적 접근을 시도하여야 한다. 이를 통해 유아들의 창의적이고 확산적인 사고와 문제해결력 및 협동심을 기를 수 있는데, 프로젝트 활동은 토론식 수업과 그림 그리기나 구조물 만들기를 통한 표상활동, 그리고 기록과 전시를 통한 회상활동의 세 부분으로 구성된다.

1) 도입단계 – 토론식 수업

도입단계는 토론식 수업으로 진행되며 프로젝트 접근에 의한 수업의 시작 단계이다. 토론식 수업에서는 유아들이 소집단으로 모여 주제를 선정하는 것에서부터 선정한 주제에 대한 구체적인 활동사항을 논의하는 과정까지로 극 놀이나 구조물 만들기, 견학 등의 구체적 표상

활동을 실행하기 이전까지의 활동을 의미한다. 이 단계의 진행과정은 브레인스토밍, 분류, 주제망 짜기, 정보의 공유와 유아가 주도하는 이야기 나누기 활동 등으로 이루어진다.

(1) 브레인스토밍(Brain Storming)

소집단으로 모여 주제와 관련하여 각자 생각나는 것을 말하여 종이에 쓰거나 그려보는 활동으로 주제에 대한 유아의 이해도를 알아볼 수 있다. 예를 들어, 유치원에 대해서 생각해 볼 때 유아들은 선생님, 원장 선생님, 친구들, 쌓기, 놀잇감, 놀이터, 미끄럼, 시소, 그네, 인형, 퍼즐 등의 유치원과 관련된 단어들을 도출해 낼 수 있을 것이다.

(2) 분류(Grouping)

분류는 브레인스토밍을 통해 모은 단어들을 유사하거나 차이가 나는 사항을 기준으로 여러 집단을 구성하도록 묶어 보는 것이다. 이를 통해 새로운 정보를 교환할 수 있으며 분류 능력을 길러 준다. 예를 들어, 유치원과 관련된 단어들을 미끄럼틀, 시소, 그네 등은 놀이터로 분류하고 인형, 쌓기, 퍼즐 등은 놀잇감으로 묶어 분류하며 선생님, 원장 선생님, 친구들은 유치원에서 만나는 사람으로 분류할 수 있다.

(3) 주제망 짜기(Topic Webing)

분류된 것을 기초로 주제에 대해 구체적인 소주제로 연결시키는 활동이다.

(4) 정보의 공유(Sharing Information)

각 소집단으로 진행된 토론사항을 전체 유아 앞에서 발표함으로써 토론 내용을 함께 나누고 정보를 교환 평가하는 활동이다.

(5) 보여 주고 말하기와 질문하고 대답하기

교사가 아닌 유아가 주도적으로 이끄는 이야기 나누기 활동으로 유아가 주제와 관련된 자료(책, 사진, 실물, 비디오테이프 등)를 교육기관에 가지고 와서 친구들에게 보여 주고 설명하는데, 다른 유아는 이를 듣고 궁금한 것을 묻고 대답하는 활동이다. 이를 통해, 유아는 창의적이고 확산적인 생각을 기르고, 친구들과 원활한 상호작용을 하게 된다.

2) 전개단계 – 표상활동

프로젝트 접근에 의한 수업의 전개단계에서는 표상활동이 중심이 되어 진행된다. 유아들이 프로젝트 주제와 관련한 토론에서 알게 된 주제에 대한 사항을 그림이나 구조물로 표현함으로써 유아들이 자신의 생각을 언어로 표현하였을 때에는 미처 발견하지 못하였던 내재된 생각들을 밖으로 표출시키고, 이를 눈으로 확인하도록 도와주는 활동이다. 이를 위해 미술영역이나 작업영역에 여러 가지 재료를 비치하고 다양한 표현방법을 개발하여 유아가 자신의 생각을 마음껏 표현하도록 격려하는 것이 요구된다.

3) 마무리 단계 – 기록 및 전시를 통한 회상활동

유아들의 활동을 통해 돌출한 결과물들과 유아들의 활동과정을 사진이나 비디오로 기록한 사항을 전시함으로써 유아가 이전의 활동으로 돌아가 회상해 보고, 새롭게 습득한 지식과 경험을 재인식하며, 이미 경험한 지식을 구조화시키는 활동이다. 전시물을 부모나 다른 반 유아들에게 공개함으로써 유아들의 프로젝트 활동을 부모나 다른 반 유아들과 공유할 수 있다.

2 병원 프로젝트 활동

유아들과 함께 진행한 프로젝트 사례를 제시하여 프로젝트 활동에 대한 이해를 돕고자 하는데, 유아들이 활동을 하면서 관심을 가지게 된 병원에 대해 계획된 활동을 소개하면 다음과 같다.

1) 준비과정 – 교육활동 계획의 수립

'병원'은 '건강한 몸과 마음' 또는 '지역사회'에서 다룰 수 있는 주제로 유아들이 일상적으로 경험하는 일이다. 병원놀이를 하던 유아들이 병원에 대해 보다 자세히 알아보기를 원하여 '병원' 프로젝트 활동을 계획하였다.

(1) 주제 선정 이유

유아들에게 건강한 생활습관을 형성시키고자 인간의 건강과 밀접하게 관련되는 병원에 대한 프로젝트 활동을 계획하였다. 이를 통해 질병의 예방과 치료, 건강한 몸의 관리를 담당하고 있는 병원을 소개하여 건강한 몸과 마음을 가지도록 돕고자 한다.

(2) 기대되는 교육효과

우리의 건강과 밀접한 관계가 있는 기관 중, 병원에 대하여 탐구활동을 통해 유아 자신과 주변 사람들의 건강에 관심을 가지고 효과적으로 질병에 대처하는 능력을 배양한다.

(3) 환경 구성의 계획

병원 프로젝트 활동을 위해 환경을 구성하였는데, 유아들의 병원에 대한 이해를 돕고자 전시물과 실물을 준비하여 소꿉영역을 병원으로 구성하고 현장견학도 가도록 계획하였다.

① **전시물**: 각 과에서 치료하고 있는 모습 사진
각 병·의원의 안내 카탈로그
병의 예방과 치료에 대한 신문자료
신약 개발기사
치료약 사진이나 포장지
질병 환부 사진

② **실물**: 병원에서 사용되고 있는 도구(붕대, 약품, 가제, 핀셋, 청진기, 인체 모형, 인공치아, X선 사진 등)

③ **소꿉놀이 영역의 구성**: 접수처, 진찰실, 검사실, 촬영실, 의사, 간호사 가운과 모자, 진료카드

④ **현장 조사**: 병·의원, 약국, 의료기 센터

2) 활동과정 - 프로젝트 활동의 전개

병원에 대한 프로젝트 활동을 전개하면서 유아들과 병원에 대한 경험을 말하게 하고, 병원에 대한 생각을 모아 주제망을 구성하였다.

(1) 도입단계

① 경험 나누기

아팠던 경험이 있는 유아들이 자신이 아팠을 때의 경험, 병원에 갔을 때의 경험, 병원에서의 치료과정, 접수, 치료, 주사를 맞았을 때의 느낌, 입원 경험, 약을 먹은 경험 등에 관한 이야기 나누기를 통해 병원에 대한 공통된 경험을 나눈다.

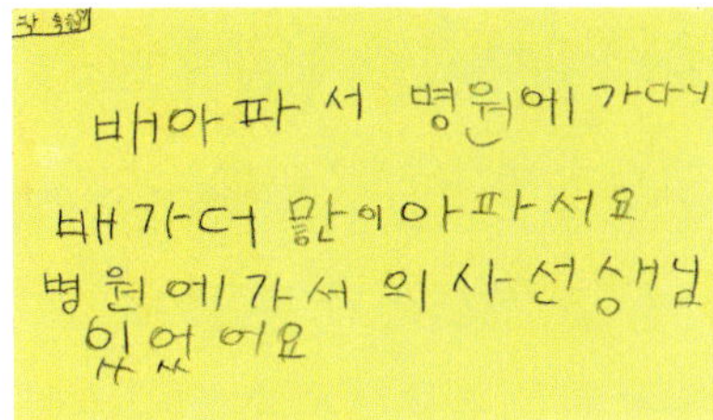

② 책 만들기

유아들이 경험한 진료과에 대한 이야기를 나누고 진료과와 그 때의 경험을 책으로 만들었다.

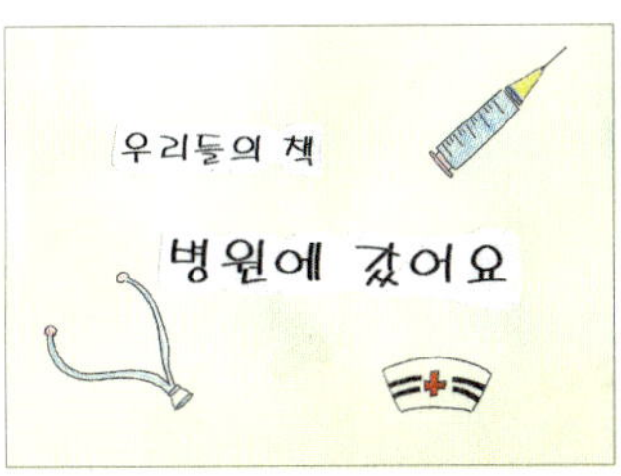

③ 생각 모으기 및 주제망 구성

유아들에게 병원에 관하여 생각을 하게 한 후, 이를 유목화시키는 과정에서 자신이 쓴 단어를 읽어 보고 칠판에 유아들의 병원에 관한 생각을 적은 종이를 붙이게 하고 이를 관련 유목으로 분류하였다.

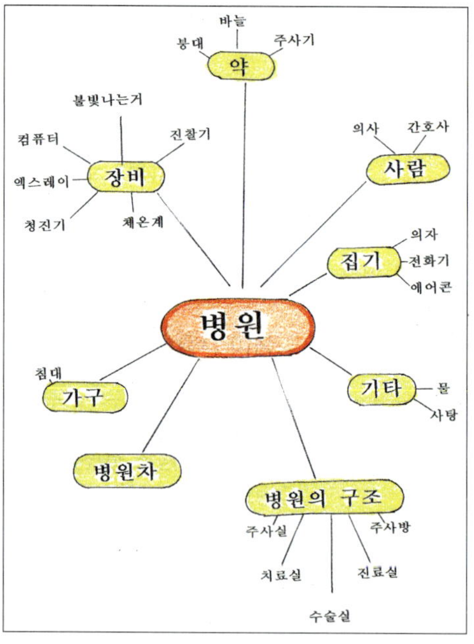

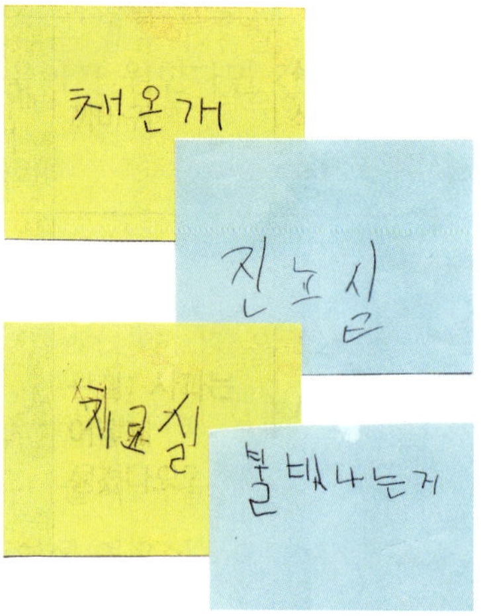

(2) 전개단계

병원을 견학함으로써 유아들의 경험과 사고를 확장시켰다.

① 견학 전 활동

'병원'에 관해 알고 싶은 것, 보고 싶은 것, 하고 싶은 활동, 자신이 관심 있는 클리닉의 목록을 작성한다.

② 병원 견학

병원에서 일하시는 분들과 병원에서 사용하는 도구, 진료과 등에 관심을 갖고 관찰한다.

③ 견학 후 생각하기

- 안 아픈 주사를 만들 수 없을까?
- 병원에서는 이런 것이 불편할 것 같아요.
- 일하시는 분들에 대한 고마운 마음 갖기
  (재활원 자원봉사자, 119구조대, 의사, 간호사……)
- 몸이 불편한 친구에게 관심 갖기

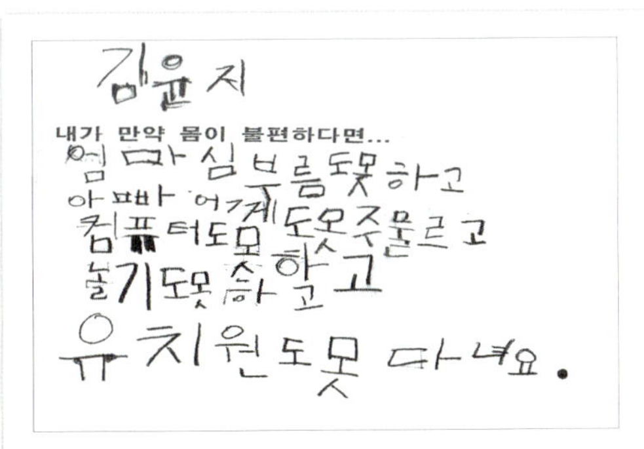

내가 만일 휠체어를 탄다면

내가 만일 목발을 짚고 있다면

(3) 마무리 단계

① 사랑을 나누어요

'사랑을 나누어요'라는 활동을 통해 아픈 환자와 장애인을 생각하고 이들을 돕기 위한 것이 어떤 것들이 있나 이야기해 보았다. 특히, 장애체험을 통해 이들에게 필요한 것이 무엇인지를 경험하게 하였다.

② 전시물 관람

병·의원 기구, 약품, 의료기, 클리닉 안내장, 의료보험카드, 처방전 등 병원자료 전시물과 유아들이 작업한 결과물 등을 전시하고 다른 반 친구들을 초대하였다.

생각나누기

언어지도

Chapter

14

장애 아동을 위한 언어교육

일반 아동들과 마찬가지로 장애 아동들도 말하고, 듣고, 읽고, 쓰는 것을 자연스럽게 경험하게 되면 언어를 쉽게 습득할 수 있다. 그러나 상황에 따라서 아동이 가지고 있는 특수한 장애 때문에 장애 아동의 언어학습은 어렵고 복잡한 과정이 될 수 있으므로, 이들의 언어발달을 강화하기 위해서는 아동의 장애유형에 따른 언어교육의 효율적이고 일반적인 정보나 안내가 필요하다.

아동이 가지고 있는 장애가 어떻게 언어발달에 영향을 미치는지를 아는 것은 장애 아동들의 언어교육을 위한 첫걸음이 된다. 14장에서는 장애유형에 따라 아동이 보이는 언어발달에서의 일반적인 특성과 그에 따른 지도방법을 소개하고자 한다.

메아리

속담 및 격언

낫 놓고 기억자도 모른다.

그림책 소개

엄마가 화났다
최숙희(2011) – 책읽는곰

소피가 화나면, 정말 정말 화나면
몰리 뱅(2013) – 책읽는곰

화가 난다, 화가 나!
티머시 내프먼(2021) – 제제의숲

예비교사들의 언어에 대한 표현

언어는 신문읽기다.
(신문을 보며 아는 글자를 찾고 읽기)

희망을 추구하는 동화와 주문

밀어내라
이상옥, 조원희(2019) – 한솔수북

아이스쿨라피우스(Aesculapius)
'아픔을 잊게 해준다'는 주문이라고 한다.

1 장애유형에 따른 언어행동 특성

아동의 장애유형에 따라 서로 다른 언어행동과 행동특징을 보이는데, 이를 살펴보면 다음과 같다.

1) 청각장애 아동

청각장애를 가진 아동들은 언어의 듣기와 말하기 영역에 어려움을 겪는다. 일반적으로 아동들은 언어를 들음으로 언어를 배우게 되는데, 청각 장애아의 경우는 들을 수 없기 때문에 그들이 구어적 대화기술을 발달시키기가 어렵다.

2) 시각장애 아동

시각장애를 가진 아동들은 일반적인 대화방법으로 읽거나 쓸 수가 없다. 그들은 대화를 할 때 눈짓이나 표정으로 소통하는 것이 어려워 대화의 경험 폭도 제한되기 때문에 말하기를 잘 배우는 것도 어려울 수 있다. 그러나 듣기 기술은 예민하며 정확하다.

3) 신체장애 아동

신체장애를 가진 아동들은 머리나 목 또는 신체의 다른 부분에 부착된 보조기 때문에 말하는 것이 어려울 수 있다. 또한 손상된 운동기술들은 신체장애 아동들의 쓰기 기술의 발달에 영향을 줄 수 있다.

4) 정신지체 아동

정신지체 아동들은 같은 연령의 아동들에 비해 발달이 뒤처져 있다. 따라서 아동들의 말하기, 듣기, 읽기, 그리고 쓰기 영역 등 모든 면에서 언어기술들이 종종 더 나이 어린 아동들의 수준에 머물기 때문에 언어발달에 어려움을 겪는다.

5) 행동장애 아동

행동장애 아동들은 자연스럽게 언어를 사용하고 정교화 하는 데 어려움이 있다. 소외되고 소극적인 아동인 경우 다른 아동들과 잘 이야기하지 못하며, 공격적인 아동은 그런 행동 때문에 놀이 친구들과 잘 지내기가 어렵다. 활동의 양이 많은 과잉 활동적 아동들은 산만하기 때문에 차분히 앉아서 이야기를 듣지 못하고 부산한 행동을 하기도 한다.

이와 같이 아동의 장애유형에 따라 영향을 받는 언어영역에 차이가 있으므로 그에 따라 적절한 지도방법이 요구된다. 영유아교사 혼자서 장애 아동을 전담하지는 않으며 장애아 통합교실에는 특수교사가 배치되고 있다. 그런데 장애 아동 통합교실에서 장애 아동들과의 활동을 주도하는 사람은 특수교사가 아닌 영유아교사이어야 하므로, 영유아교사는 장애 아동들의 언어발달을 위한 일반적인 지도방법을 알고 있어야 한다.

2 장애 아동의 언어지도방법

언어장애가 심한 아동은 전문가의 도움을 받도록 주선하는 것이 바람직하지만, 전문가에게만 맡겨 놓는다면 영유아교육기관에서 아동들과의 활동을 함께하기가 어려울 수 있다. 영유아교육기관에서 언어발달에 어려움을 겪는 아동들을 돕기 위해서는 다음과 같은 방법을 활용할 수 있다.

1) 언어활동에의 참여기회의 제공

장애 아동들이 풍부한 언어활동에 참여하도록 격려한다. 장애를 가진 아동들은 또래들과 상호작용을 적게 하는 경향이 있다. 따라서 그들은 대화기술의 부족을 경험한다. 장애가 있는 아동들의 대화기술을 촉진시키기 위해 인형을 이용하여 말하도록 유도하거나 극 놀이에 참여하도록 격려한다.

아동이 극 놀이에 적극적으로 참여하기 위해서는 아동이 놀이영역을 둘러보고 그 영역들에 익숙하게 되어야 한다. 장애 아동의 경우 일반 아동보다 환경에 적응하는 데 더 많은 시간이 필요하고 더 많은 교사의 보살핌이 필요한 경우가 많다. 따라서 장애 아동들이 각 영역에 있는 사물들을 탐구할 시간을 충분히 제공하고 아동이 놀이를 하면서 어떠한 역할을 담당하도록 지도한다. 다른 아동들이 그 영역에 있을 때 놀이를 관찰하여 장애 아동이 자연스럽게 어울릴 수 있는 방법들을 모색한다.

특별히 교실에 소속되어 있는 일반 아동들에게 장애 아동이 지닌 어려움을 소개하고, 함께 놀이하며 도움이 필요한 경우 도움을 제공할 수 있도록 장애체험활동을 계획해 본다. 이때 장애 아동을 동정의 대상이 아니라 일반 아동들과는 조금 다른 방법으로 신체를 사용한다는 것을 인정하도록 지도하는 것이 중요하다.

2) 장애 아동의 반응 격려

장애 아동들이 다른 아동들에게 반응을 하도록 격려한다. 장애 아동들은 때때로 그들의 목소리나 표정에 변화 없이 타인에게 반응을 하는 경향이 있다. 이런 무표정이나 무응답식의 반응은 또래들로부터의 적극적인 재반응을 이끌어 내지 못하므로 호감을 얻지 못하는 원인이 될 수 있다. 장애 아동들에게 '안녕'이라고 다른 아동이 말을 할 때, 장애 아동이 미소를 지으며 친근한 몸짓을 하도록 지도하는 것은 다른 아동들과 상호작용하는 데 긍정적인 결과를 얻도록 도와준다. 또한, 또래의 다른 아동들이 장애 아동들에게 이야기를 건네고 반응하며 놀이를 함께하도록 교사는 놀이상황을 잘 관찰하여 필요한 개입을 하며 장애 아동의 놀이를 지도한다. 장애 아동들이 천천히 반응하고 분명치 않게 이야기할 때, 교사는 장애 아동이 자책을 느끼거나 말하는 것을 망설이게 하지 않는 범위에서 해설자 역할을 한다.

3) 언어모델의 제공

교사는 장애 아동을 위해 언어의 모델이 되어야 한다. 교사는 장애 아동들을 관찰하고 그들과 상호작용하면서 아동의 행동을 자연스럽게 서술한다.

"너는 모래밭에서 모래를 파고 있구나.", "삽으로 큰 구멍을 만들었니?"와 같은 교사의 서술은 영유아의 행동을 묘사해 주고 행동의 의미를 알게 한다. 장애 아동의 행동을 설명해 주는 것과 같은 방법으로 교사는 자신이 하고 있는 행동을 자연스럽게 이야기해 준다. 예를 들면, 영유아의 신발 끈을 묶는 것을 도와주는 경우 교사는 "끈의 길이가 같도록 대보고 있어.", "이번에는 두 끈을 서로 이렇게 묶는 거야." 등의 언어표현을 하면서 자연스럽게 교사가 하고 있는 일을 이야기해 준다.

4) 단어학습을 위한 경험의 제공

장애 아동들이 사물과 개념을 위한 단어들을 학습하도록 구체적인 경험을 사용한다. 구체적인 경험을 통해 단어의 의미를 알려 주는 것은 정신적으로 지체된 아동들을 지도할 때 매우 중요하다.

장애 아동이 간식을 먹고 난 후에 먹은 것을 치우거나 놀이영역에 있는 장난감들을 치울 때, 또 아동 자신의 손을 닦을 때, '치우다', '깨끗하다'는 단어를 알려 준다면 장애 아동은 쉽게 단어의 의미를 이해할 수 있을 것이다. 아동이 부드러운 베개를 만질 때 들려주는 언어자극을 통해 단순히 '베개는 부드럽다'라고 말할 때보다 더 잘 부드럽다는 의미의 뜻을 배울 수 있을 것이다.

5) 흥미로운 언어활동의 제공

언어사용에 흥미와 즐거움을 더해 주기 위해 이야기, 노래, 손 유희 등을 사용한다. 책이나 동시 또는 노래에서 반복되는 재미난 운율 구절은 장애 아동들이 언어의 운율적 패턴들을 인식하도록 돕는다. 아동들은 이야기 속에서나 노래에서 새로운 단어들을 습득하며 자신감도 얻는다.

6) 언어사용 기회의 제공

장애 아동들이 언어를 사용해야 하는 상황을 만들어 준다. 장애 아동들의 일상생활을 관찰하면서 그 아동에게 교육기관의 다른 어른에게 교사의 이야기를 전달하도록 부탁하거나 다른 유아와 이야기할 수 있는 자연스러운 상황을 만든다. 장애 아동들이 일반 아동들과 실외놀이 시간이나 극 놀이 시간에 대화를 시도하도록 교사의 적절한 중재와 세밀한 관찰이 요구된다. 또한 장애 아동이 사용하는 단어에 긍정적 반응을 보이면서 조금 더 발달된 언어기술의 사용을 격려한다. 만일 장애 아동이 "공놀이 하자."라고 말했다면 "나는 너와 공놀이 하고 싶어!"라고 말을 확장시킬 것을 격려한다. 만일 장애 아동이 올바르게 언어를 사용하지 못했다면 부드러운 어조로 그 말을 바른 문법을 사용하며 되풀이해 준다. 예를 들어, 장애 아동이 "어젯밤에 잠 안 잔다."와 같이 말했다면 "그래, 너는 어젯밤에 잠을 못 잤구나. 괜찮니? 무슨 일이 일어났구나."와 같이 긍정적 반응을 하면서 아동의 언어경험을 확장시킬 수 있다.

7) 다양한 언어의 소개

일반 아동들에게 언어에는 다양한 종류가 있다는 것을 이해하도록 돕는다. 우리의 한글 이외에 영어나 중국어, 스페인어 등 외국어도 있으며, 그러한 언어의 한 종류로 수화와 점자가 있다는 것을 소개한다.

수화는 청각 장애자들과 의사소통을 위한 언어이며, 점자로 된 책은 시각 장애자들의 글자임을 아동들이 이해하도록 돕는다. 교사는 수화를 가르치거나 시각장애 아동의 언어를 이해하거나 발달시킬 수 있는 점자로 된 책 자료들을 도서영역에 비치해 줌으로써 이를 소개할 수 있다. 일반 아동들은 수화를 배우거나 점자로 된 책이나 타자기 등을 보면서 그들의 장애 친구들의 언어나 의사소통 과정들을 점차 이해하게 된다.

3 다른 언어의 예

우리가 쓰는 언어 이외에 시각적으로나 청각적으로 장애가 있는 경우에 사용할 수 있는 수화와 점자에 대해 알아보고자 한다.

1) 수화

수화(sign language, 手話)는 소리 대신 손짓을 이용해서 뜻을 전달하는 언어의 일종이다. 대부분의 경우 청각 장애인들이 사용한다. 수화는 각 나라나 지역에 따라 차이가 있으며, 대체로 각 지역의 음성언어와도 자유롭게 상호 호환이 되지 않는다. 하지만 음성언어들 사이에 존재하는 공통점보다는 수화들 사이에 존재하는 공통점을 찾기가 쉽다.

음성언어에서는 음소를 통해 의미가 표현되는 것처럼, 수화에서는 손의 모양, 손바닥의 방향, 손의 위치, 손의 움직임, 얼굴 표정 등을 통해 그 의미가 표현된다. 청각 장애인들은 의사소통을 하는데, 생각이나 감정을 표현하는 데 있어서 건강한 청각능력을 소유한 사람들과는 달리 수화를 사용한다. 몇 개의 수화를 소개하면 다음과 같다.

안녕하세요.

양손을 주먹 쥐고 밑으로 살짝 내린다.

반갑습니다.

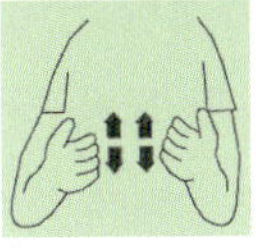

양손을 'ㅂ'자로 해서 엇갈리게 움직인다.

좋다.

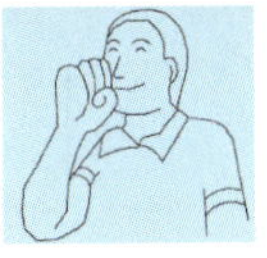

오른 주먹을 코에 댄다.

수화 알파벳

2) 점자

점자(braille points, 點字)는 지면에 볼록 튀어나오게 점을 찍어 손가락 끝의 촉각으로 읽을 수 있도록 만든 데서 점자라고 하며, 시각장애인이 사용하는 문자이다. 점자는 점선으로 일반 문자 모양을 그리지 않고 독자적인 문자체계를 지니고 있다. 즉, 여러 가지로 배열된 크고 작은 여섯 개의 점을 모아 맞추어 문자 및 부호를 나타내고 있다.

현재, 세계 각국의 표음문자를 쓰는 나라에서는 점자를 그 나라 문자에 맞추어 사용하고 있다. 점자는 '점자판(점자기라고도 한다)'이라는 도구로 점 칸에 송곳처럼 생긴 점필(點筆)을 이용하여 오른쪽에서 왼쪽으로 써 나가며, 읽을 때는 뒤집어서 왼쪽에서 오른쪽으로 읽어 나간다.

다음은 우리 자음과 모음의 점자를 소개한 것이다.

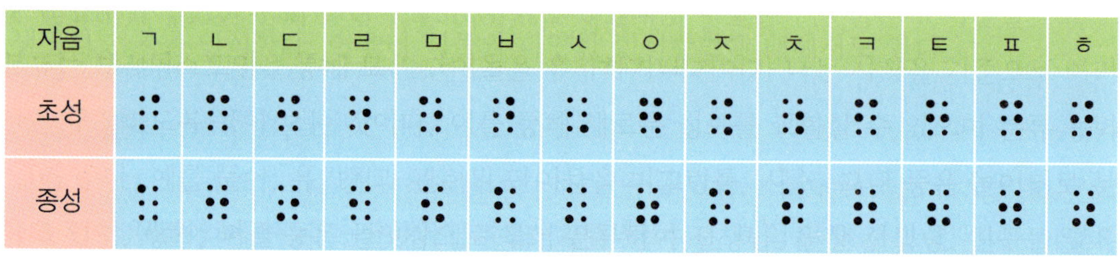

자음 점자

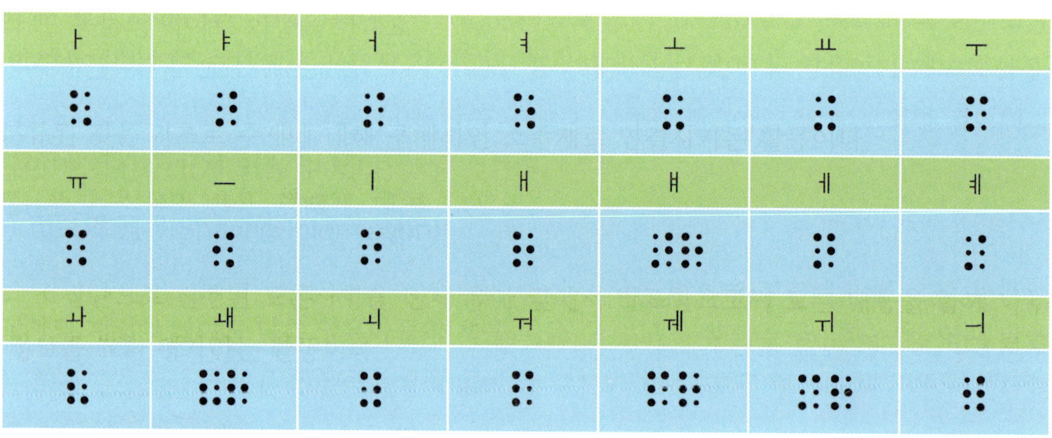

모음 점자

생각나누기

언어지도

Chapter

15

언어교육의 평가

언어교육을 계획하고 활동을 실시한 후에 반드시 따라야 하는 평가과정은 이루어진 활동을 평가하기 위해서라기보다는 보다 더 바람직한 새로운 활동을 계획하는 데 요구되는 사항이다. 15장에서는 정확한 언어교육의 평가가 교육의 질을 높이는 데 기여함을 알아보도록 한다.

메아리

속담 및 격언

서당 개 삼년이면 풍월을 읊는다.

그림책 소개

두 사람
이보나 흐미엘레프스카(2008) – 사계절

가끔 나는...
세라 메이콕(2022) – 해와나무

마음의 집
이보나 흐미엘레프스카(2010) – 창비

예비교사들의 언어에 대한 표현

언어는 다양한 꽃이다.
(꽃의 모양과 색을 알고 그리기)

희망을 추구하는 동화와 주문

꽃들에게 희망을
트리나 폴러스(2013)
분도출판사

디에세오스타(De–aeseohsta)
'내가 날 사랑하게 만든다'는 주문.

1 평가의 목적

평가는 평가 그 자체를 위한 것이 아니라 다음에 보다 나은 활동을 계획하는 데 필요한 정보를 얻기 위해서이다. 평가의 목적을 구체적으로 살펴보면 다음과 같다.

1) 교수 활동의 확인

평가를 통해 계획한 활동이 제대로 진행되었는지를 확인할 수 있다.

2) 개인 능력의 진단

평가를 통해 교사는 영유아의 개인발달에 있어서 저해요인과 학습상의 곤란한 점을 진단할 수 있으며, 성장 발달의 정도와 학습의 성과를 정확히 알 수 있다.

3) 지도 자료의 수집을 통한 새로운 계획의 수립

평가를 통해 교사는 영유아의 언어지도를 위한 지도 자료를 얻을 수 있다. 즉, 영유아에게 적절한 활동을 구성하기 위한 유아의 언어능력과 흥미의 방향, 태도나 습관 등을 정확히 확인할 수 있다. 이러한 자료를 통해 새로운 활동을 효율적으로 계획할 수 있다.

2 영유아 언어능력의 평가

교사는 전체 영유아의 언어수준을 파악하고 동시에 개별 영유아의 언어특징도 이해하여야 한다. 이를 위해 영유아의 언어능력을 평가하여야 한다. 영유아의 언어능력을 평가하는 방법은 여러 가지가 있겠으나, 영유아교육기관에서 활용 가능한 평가방법은 관찰법, 검사법, 포트폴리오 등이다.

1) 관찰법

관찰방법은 전체 또는 개별 영유아의 언어발달 상황을 파악하는 것으로 교육활동 전반에 걸쳐 중요하게 취급된다. 언어영역에서는 영유아들이 보이는 읽기나 쓰기 능력을 관찰할 수 있으며, 영유아교육기관의 일상적인 상황에서 영유아 상호 간의 언어교환이나 교사 또는 부모나 다른 성인과의 언어교환을 관찰할 수 있다.

(1) 관찰계획

전체 영유아를 대상으로 관찰 순서를 정하여 관찰하는 것이 모든 영유아를 고르게 관찰할 수 있게 하므로 관찰계획을 세워 영유아를 관찰한다. 하루에 2~3명의 영유아를 관찰한다면 1~2주 정도면 모든 영유아를 관찰할 수 있으므로 표집관찰을 하는 것이 좋다. 표집관찰은 관찰대상자를 정하여 한 번에 2~3분 정도씩 5~6회 계속해서 관찰하는 방법이다. 한 학기에 학기 초, 중간, 말 등 세 번 정도 관찰하면 영유아 개인의 발달경향도 평가할 수 있다. 최근에는 영유아의 발달상태에 관한 평가기록지를 매달 부모에게 제공하는 영유아교육기관이 늘어나므로 이의 작성에도 활용할 수 있으며 부모상담 자료로도 활용 가능하다.

(2) 관찰기록

관찰에서 중요한 사항은 기록을 남기는 것이다. 관찰결과를 기록하는 방법에는 일화식 기록과 기록표 기록법이 있다. 일화식 기록은 영유아의 어떤 행동을 중심으로 특이한 사항이나 흥미로운 점을 서술형식으로 기록하는 방법이다. 영유아 행동의 전후 상황이나 행동의 질적 특성을 파악하는 데 도움이 된다. 기록표 기록은 관찰해야 할 내용이 미리 작성된 기록표에 관찰한 내용을 기록하는 방법으로, 기록 시간이 짧으며 간편하다는 장점이 있으나 관찰에 적절한 기록표를 제작하거나 준비하는 데 어려움이 있다. 또한 교사의 인상에 근거하여 체크를 하게 되는 경우가 많으므로 영유아 개인의 언어특성을 파악하는 데는 한계가 있다.

2) 검사법

검사법은 인간의 능력, 지능, 기능, 심리적 특성의 정도를 측정하는 것으로, 어떤 조건 하에서 미리 제작된 문제나 작업에 피검사자의 행동과 성과를 비추어 질적·양적으로 기술하는 조직적인 절차의 한 방법이다. 수량화가 가능하다는 장점이 있어 연구에서 많이 사용되고 있다.

검사를 사용하면 영유아의 언어능력을 일정시간에 여러 측면을 조사할 수 있으며, 자료처리도 간편하나 적절한 검사를 구하는 것이 어렵다. 검사법에는 교사제작 검사와 표준화된 검사가 있다.

(1) 교사제작 검사

교사제작 검사는 교사가 영유아 발음의 정확성, 문장 구성력, 문장 반복 능력 등을 검사하기 위해 검사지를 제작하여 사용하는 것을 의미한다. 발음의 평가는 영유아와 대화를 나누는 중에 발음의 정확성 여부를 관찰하고 이를 기록한다. 문장 구성력의 평가는 새로운 단어나 어떤 문장의 구조가 관찰된 일시를 기록하는 방법이며, 문장 반복 검사는 활동 중에 문장을 반복하는 것을 관찰하여 그 수행 여부를 기록하는 방법이다(주영희, 1984).

(2) 표준화 검사

표준화 검사로 개발된 순수 언어능력만을 측정할 수 있는 검사에는 언어 문제 해결력 검사(배소영·임선숙·이지희, 2000)와 언어학습능력 진단검사(여광웅·윤적용·이근애, 1991), 그리고 영유아 언어발달검사(파라다이스복지재단, 2003) 등이 있다(황해익 외, 2004 재인용).

언어학습능력 진단검사는 3~8세의 아동을 대상으로 언어학습능력에 장애를 지닌 아동을 진단하기위한 검사로 아동의 언어학습능력을 측정하고 치료를 위한 교육지침을 세우는 데 활용할 수 있다고 하는데, 미국에서 개발된 언어검사를 번안하여 일본 아동을 대상으로 한 규준을 제시하고 있으므로 엄밀한 의미에서 우리 아동들에게 적용할 수 있는 표준화 검사는 아니라고 판단된다.

언어 문제해결력 검사는 5세부터 12세 아동을 대상으로 언어를 통한 문제해결능력의 측정을 목적으로 개발되었다. 언어장애 아동의 의사소통능력을 평가하는 데 사용할 수 있는 검사로 17장면의 그림에 대한 50개 문항의 질문으로 구성되어 있으며, 756명을 대상으로 표준화를 목적으로 검사를 실시하여 규준을 제시하고 있다.

영유아 언어발달검사는 4개월에서 35개월 된 영유아를 대상으로 이들을 돌보는 주양육자가 영유아의 언어행위를 관찰하고 판단하여 '예/아니요'로 응답하도록 만든 검사이다. 영유아의 전반적인 언어능력을 평가하기 위해 고안되었으며 영유아의 의미-인지능력, 음운능력, 구문능력, 화용능력 등을 이해하고 표현하는 수준을 평가하기 위해 수용 언어검사 56개 문항, 표현 언어검사 56개 문항으로 구성되어 있다. 서울, 경기, 강원, 충청, 전라, 경북의 6개 지역에서 1,000명의 영유아를 대상으로 검사를 실시하여 규준을 마련하였다.

표준화 검사를 영유아들에게 적용할 때는 검사를 선택하기 이전에 교사는 검사의 타당도와 신뢰도를 조사하여야 하며, 표준화 과정을 검토하여 규준의 적절성 여부를 판단하여야 한다. 영유아의 능력을 검사로 평가하는 데 문제의 소지가 있으므로 표준화 검사를 적용하여 영유아의 능력을 판단하기 위해서는 검사에 대한 철저한 검토가 요구되며 전문가와 상의하고 다른 여러 검사 자료들과 함께 검토하여 최종판단을 하여야 한다.

(3) 검사법의 문제

검사는 여러 가지 상황에서 아동에게 중요한 교육적 의사결정을 내리는 데 이용되며, 아동의 교육 가능성을 제한하는 경우가 많아 영유아나 저학년 아동에게 사용될 경우 문제가 심각하다. 어린 아동은 개인차가 많고 성장이 불규칙하여 학습에 필요한 기술을 습득하는 데 유동적인 단계에 있는데, 이때 검사를 통해 실패라는 판정을 받는 것은 심리적 상처를 줄 수도 있다(이은해 역, 1992). 따라서 영유아의 경우 표준화 검사를 사용하기보다는 목적과 일치되는 개방식 질문이나 교사가 중심이 되는 교실환경에서의 평가 등이 대안적 방법이 될 수 있으며, 포트폴리오도 그 중 하나이다.

3) 포트폴리오

포트폴리오는 영유아가 만든 작품을 모아둔 작품집을 이용한 평가방식이다. 작품집 속에 포함되는 기록들은 많은 영유아교육 프로그램에서 중요한 위치를 차지하여 왔는데, 특히 프로젝트 교육과정에서 강조되고 있다. 즉, 포트폴리오는 어떤 영역에서 보이는 영유아의 노력, 진보적인 변화와 성취 등을 파악하기 위하여 영유아의 작품을 의도적으로 수집하는 것을 의미하며, 일정한 간격을 두고 영유아의 성취 정도를 판단하게 하고, 영유아의 발달적 진보에 대한 장기적인 기록을 제공하여 학습과 발달을 위한 평가와 지침의 기초를 제공한다(이정환·김지영, 1996; Paulson, Paulson & Meyer, 1991). 즉, 잘 수집된 포트폴리오 자료를 통해 영유아의 전반적인 발달적 변화를 파악할 수 있다. 이를 위해 영유아의 가정배경, 교사의 관찰자료, 교사의 영유아나 부모 상담자료 등 모든 것을 포함하여야 하나, 본 장에서는 영유아의 작업 결과물의 표본만을 기준으로 포트폴리오 자료를 설명하겠다.

(1) 포트폴리오 자료의 수집

영유아의 그림, 글자 기록, 녹음테이프, 사진 등과 같은 작업 샘플을 체계적으로 수집하여 유아의 현재 수행정도를 평가하고 과거의 작품들과 비교함으로써 발달 정도를 알 수 있다. 잘 수집된 영유아의 기록은 영유아의 학습을 증진시켜 주고, 조심해서 다루어지는 작품들은 영

Emma가 Sandi에게 보낸 카드

유아들에게 자신의 작업을 진지하게 수행하도록 격려하며, 표준화 검사로 얻을 수 없는 영유아의 진보에 대한 증거를 제공해 준다(Katz et al., 1996). 특히, 영유아의 평가와 성장에 있어 교사와 영유아가 적극적으로 참여할 수 있으며, 수행정도에 대한 정보를 저장하고 해석하는 데 영유아가 관여할 수 있다. 학습의 과정과 결과를 동시에 중요시한다는 것이 포트폴리오의 철학이다.

포트폴리오는 영유아들을 서로 비교하기 위한 것이 아니며, 장기간에 걸쳐 개인의 진보하는 기록을 수집하는 것으로 영유아의 작업에 초점을 맞추게 하며, 부모와 교사가 의사소통을 하는 자료로 활용될 수도 있다(Evans, 1993; Grace, 1992). 포트폴리오를 구성할 때 중요한 점은 교사가 어떤 종류의 결과물을 포함시킬지에 관한 분명한 개념을 가지고 있어야 한다는 것이다.

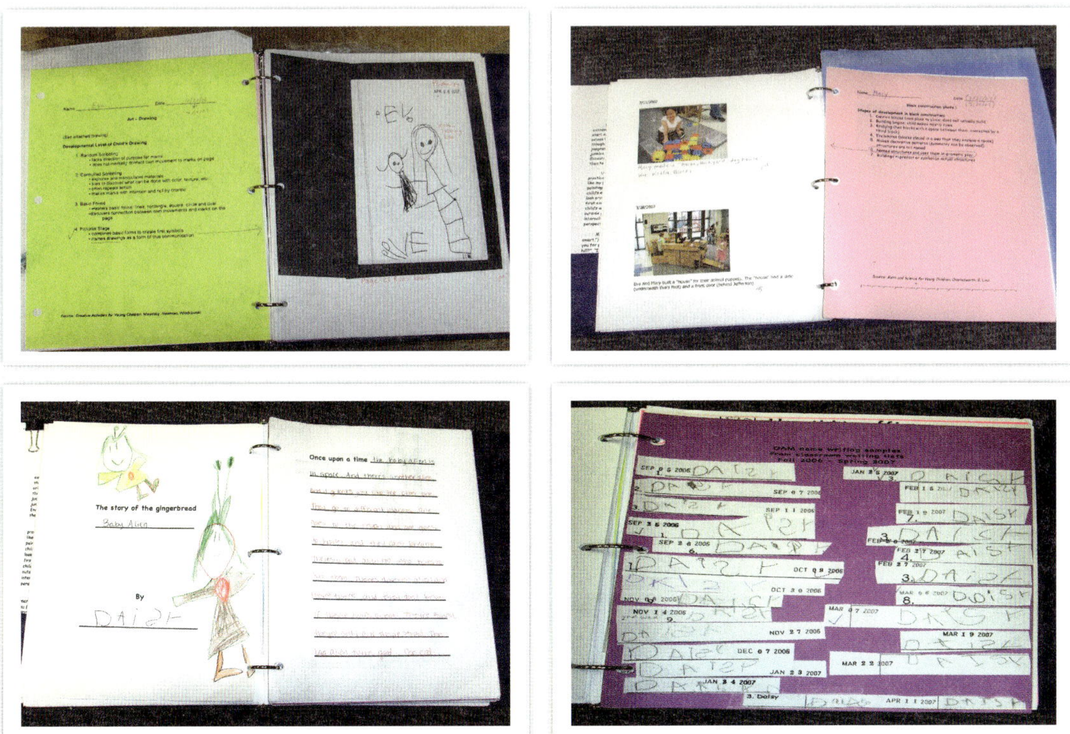

포트폴리오 파일의 자료들

(2) 포트폴리오 구성할 때 고려할 사항

포트폴리오를 수집하는 기준과 주의할 사항을 제시하면 다음과 같다(이정환 등, 1996; Paulson et al., 1991; Decker et al., 1992).

① 포트폴리오에 포함되는 결과물은 학습자가 선택하며, 학습자에게는 의미가 있어야 함은 물론 교사나 부모, 또래 간에 공유되는 의미를 표현하는 매체이어야 한다.

② 포트폴리오에 포함되는 결과물은 모든 분야의 다양한 맥락에서 전 교육과정을 통해 지속되는 발달과 학습을 반영하는 누적적 자료이어야 한다.

③ 포트폴리오에 포함되는 결과물은 교수목표와 관련이 있으며, 수행에 대한 수준을 분명히 반영하는 것이어야 한다.

④ 포트폴리오에 포함되는 결과물에는 작업 일시와 그 작업이 수행될 때의 배경이나 맥락을 함께 기록해 두는 것이 좋다.

⑤ 포트폴리오에 포함되는 결과물은 영유아에게 학습이 일어나도록 하는 기회를 제공하여 영유아 자신의 특성을 잘 반영하는 것을 선정한다.

⑥ 포트폴리오에 포함되는 결과물은 영유아가 자신의 기준에 의해 선정하여야 한다. 작품수집의 목적이나 내용, 선정기준이나 판단과정 등을 활동으로 포함시켜, 영유아가 작품을 선정하는 과정을 통해 학습자로 자신을 인식하고 자기 작품에 대한 가치와 애정을 느끼게 한다.

⑦ 포트폴리오에만 의존하여 영유아를 평가하는 것이 영유아의 발달을 제대로 평가할 수 없을 수도 있으므로 다양한 측정도구와 함께 사용한다. 즉, 포트폴리오는 한 프로그램에서 한 영유아가 보인 전체적 진보의 그림을 얻기 위한 영구기록이므로 영유아의 작품 이외에 교사 관찰기록, 체크기록표, 영유아 작업샘플, 부모 상담기록, 주요 검사결과, 심리 평가기록 등이 포함되어야 한다.

3 언어활동에 대한 평가

언어활동이 이루어지고 나면 각 활동에 대해 영유아나 교사가 활동에 어떻게 참여하고, 어떤 것을 배우고, 어떤 느낌이었는지에 대해 영유아와 교사 각자의 평가가 이루어져야 한다.

1) 영유아의 활동평가

영유아에게 활동에 참여하고 난 후의 느낌이나 흥미도, 성취 등에 대해 자기평가를 하도록 하면 교사의 주관적 평가와는 다른 사항을 발견할 수도 있고, 다음에 새로운 활동을 계획하는 데 도움이 된다. 또한 영유아가 관심이 있거나 선호하는 활동의 유형을 파악할 수 있다.

활동을 할 때마다 매번 모든 영유아가 활동한 내용을 평가할 필요는 없으나, 한 단원이나 주제의 활동평가에는 모든 영유아가 골고루 참여할 수 있도록 배려하여야 한다. 교사가 활동을 진행하는 과정에서 열심히 참여하는 영유아와 그렇지 않은 영유아를 선별하여 우선 평가를 하게 하면 그 활동에 대한 많은 정보를 얻을 수 있다.

평가방법은 영유아가 하는 이야기를 교사가 기록하거나 또는 그림이나 스티커를 이용하여 영유아가 직접 활동에 대한 영유아 자신의 인상을 평가하는 방법이 있다.

2) 교사의 활동평가

교사 역시 교육활동을 하고 난 후 그 활동에 대한 평가를 하여야 활동에서 범할 수 있는 실수를 줄일 수 있다. 다음의 항목을 평가하면 좋은 활동을 계획하는 데 도움이 된다.

① 활동이 교육목표나 일일 활동의 주제, 주간 주제나 단원 등과 부합하는가?
② 활동의 수준이 영유아에게 적절하였는가?
③ 준비된 교구가 영유아의 수준에 적절하였는가?
④ 교구는 모든 영유아가 참여할 수 있도록 충분히 준비되었는가?
⑤ 영유아들이 보인 활동에 대한 흥미 정도, 반응 정도는 기대한 수준이었는가?
⑥ 활동에서 계획한 목표를 달성하였는가?

활동계획안을 작성할 때 평가란을 두고 이곳을 이용하여 영유아의 반응이나 활동과정, 활동에 필요한 준비사항 등을 간략히 기록해 두면 다음번에 활동을 계획하는 데 도움이 된다.

4 교사의 자기평가

영유아에게 도움이 되는 언어활동을 계획하고 실행하기 위해 교사는 활동을 위한 사전 계획과 교구의 준비, 교수방법, 영유아의 반응 등에 대한 정직한 자기평가를 하여야 한다.

다음은 활동에 대한 교사의 자기평가 기준이다. 이러한 문항에 대해 스스로 평가함으로써 좋은 교사로 성장해 갈 수 있다.

① 활동을 위한 준비는 제대로 되어 있었는가?
② 활동을 하기에 적절한 환경이 마련되어 있었는가?
③ 교육목표와 활동이 일치하였는가?
④ 적절한 교수방법을 사용하였는가?
⑤ 영유아의 흥미를 지속시키기 위해 노력하였는가?
⑥ 영유아의 참여를 충분히 유도하였는가?
⑦ 영유아에게 가치가 있는 활동이었는가?
⑧ 영유아를 격려하고 존중하였는가?
⑨ 영유아에게 활동을 위한 충분한 시간을 제공하였는가?

생각나누기

PART 02

영유아 언어교육의 실제

참 좋은 말

김완기 작사, 장지원 작곡

사랑해요 이 한마디 참 좋은 말
우리식구 자고 나면 주고받는 말
사랑해요 이 한마디 참 좋은 말
엄마아빠 일터 갈 때 주고받는 말
이 말이 좋아서 온종일 신이 나지요
이 말이 좋아서 온종일 일 맛 나지요
이 말이 좋아서 온종일 가슴이
콩닥 콩닥인데요
사랑해요 이 한마디 참 좋은 말
나는 나는 이 한마디가 정말 좋아요
사랑 사랑해요

사랑하는 우리가족

내가 아빠를 얼마나 사랑하는지 아세요?
샘 맥브래트니(2011)
베틀북

우리 엄마
앤서니 브라운(2005)
웅진주니어

할아버지의 이야기 나무
레인 스미스(2011)
문학동네어린이

할머니네 방앗간
리틀림(2017)
고래뱃속

듣기

활동 | 소리상자

주제	소리 도구
대상 연령	2~4세
주요 개념	소리, 소리 표현, 의성어
활동 목표	• 소리를 느껴 본다. • 소리를 듣고 말소리로 바꾸어 본다. • 소리의 크기를 고려하여 소리 상자를 배열한다.
교재교구	우유갑을 이용하여 다섯 가지 종류의 소리가 나는 물건(콩, 동전, 돌멩이, 종이, 쌀)을 넣어 소리 상자를 만든다. 이때 소리의 크기(작은 소리, 중간 소리, 큰 소리)가 다르게 나도록 집어넣는 양을 다르게 한다. 
활동방법	**[도입]** • 소리 상자를 흔들며 소리를 탐색하도록 한다. **[전개]** • 소리 상자를 하나씩 꺼내 흔들어 나는 소리를 듣는다. • 소리 상자를 흔들 때의 느낌을 말해 본다. • 교사가 소리 상자에 붙은 그림의 이름 알려주고 그 이름을 말하며 흔들어 본다. • 교사가 의성어로 그 소리를 표현해 준다. • 영유아도 소리를 의성어로 표현해 본다. • 소리 상자의 무게를 비교해 본다. **[마무리]** • 주변에서 나는 다양한 소리를 의성어로 표현해 본다.
평가 및 응용	• 3세나 4세 유아에게 활동을 할 경우에는 소리 상자를 같은 소리가 나는 것끼리 분류해 본다. • 같은 종류의 소리 상자 중에서도 무게가 같은 것, 다른 것(가벼운 것, 무거운 것)을 비교하고 이때의 소리와 무게를 비교해 본다.

활동 | 흔들고 불어 보세요.

주제	소리
대상 연령	2세
주요 개념	흔든다, 분다
활동 목표	• 소리의 즐거움을 경험한다. • 소리의 변화와 움직임을 관찰한다. • 같은 소리를 찾아본다. • 부는 활동을 통해 심폐지구력이 향상된다. • 양의 많고 적음을 이해한다.
교재교구	• 두 개의 종이컵을 이용하여 소리통을 만든다. • 소리통에 방울, 돌, 쌀, 콩(많은 양, 적은 양)을 넣고 색상지로 마무리한다. 
활동방법	**[도입]** • 소리통을 흔들어 어떤 소리가 나는지 알아본다. **[전개]** • 소리통의 소리가 방울, 돌, 쌀, 콩의 소리라는 것을 알려주고, 각 소리를 들어 본다. • 소리통을 흔들어 보고 세로로 눕혀 굴리고 불어 보면서 통 안에 들어 있는 내용물의 양을 알아본다. • 소리통을 세로로 눕혀 입으로 불어 굴려 본다. • 소리통의 무게에 따라 굴러가는 속도를 비교해 본다. **[마무리]** • 소리통을 소리 크기에 따라 나열해 본다. • 유아가 좋아하는 소리를 찾아본다.
평가 및 응용	• 영아의 경우 영아가 쉽게 잡을 수 있게 작은 종이컵을 이용한다. • 종이컵이 쉽게 망가지므로 요구르트 병을 이용할 수 있다.

활동 | 수수께끼 게임

주제	봄 · 여름 · 가을 · 겨울 – 여름
대상 연령	5세
주요 개념	여름
활동 목표	• 여름에 필요한 물건을 안다. • 각 물건의 특징과 쓰임에 대해 이야기할 수 있다. • 주의 깊게 듣고 추리하는 능력을 기른다.
교재교구	• 여름과 관련된 그림카드 30장 • 그림카드를 담아 둘 비밀상자 (15cm×15cm×15cm) • 주사위 
활동방법	**[도입]** • 수수께끼 게임을 한다고 말한다. • 게임 규칙을 설명한다. **[전개]** • 최대 6명의 유아가 할 수 있다. • 각자 돌아가며 주사위를 굴려 가장 높은 수가 나온 유아부터 비밀상자에 손을 넣어 카드 한 장을 뽑는다. • 카드를 뽑은 유아는 다른 친구들이 맞힐 수 있도록 수수께끼를 낸다. 예 장화 – 이것은 미끄럼틀처럼 생겼어, 비 올 때 신어요 • 정답을 맞힌 유아에게 카드를 준다. • 다음 번 유아가 카드를 뽑고 수수께끼를 낸다. • 가장 많은 카드를 가진 유아가 이긴다. **[마무리]** • 여름과 관련한 어떤 물건이 있는지 카드를 보면서 이야기한다.
평가 및 응용	• 게임규칙을 설명한 설명판을 준비하여 유아들끼리 게임을 할 수 있도록 한다.

활동 | 냉장고를 채워 주세요.

주제

건강과 안전 – 맛있는 음식과 영양

대상 연령

2~4세

주요 개념

냉장고, 음식, 보관, 위생

활동 목표

- 냉장고 속에 들어 있는 음식들의 단어를 말해 본다.
- 냉장고에 음식이 들어 있는 위치를 알 수 있다.
- 몸에 좋은 음식과 나쁜 음식을 알 수 있다.

교재 교구

- **냉장고 모형**
  냉장고를 두꺼운 우드락과 펠트지를 이용하여 50cm 크기로 만든다. 이때 냉장실(야채실)과 냉동실을 분리하고, 음식을 넣을 수 있는 칸을 만들어 준다.
- **음식 모형**
  펠트지와 솜을 이용하여 음식 모형을 만든다.
- **글자그림카드**
  하드보드지로 앞면에는 식품 그림을, 뒷면에는 식품의 특징과 영양소 등에 대한 설명을 적는다.

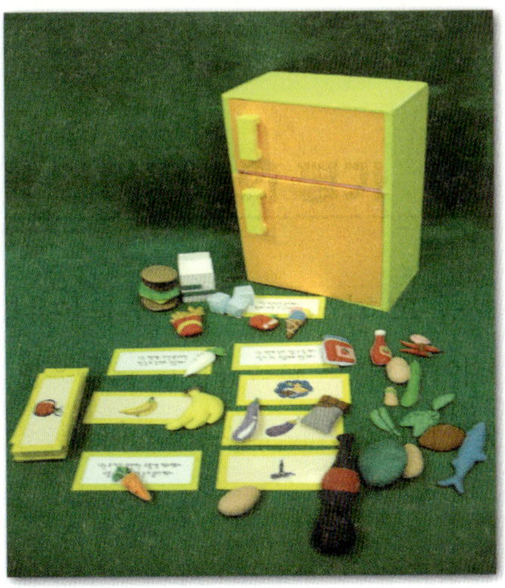

활동 방법

[도입]

- 유아들이 오늘 먹어 본 음식에 대해 이야기한다.

[전개]

- 음식을 보관하는 냉장고에 대해서 이야기를 나눈다.
- 여러 가지 음식들이 냉장고의 어디에 들어 있는지 위치를 알아본다.
- 글자카드를 한 장씩 꺼내서 보여 주면서 어떤 음식인지 찾는다.
- 음식을 보관할 때의 주의사항에 대해 이야기한다.
- 찾은 음식은 냉장고의 알맞은 위치에 넣는다.
- 유아들이 경험한 음식들 중에 몸에 좋은 음식과 나쁜 음식에 관해 이야기를 나눈다.
- 음식을 다양한 기준에 의해 분류해 본다.

〈음식 분류 기준〉

몸에 좋은 음식			몸에 나쁜 음식	
냉동실에 보관할 음식			냉장실에 보관할 음식	
과일	채소	생선	인스턴트식품	유지류

- 음식에 대한 설명을 듣고 음식을 찾아 냉장고에 넣어 본다.

➲ 음식의 설명

- 고등어: 나는 바다 속에 살아요. 머리를 똑똑하게 만들지요.
- 당근: 나는 토끼가 좋아하는 주황색 채소에요. 나를 많이 먹으면 눈이 좋아져요.
- 우유: 나는 하얀 색이에요. 나를 먹으면 뼈가 튼튼해지고 키도 쑥쑥 큰대요.
- 달걀: 나는 닭에게서 나온 동그란 알이에요. 삶아 먹기도 하고 부쳐 먹기도 해요.
- 고추: 나는 아주 매워요. 빨간색이에요.
- 수박: 나는 겉은 초록색이고 속은 빨개요. 속에는 검은색 점들이 많이 있어요. 나를 먹으면 시원하다고 해요.
- 바나나: 원숭이가 나를 아주 좋아해요. 노랗고 길쭉하죠.
- 얼음: 나는 딱딱한 물이에요. 밖에 나오면 녹지요.
- 아이스크림: 나는 아주 차가워요. 많이 먹으면 배탈이 나서 병원에 가야 해요.
- 사과: 나는 빨간색 과일이에요. 나를 많이 먹으면 예뻐진대요.
- 피자: 나는 동그란 음식이에요. 야채, 고기, 치즈 등 여러 가지 재료들이 내 위에 올라가 있어요.
- 햄버거: 나는 빵과 빵 사이에 고기랑 야채가 들어가 있어요. 너무 많이 먹으면 몸에 안 좋아요.
- 콜라: 나는 톡톡 쏘는 검은색 물이에요. 많이 먹으면 이가 썩어요.
- 초콜릿: 나는 주로 갈색이고 달고 맛있어요. 하지만 이가 썩어요.
- 딸기: 나는 빨갛고 검은 점이 있는 과일이에요. 잼도 만들지요.
- 치즈: 나는 우유로 만들었어요. 피자에도 들어가고 부드러워요.
- 키위: 나는 겉이 까칠까칠한 과일이에요. 속은 녹색입니다.
- 케이크: 나는 생일 때 먹는 빵이에요. 과일이나 크림이 얹혀 있지요.

– 시금치: 나는 초록색 야채지요. 나를 먹으면 힘도 세지고 몸도 튼튼해져요.
– 콩: 나는 밥에도 넣어 먹을 수 있고 고소한 맛이 나요. 나를 먹으면 머리도 좋아져요.
– 오이: 나는 길쭉한 야채예요. 씹으면 아삭거려요.
– 사탕: 나는 입 안에 넣고 녹여 먹으면 달고 맛있어요. 하지만 많이 먹으면 이가 썩어요.
– 무: 나는 처음엔 하얀색이지만 빨갛게 김치로도 만들어요.
– 가지: 나는 보라색 야채예요. 입맛을 좋게 해주어요.
– 잼: 나는 딸기, 포도로도 만들고 땅콩으로도 만들어요. 빵에 발라 먹지요.
– 요구르트: 나는 어린이 음료수예요. 조금 먹으면 몸에 좋지만 많이 먹으면 이가 썩어요.
– 케첩: 난 토마토로 만들어요. 빨간색이고 짠맛, 단맛, 신맛이 나요.
– 콩나물: 나는 음표처럼 생긴 길쭉한 야채예요. 나를 먹으면 키가 쑥쑥 커요.
– 과자: 난 슈퍼에 가면 있어요. 바삭거리고 맛있지만 몸에 안 좋아요.

[마무리]

- 냉장고에서 위치를 확인하고 이름을 말하며 음식물을 꺼낸다.

평가 및 응용

- 냉장고가 부서지지 않도록 우드락과 펠트지 사이에 종이판을 댄다.
- 소꿉영역에 두고 엄마 놀이나 가게 놀이에 활용하도록 한다.

활동 | 몸에서 나는 소리

주제

나와 가족 – 나의 몸과 마음

대상 연령

4세

주요 개념

신체기관, 신체소리

활동 목표

- 우리 몸에서 나는 소리에 관심을 갖는다.
- 신체로 다양한 소리를 만들어 본다.

교재교구

- 펠트지로 남·여 인형을 만들고 융판에 붙인다.
- 신체의 각 부위에서 나는 소리 또는 만들 수 있는 의성어 소리를 글자카드로 만든다.

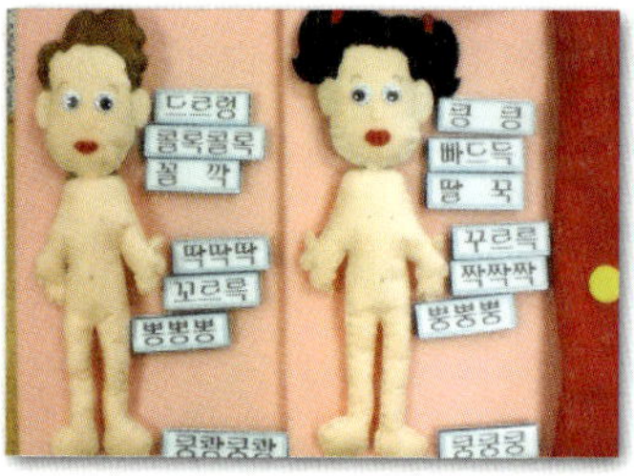

활동방법

[도입]

- 소리에는 여러 가지 소리가 있다고 말하고, 우리 몸에서 나는 소리를 알아보자고 한다.

[전개]

- 몸에서 나는 소리와 몸을 이용해 만들 수 있는 소리에 어떤 것이 있는지 알아본다.
- 신체소리를 잘 들어 본다.
- 신체소리를 말소리로 표현해 본다.
  ➲ 의성어: 통통통(배), 콩콩콩(발), 짝짝짝(손), 쩝쩝쩝(입), 냠냠냠(입), 쿵쿵쿵(발), 퉁퉁퉁(배), 뿡뿡뿡(엉덩이), 콩닥콩닥(가슴), 꼬르륵(배), 똑똑똑(손), 똑딱똑딱(입), 킁킁(코), 쭉쭉쭉(입), 꼴깍(목), 드르렁(코), 쿵쾅쿵쾅(발), 뿡뿡뿡(엉덩이), 콜록콜록(입), 꾸르륵(배), 휘휘휘(입), 에취(입), 딸꾹(입), 까르르(입), 빠드득(입), 쿨쿨(코)
- 말소리로 표현된 신체소리를 잘 들어 본다.
- 어디에서 나는 소리인지 말해 본다.
- 단어카드를 보고 함께 읽어 본다.
- 융판 인형에 신체의 어느 부위에서 소리가 나는지 단어카드를 붙여 본다.

[마무리]

- 몸을 이용하여 여러 소리를 내보고, 또 다른 소리는 없는지 말해 본다.

평가 및 응용

- 듣기뿐 아니라 말하기와 읽기가 함께 가능하다.
- 몸을 이용한 의태어도 같이 제시해 주어 몸으로 표현해 보게 한다.

활동 | 끝소리가 같은 단어

주제

우리나라 – 우리나라의 자랑거리; 한글

대상 연령

4~5세

주요 개념

끝소리

활동 목표

- 끝소리가 같은 단어를 안다.
- 소리의 즐거움을 경험한다.

교재교구

- 끝소리가 같은 단어를 그림카드로 만든다.
- 그림카드를 붙일 피라미드를 하드보드지와 우드락을 이용하여 만든다.

활동방법

[도입]

- 소리가 같게 나는 단어들이 있는데, 그중에서도 끝소리가 같은 단어를 알아보자고 소개한다.

[전개]

- 그림카드를 보여 주면서 끝소리가 같은 단어를 들려준다.
- 그림카드를 보며 따라 발음해 본다.

[마무리]

- 그림카드를 보면서 같이 읽어 본다.

평가 및 응용

큰 유아의 경우 같은 카드를 보며 읽기 활동을 하거나 끝소리가 같은 음 찾기 게임을 할 수 있다.

활동 | 말 잘 듣는 아기 코끼리 귀큰이

주제

건강과 안전 – 기본 생활습관

대상 연령

3~5세

주요 개념

기본 생활습관, 식사예절

활동 목표

- 기본 생활습관 형성을 돕는다.
- 입체동화를 통해서 책에 대해 흥미를 가질 수 있다.

교재교구

하드보드지로 입체 동화책을 만든다.

활동방법

[도입]

- 『말 잘 듣는 아기 코끼리 귀큰이』 동화를 들려준다고 하고, 큰 귀로 무엇을 하였는지 잘 들어 보자고 한다.

[전개]

- 동화를 읽어 준다.
- 동화를 들려준 후 유아들과 동화 내용에 대해 이야기한다.
  – 책에 나온 귀가 큰 코끼리는 무엇을 했지?

[마무리]

- 유아들은 각 상황에서 어떻게 해야 하는지 함께 이야기를 나눈다.

평가 및 응용

- 동화의 인상적인 장면을 그림으로 표현해 본다.
- '귀큰이'에게 편지를 써 보도록 한다.

활동 | 누구일까요?

주제 동식물과 자연 – 동물과 우리 생활

대상 연령 3~5세

주요 개념 동물, 퀴즈

활동 목표
- 다른 사람의 말을 주의 깊게 듣고 이해할 수 있다.
- 관찰력과 주의력을 기를 수 있다.
- 동물의 특징을 안다.

교재교구

동물그림카드와 질문카드

활동방법

[도입]
- 유아가 알고 있는 동물에 대해 말해 본다.
- 퀴즈대회를 연다고 말한다.

[전개]
- 교사가 동물에 관한 문제를 낸다.
- 정답을 아는 유아는 정답을 말하고, 그림 상자 안에서 정답을 찾아 그림카드와 질문카드를 갖는다.
- 카드를 많이 가진 유아가 퀴즈왕이 된다.

[마무리]
- 동물의 이름과 특징에 대해 이야기한다.

평가 및 응용
- 읽기 자료로 활용할 수 있다.
- 5세 유아의 경우 자신이 가진 질문카드를 이용하여 퀴즈를 내보도록 한다.

활동 | 우리의 명절

주제

우리나라 – 우리나라 사람들의 생활; 명절

대상 연령

4~5세

주요 개념

절기, 명절, 세시풍속

활동 목표

- 우리의 전통문화에 대해 이해한다.
- 우리 명절을 안다.

교재교구

- 하드보드지와 융을 사용해 명절 그림을 붙일 책을 만든다.
- 명절 사진자료들을 코팅해 벌크로 테이프를 붙인다.

활동방법

[도입]
- 유아들이 경험한 우리의 고유 명절에 관해 이야기한다.

[전개]
- 명절에 대한 사진자료들을 보고 우리의 풍습에 관해 말해 준다.
- 교사가 설명하는 명절과 풍습에 관해 그림카드를 찾아본다.
- 명절놀이와 음식 등에 관해 이야기를 나눈다.

[마무리]
- 유아들이 알고 있는 명절의 이름과 그때의 풍습에 관해 말해 본다.

평가 및 응용

- 유아들의 가정에서 명절날 찍은 사진을 가져와서 이용하면 보다 흥미롭다.
- 언어영역에 교구를 두고 유아들이 명절에 관해 서로 이야기를 나누도록 한다.

활동 | 무엇이 필요할까요?

주제	건강과 안전 – 안전한 놀이와 생활
대상 연령	3세
주요 개념	의복, 구두, 입다, 신다
활동 목표	• 녹음된 소리를 주의 깊게 듣는다. • 지시에 따라 행동을 할 수 있다.
교재교구	다음의 문장을 녹음한다. • **무엇을 입을까요?** – 나는 빨간 치마를 입고 노란 구두를 신어요. – 나는 노란 우비를 입고 빨간 장화를 신어요. – 나는 주황 모자를 쓰고 파란 바지를 입어요. – 나는 갈색 코트를 입고 갈색 부츠를 신어요. • **그림자료** – 하드보드지를 가로 19.5cm, 세로 27cm로 자른다. – 자른 하드보드지 위에 여아와 남아 도안을 만들어 붙인다. – 필요한 물건이 붙여질 곳에는 벨크로 테이프를 이용하여 붙일 수 있게 한다.  
활동방법	**[도입]** • 소리를 듣고 그에 따라 옷과 신발을 입혀 주자고 말한다. **[전개]** • 유아가 원하는 여아, 남아 그림판을 선택한다. • 녹음된 소리를 듣고 그에 따라 옷과 신발을 선택한다. • 옷과 신발을 제자리에 잘 붙인다. • 녹음 소리를 다시 듣고 제대로 되었는지 확인한다. **[마무리]** • 활동이 끝나면 물건을 떼어 도구상자에 넣는다. • 어떤 옷을 입고 신발을 신었는지 문장으로 말해 보게 한다.
평가 및 응용	• 녹음이 어려운 경우 교사가 교사용 대본을 보고 읽어 준다.

활동 | 빙고 게임

주제	건강과 안전 – 맛있는 음식과 영양
대상 연령	4~5세
주요 개념	빙고, 음식물
활동 목표	• 집중하여 듣는 경험을 해본다. • 사선, 가로, 세로 등의 개념을 이해한다.
교재교구	• 하드보드지와 색지를 이용 열두 칸의 빙고 게임판을 만든다. • 30×2=60개의 음식카드를 만든다. • 사탕, 막대 사탕, 비스킷, 쿠키, 콜라, 핫도그, 피자, 햄버거, 아이스크림, 사과, 배, 복숭아, 밥, 딸기, 당근, 바나나, 귤, 레몬, 우유, 포도, 완두콩, 시금치, 오이, 생선, 치즈, 무, 커피, 라면, 딸기 등의 음식물 중 열두 단어를 녹음한다. 
활동방법	**[도입]** • 빙고 게임을 한다고 소개하고 게임규칙을 설명한다. **[전개]** • 두 명의 유아가 음식카드 30장과 빙고판을 나누어 갖는다. • 녹음된 테이프에서 들려오는 단어를 듣는다. • 들은 단어에 맞는 음식카드를 유아가 가지고 있는 카드에서 찾아 빙고판에 부착한다. • 먼저 음식카드를 찾는 친구만 빙고판에 음식카드를 붙일 수 있다. • 먼저 완성하는 친구가 이긴다. • 열두 칸을 다 채우면 녹음기를 다시 한 번 틀어 맞는지 확인한다. **[마무리]** • 음식물의 이름을 말해 본다.
평가 및 응용	음식물 카드를 이용하여 음식물을 분류하거나 말하기 교구로 이용할 수 있다. 뒷면에 글자를 써 넣는다면 읽기와 쓰기 활동도 가능하다.

활동 | 소리 퍼즐

주제

교통기관 – 고마운 육상 · 항공 · 해상 교통기관

대상 연령

3세

주요 개념

교통기관, 탈것

활동 목표

- 여러 가지의 소리를 듣고 같은 종류의 소리를 찾을 수 있다.
- 부분과 전체의 관계를 안다.
- 교통기관의 종류를 알 수 있다.

교재교구

- 카세트테이프 빈 갑에 소리가 나는 한 가지 재료를 넣고 접착 시트지로 감싼다.
- 이때 같은 종류의 교통기관을 같은 소리가 나도록 재료를 넣는다.
  자동차=방울, 비행기=쌀, 자전거=콩
- 교통기관의 그림과 글자는 펠트지로 만든다.
- 같은 소리 재료를 넣은 테이프 갑에 교통기관의 글자를 하나씩 붙인다.

활동방법

[도입]

여러 가지 재료를 넣어 만든 테이프 갑을 흔들어 소리를 들어 본다.

- 어떤 소리가 나니?
- 상자 속에는 무엇이 들었을까?

[전개]

- 테이프 갑을 흔들어 소리를 들어 보고 같은 소리가 나는 테이프 갑을 모은다.
- 각각의 테이프 갑에 있는 그림의 퍼즐을 맞추어 본다.
- 다 맞춰진 그림을 보고 그림이 어떤 교통수단인지 말해 본다.

[마무리]

- 자신이 맞춘 교통수단에 대해 친구들과 함께 이야기한다.

평가 및 응용

교통기관의 그림을 퍼즐식으로 먼저 맞추고 나중에 소리를 들어 볼 수 있다.

활동 | 동물의 영어이름과 울음

주제	동식물과 자연 – 궁금한 동식물
대상 연령	5세
주요 개념	동물, 동물 소리
활동 목표	• 동물 소리를 흉내 내 봄으로써 즐거움을 경험한다. • 영어로는 동물들의 울음소리를 어떻게 표현하는지를 안다.
교재교구	• 헌 탁상용 달력을 이용하여 색지를 붙이고 3등분한다. • 각 면에 동물그림과 동물이름, 울음소리를 접착펠트지를 이용하여 만들어 붙인다. • 각 동물마다 각기 다른 색지를 이용하여 교구를 만들면 그림과 이름, 울음소리의 연결이 쉽다. • 동물이름과 울음소리를 영어로 녹음한다.  – dog(개): bow wow – mouse(쥐): peep – pig(돼지): oink oink – cock(닭): cock–a–doodle–doo – cat(고양이): meow meow – duck(오리): quack quack – owl(부엉이): whoo whoo – horse(말): whinn – sheep(양): barr – fox(여우): yelp – frog(개구리): croak – crow(까마귀): caw caw – cow(소): moo moo – donkey(당나귀): heehaw – lion(사자): roar – snake(뱀): hiss – goat(염소): baa – wolf(늑대): howl – goose(거위): honk honk – monkey(원숭이): ee eee
활동방법	**[도입]** • '흉내 내는 말(의성어)'에 대해 이야기를 나눈다. • 동물 울음소리를 흉내 내 본다. **[전개]** • 동물 울음소리가 우리말과 영어로 어떻게 다른지 말한다. • 녹음된 동물의 영어 이름을 들려준다. • 녹음된 동물이 내는 울음소리를 들려준다. • 유아들도 따라 발음해 본다. **[마무리]** • 흉내 내는 말에 또 어떤 것이 있는지 이야기를 나눈다.
평가 및 응용	• 유아들의 영어에 대한 관심을 길러 주는 정도로 소개한다. • 평가시간이나 모이는 시간을 이용하여 하루에 한 단어씩 소개한다.

활동 | 규칙을 귓속말로 전하기

주제 건강과 안전 – 안전한 놀이

대상 연령 5세

주요 개념 규칙, 질서

활동 목표

- 유치원에서 지켜야 할 규칙을 알게 한다.
- 그림을 보고 이야기를 만들 수 있다.
- 다른 사람의 말을 바르게 듣고, 정확하게 이야기를 전달한다.

교재교구

- 교실, 스쿨버스, 식당, 놀이터 등 그림판
- 각 장소에서 일어날 수 있는 옳은 행동과 그릇된 행동

활동방법	**[도입]** • 유치원에서 친구들과 함께 생활하면서 우리가 지켜야 할 규칙에는 어떤 것이 있는지 알아보자고 한다. • 귓속말로 이야기를 전달하는 게임을 할 것이라고 말해 준다. **[전개]** • 규칙이 무엇인지 왜 필요한지 이야기한다. • 그림카드를 보면서 유아들이 지켜야 할 규칙에 어떤 것이 있는지 이야기한다. • '귓속말로 전하기'의 게임 방법과 참여 인원수에 대해 의논한다. • 3~4팀으로 나누어 맨 앞에 앉은 유아에게 게임판의 내용을 들려준다. • 내용을 들은 유아는 뒤의 유아에게 들은 내용을 전달한다. • 연속적으로 전달하여 맨 뒤에 앉은 유아가 전달받은 내용을 발표한다. 내용이 정확하게 전달되었는지 그림판을 보며 확인한다. • 정확도에 따라 점수를 준다. **[마무리]** • 지켜야 할 규칙을 다시 한 번 알려준다. • 그밖에 지켜야 할 규칙이 있는지 말해 본다.
평가 및 응용	지켜야 할 규칙 판을 벽면에 붙여 유아들에게 지켜야 할 규칙을 기억하도록 돕는다.

말하기

활동 | 까꿍 책

주제

동물

대상 연령

2세

주요 개념

야생동물, 농장동물

활동 목표

- 여러 가지 동물을 안다.
- 동물 소리를 흉내 내어 본다.

교재교구

- 집 모양의 틀을 만들고 그 안에 들어갈 동물사진을 준비한다.
- 동물사진에는 아크릴판을 이용하여 손잡이를 만들어 둔다.

활동방법

[도입]

- 울음소리를 내는 동물에는 어떤 것이 있는지 알아본다.

[전개]

- 영아가 알고 있는 동물을 말하게 하고, 집안에 어떤 동물이 있을까 추측한다.
- '까~꿍' 하며 창문을 열어 본다.
- 창문을 통해 나온 동물의 이름을 물어보고 동물이름을 알려준다. 동물사진을 들고 소리를 흉내 낸다.

[마무리]

- '까꿍' 하며 나왔던 동물들을 확인한다.

평가 및 응용

동물사진은 막대인형극에 사용할 수 있다.

활동 | 어떤 감정일까요?

주제	나와 가족 – 나의 몸과 마음
대상 연령	4세
주요 개념	감정, 느낌, 기분
활동 목표	• 상황에 따라 올바른 감정을 표현할 수 있다. • 자신이 겪었던 상황과 그때의 느낌을 말로 표현한다.
교재교구	• 감정을 나타내는 얼굴카드와 문장카드를 준비한다. – 즐겁다, 슬프다, 놀라다, 화나다  • 각 감정이 나타나는 상황카드를 만든다. – 웃는 상황: 놀러 갈 때, 선물을 받았을 때, 생일, 칭찬받았을 때 – 우는 상황: 슬픈 동화책을 읽었을 때, 누가 죽었을 때, 헤어질 때, 주사를 맞을 때 – 놀란 상황: 친구가 놀라게 할 때, 천둥번개가 칠 때, 개가 쫓아올 때, 괴물이 나타났을 때 – 화난 상황: 누가 내 그림에 낙서를 해 놓았을 때, 친구가 새치기할 때, 내 그림에 누가 낙서를 할 때, 내 장난감을 부수었을 때
활동방법	**[도입]** • 기분을 나타내는 말에는 어떤 것들이 있는지 이야기한다. **[전개]** • 유아들이 느꼈던 기분을 말해 본다. • 감정을 유발하는 상황그림을 보여 주고 어떤 느낌이 드는지 이야기해 본다. • 얼굴카드를 보여 주고 어떤 때 이런 기분이 드는지 말해 본다. • 상황그림과 얼굴카드, 문장카드를 연결한다. • 각 상황에서의 느낌을 유아 스스로 말로 표현해 본다. **[마무리]** • 놀이상황에서 친구들과의 관계에 따라 느끼는 감정을 말로 표현하도록 한다.
평가 및 응용	유아가 자신의 감정을 말로 표현하도록 격려한다.

활동 | 자모글자판

주제	우리나라 – 우리나라의 자랑거리; 한글
대상 연령	5세
주요 개념	한글, 자음, 모음
활동 목표	• 한글에 대해 관심을 가진다. • 한글이 자음과 모음으로 구성되어 있다는 것을 안다. • 같은 철자를 찾을 수 있다.
교재교구	• 4절의 하드보드지를 다른 색으로 2장 준비하여 원으로 자른 후, 마스킹 테이프를 붙여 각각 10등분과 13등분 표시를 해 둔다. 머메이드지를 이용하여 자음과 모음을 써 글씨를 오려 붙여 준다. • 자음과 모음글자를 펠트지와 솜을 이용하여 만든다.

활동방법

[도입]
- 우리글인 한글을 소개한다.
- 한글이 자음과 모음으로 이루어진다고 말해 준다.

[전개]
- 자음에는 어떤 글자가 있는지 자음판을 보며 말해 준다.
- 모음에는 어떤 글자가 있는지 모음판을 보며 말해 준다.
- 자·모음판을 돌리며 탐색해 본다.
- 자음판과 모음판을 돌려 나온 글자를 만들어 본다.
- 만든 글자가 들어간 낱말을 말해 본다.

[마무리]
- 자음과 모음의 이름을 말해 본다.
- 자모글자를 색별로 분류하여 상자에 넣어 정리한다.

평가 및 응용	읽기와 쓰기 교구로 활용이 가능하다.

활동 | 고마운 물

주제	환경과 생활 – 물과 우리 생활
대상 연령	3~4세
주요 개념	물, 물의 순환, 자원, 환경
활동 목표	• 물의 쓰임새를 안다. • 물의 소중함을 안다.
교재교구	• 그림 자료를 준비한다. – 물의 쓰임새: 생수, 주스, 요리, 얼음, 차, 청소, 빨래, 목욕, 설거지, 물놀이, 세차, 유리창 닦기, 소방서, 공장, 바다, 수력발전, 댐, 손 씻기, 동물, 식물, 논, 밭, 비 
활동방법	**[도입]** • 우리가 매일 사용하는 물에 관해 알아보자고 한다. **[전개]** • 물의 쓰임에 관해 어떤 것이 있는지 말해 본다. • 그림 자료를 보면서 물의 용도를 말해 본다. • 물이 없다면 어떤 일이 일어날지 말해 본다. **[마무리]** • 물의 소중함과 아낄 수 있는 방법을 알아보고 실천하도록 한다.
평가 및 응용	교육기관에서만이라도 물 절약 방안을 실천하도록 지도한다.

활동 | 과일과 과일 속

주제

건강과 안전 – 맛있는 음식과 영양

대상 연령

2~3세

주요 개념

과일, 씨, 과일 속

활동 목표

- 과일의 이름을 듣고 말해 본다.
- 과일의 겉과 속을 알고 구별한다.

교재교구

- 펠트지를 이용하여 과일 모형을 두 개 만든다.
- 과일의 한쪽은 과일이름을 적고, 다른 쪽은 속 모양으로 만들어 똑딱단추를 이용하여 붙일 수 있게 한다.

활동방법

[도입]

- 유아들이 먹어 본 과일에 대해 말해 본다.

[전개]

- 여러 가지의 과일모형을 보며 이름을 알려주고 탐색해 보는 시간을 갖는다.
  - 이 과일은 사과야. 색깔이 어떨지?
- 과일의 속을 열어 본다.
  - 사과의 속은 어떻게 생겼니?
- 과일의 명칭과 색깔, 겉과 속에 대해 알아본다.

[마무리]

- 유아가 알고 있는 과일의 이름을 말해 본다.

평가 및 응용

영아의 경우 과일모형을 탐색해 보는 시간을 충분히 제공한다.

활동 | 과일과 채소를 알아요.

주제

동식물과 자연 – 식물과 우리 생활

대상 연령

3~4세

주요 개념

과일, 채소

활동 목표

- 과일과 채소의 이름을 안다.
- 과일과 채소를 특징을 이해하고 구별할 수 있다.

교재교구

- 머메이드지를 이용하여 과일 책과 채소 책을 만들고, 각각의 그림카드를 만든다.
  - 과일: 멜론, 바나나, 파인애플, 딸기, 사과, 배, 참외, 매실, 오렌지, 귤, 감, 석류, 복숭아, 포도, 키위
  - 채소: 고구마, 감자, 땅콩, 콩, 수박, 당근, 고추, 토마토, 호박, 가지, 무, 배추, 오이, 옥수수, 벼

활동방법

[도입]
- 유아들이 알고 있는 과일과 채소에는 어떤 것이 있는지 알아본다.

[전개]
- 과일의 특성과 채소의 특성을 설명한다.
- 과일 책과 채소 책을 보면서 각각의 특징과 맛, 모양, 먹는 방법 등에 대해 이야기한다.
- 책에 있는 것과 같은 과일이나 채소의 카드를 찾아 붙인다.
- 열매채소와 뿌리채소에 대해 이야기한다.
- 글자를 보면서 이름을 말해 본다.
- 그 밖에 유아들이 알고 있는 과일과 채소에 대해 알아본다.

[마무리]
- 어떤 과일과 채소가 있었는지 기억하여 말해 본다.

평가 및 응용

- 실물을 준비하여 함께 활동한다면 보다 유아들의 흥미를 끌 수 있다.
- 읽기와 쓰기 활동에도 활용할 수 있다.

활동 | 기상캐스터가 되어요.

주제

환경과 생활 – 바람·공기와 우리 생활; 날씨

대상 연령

4~5세

주요 개념

기상, 날씨, 기상기호

활동 목표

- 다양한 날씨의 종류에 대해 안다.
- 날씨에 관련된 어휘들을 듣고 말해 본다.
- 지역마다 날씨가 다름을 안다.

교재교구

하드보드지를 이용하여 날씨판과 요일, 기상기호 카드를 만든다.

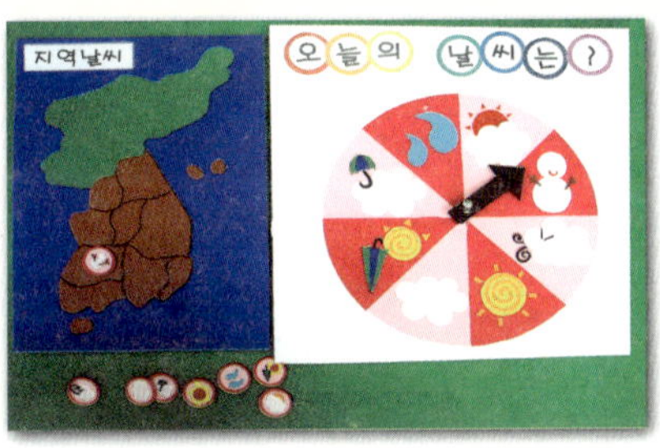

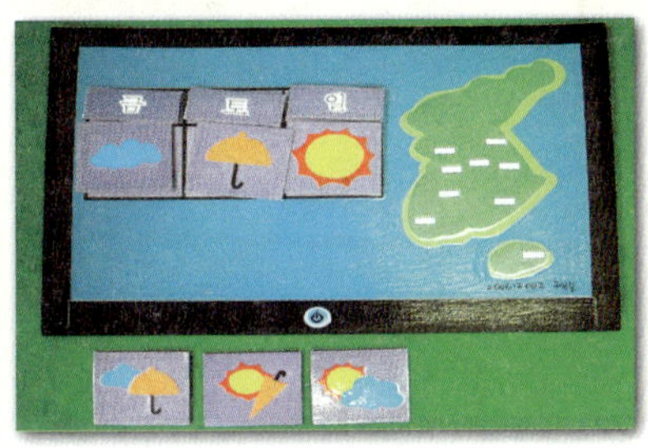

활동방법

[도입]

- 뉴스에서 본 날씨 예보에 대해 이야기를 하며, 기상캐스터가 되어 보자고 말한다.

[전개]

- 날씨에 대해 이야기해 본다.
- 날씨 기호에 대해 알아본다.
- 오늘의 날씨판에 날씨 기호를 붙이고 기상캐스터가 되어 말해 본다.

[마무리]

- 기상캐스터를 해본 느낌을 말해 본다.

평가 및 응용

유아들이 필요하다면 기상예보를 위한 예시문을 제시해 준다. 이 경우 읽기 활동이 된다.

> "오늘은 전국적으로 흐리겠습니다. 내일은 곳에 따라 한때 비가 조금 오겠고 날씨는 더욱 쌀쌀해지겠습니다. 현재 일부 내륙지방에 옅은 안개가 끼어 있고 울릉도, 독도지방에는 비가 내리고 있습니다. 북쪽의 찬 공기는 태백산맥과 부딪치면서 오늘도 동해안 지방에서 비구름이 발달하겠습니다. 따라서 전국에 구름이 다소 끼겠고 동해안 지방에는 한두 차례 비가 내리겠습니다. 현재 아침 기온은 서울이 9도, 목포가 15도를 가리키고 있고, 낮 기온은 서울 20도, 부산 25도로 어제보다 조금 높겠습니다. 울릉도와 독도에는 하루 종일 비가 내리겠습니다. 천둥과 번개도 동반하겠습니다. 날씨였습니다."

활동 | 나는 누구일까요?

주제	동식물과 자연 – 동물과 우리 생활
대상 연령	2~4세
주요 개념	애완동물, 농장동물, 동물원동물
활동 목표	• 여러 종류의 동물이 있음을 안다. • 사는 곳에 따라 동물을 분류할 수 있다. • 동물의 특징을 말로 표현한다.
교재교구	• 마닐라지(가로 52cm×세로 24cm)를 가로로 4등분하여 가운데 두 개의 부분에 동물그림을 그린다. • 양 옆의 남은 부분은 세로로 3등분하여 오리고 접어 동물그림을 가려 준다. • 동물그림이나 사진 밑에 동물의 이름을 붙여 준다. – 애완동물: 강아지, 고양이, 물고기 – 농장동물: 닭, 소, 말, 돼지, 토끼, 오리 – 동물원동물: 호랑이, 코끼리, 뱀, 악어, 독수리, 물개, 고래, 펭귄, 거북 – 현재 살고 있지 않은 동물: 공룡 – 그밖에 궁금한 동물: 개미, 나비, 잠자리, 매미, 거미, 지렁이, 달팽이, 오징어, 개구리 
활동방법	**[도입]** • 우리 주변에 사는 여러 동물의 종류에 관해 말해 본다. • 교사가 준비한 그림에는 어떤 동물이 있는지 알아보고, 그림을 보면 어떤 동물인지 맞혀 본다. **[전개]** • 그림카드를 한 부분씩 펼쳐 가며 어떤 동물인지 생각하고 말한다. • 동물이름을 맞히면 그 동물의 생김새와 울음소리, 사는 곳, 먹이 등에 관해 질문하고 이야기를 나눈다. **[마무리]** • 그림만을 빠르게 한 번씩 보여 준 후 어떤 동물이 있었는지 말한다.
평가 및 응용	• 쓰기 자료로 활용할 수 있다. • 언어영역에 두고 유아들끼리 활동을 하도록 한다. • 4세의 경우는 교구로 제시된 동물들의 분류 기준을 생각하게 한다.

활동 | 누가 숨어 있을까?

주제

동식물과 자연 – 동물과 우리 생활

대상 연령

2~3세

주요 개념

동물, 사는 집

활동 목표

- 소근육 발달에 도움이 된다.
- 기억력 발달을 돕는다.
- 동물들이 살고 있는 위치에 대해서 안다.

교재교구

- 하드보드지와 우드락, 펠트지를 이용하여 숲속 배경을 꾸민다.
- 동물들이 사는 위치에 맞춰서 문을 열어 볼 수 있게 한다.
- 동물들의 위치
  - 참새: 나무 뒤
  - 개미: 땅 속
  - 곰: 동굴 속
  - 무당벌레: 나무 위 집 속
  - 벌: 나무 위에 벌집
  - 개구리, 물고기: 작은 연못
  - 다람쥐: 나무 속에 다람쥐 집
  - 토끼: 숲속

활동방법

[도입]
- 유아에게 숲속판을 보여 주고 무엇이 숨어 있는지 찾아본다.

[전개]
- 유아들 스스로 각각의 동물들이 사는 곳의 문을 열어 본다.
- 동물들을 보고 동물의 이름을 말하여 본다.
- 동물들의 특성에 대해 이야기한다.
- 울음소리와 행동 등을 흉내 내어 본다.

[마무리]
- 발견한 동물들의 이름을 한 번 더 말해 본다.

평가 및 응용

- 영아들의 경우 문을 열어 동물들을 발견하는 것만으로도 흥미로울 수 있는데, 사전에 교구를 충분히 탐색하도록 한다.
- 유아의 경우는 이야기를 꾸며 보도록 한다.

활동 | 어디까지 왔나?

주제

우리 동네 – 우리 동네 모습

대상 연령

4~5세

주요 개념

지도, 지역사회 기관

활동 목표

- 우리 동네에 있는 여러 기관과 가게에 대해 안다.
- 지도에 대한 호기심을 갖는다.
- 묻고 대답하는 놀이를 통해 대화의 의미를 이해한다.

교재교구

하드보드지를 이용하여 지도 판을 만들고 가게이름과 여러 기관의 이름을 써 붙인다.

활동방법

[도입]
- 전래동요 ‘어디까지 왔나’를 통하여 우리 동네를 탐색하고자 한다.

[전개]
- 한 유아가 자동차를 길 따라 움직이며, 이때 친구들이 “어디까지 왔나?” 묻는다.
- 자동차를 움직이는 유아는 “~까지 왔다.”고 대답한다.
- 친구와 바꿔 활동을 해본다.
- 유아들이 들른 장소의 카드의 이름을 떼어 기관 이름에 붙인다.

[마무리]
- 대화는 ‘어디까지 왔나’ 놀이 같이 묻고 대답하는 것이라고 알려준다.
- 들른 장소들을 읽어 본다.

평가 및 응용

준비된 장소 이외의 우리 동네에서 볼 수 있는 다른 장소를 말할 수 있도록 격려한다.

활동 | 상자 퍼즐

주제	퍼즐 맞추기
대상 연령	3~4세
주요 개념	상자, 퍼즐
활동 목표	• 그림을 보면서 자신의 생각과 느낌을 말한다. • 대소근육의 발달을 돕는다.
교재교구	• 크기가 다른 정육면체 상자 여섯 개를 이용하여 상자퍼즐을 만든다. • 6면에 각기 다른 그림을 붙여 준다. • 상자에 붙인 그림과 같은 그림판을 준비한다. 
활동방법	**[도입]** • 큰 상자와 작은 상자가 있다고 하고, 이것들을 맞추면 하나의 그림이 만들어진다고 말해 준다. **[전개]** • 상자 퍼즐을 맞춘다. • 완성된 그림을 보고 이야기로 유아가 느낀 생각을 꾸며 본다. • 다른 쪽 그림도 맞춘다. **[마무리]** • 그림 내용과 같은 경험이 있었는지 이야기를 나눈다.
평가 및 응용	• 협동하여 상자 퍼즐을 맞추도록 격려한다. • 영아의 경우 그림판을 보면서 상자 퍼즐을 맞추게 한다.

활동 | 우리를 돕는 기관

주제

우리 동네 – 우리 동네 생활, 우리 동네 사람들

대상 연령

3~4세

주요 개념

지역사회, 지역사회 기관들

활동 목표

- 지역사회의 여러 기관이 하는 일에 대해 안다.
- 우리에게 도움을 주시는 분들께 감사하는 마음을 갖는다.

교재교구

- 지역사회 기관과 그와 관련된 그림을 준비한다.
  – 소방서, 병원, 우체국, 공항, 방송국

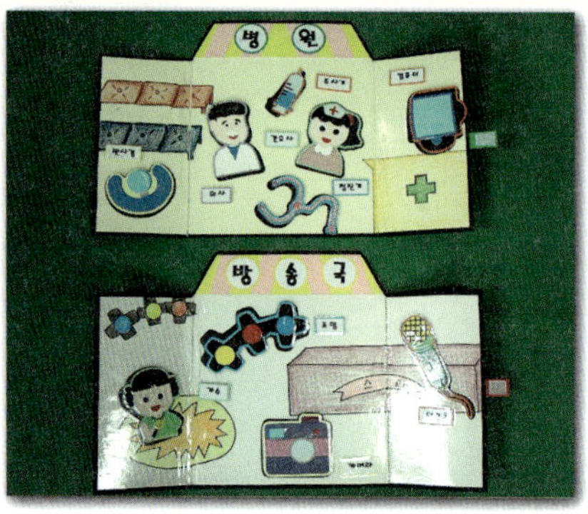

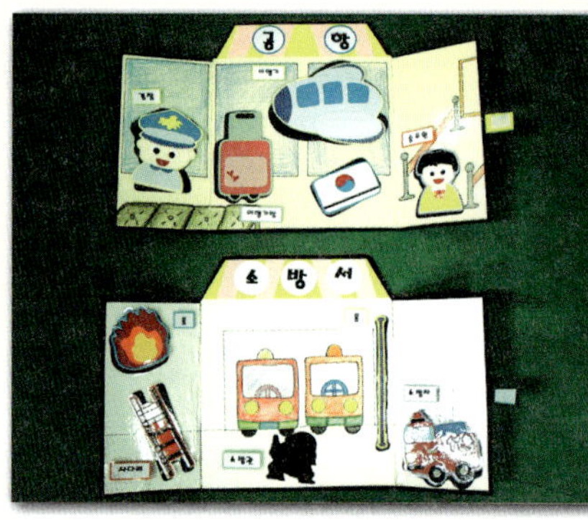

활동방법

[도입]

- 지역사회기관에서 도움을 받았던 경험을 이야기 나누고, 어떤 기관들이 있는지 알아보자고 한다.

[전개]

- 유아들이 알고 있는 기관들에 관해 이야기한다.
- 기관이 그림을 보여 주며 기관의 이름과 역할에 대해 이야기한다.
- 각 기관과 관련된 관련자료 그림을 붙여 본다.

[마무리]

- 유아들이 알게 된 우리 주변의 기관에 대해 말해 본다.

평가 및 응용

지역사회에 도움을 주는 기관에 견학을 하거나, 관련직업을 가진 학부모를 초청하여 실제적인 내용을 알아볼 수 있다.

활동 | 이야기를 만들어요.

주제	나와 가족 – 소중한 가족; 느낌 말하기
대상 연령	4~5세
주요 개념	인물, 표정, 장소
활동 목표	• 다양한 인물, 장소, 표정을 알 수 있다. • 표정에 대한 이유를 생각해 본다. • 설명문장을 만들어 본다.
교재교구	• 하드보드지를 이용한 인물, 장소, 표정에 관한 사진과 그림을 준비한다. – 인물: 할머니, 할아버지, 엄마, 아빠, 누나, 나, 아기 – 장소: 놀이공원, 동물원, 시장, 놀이터, 소방서, 병원, 은행, 바다, 경찰서, 유치원 – 표정: 슬프다, 아프다, 졸리다, 화나다, 심심하다, 의심하다, 웃다, 울다, 당황하다, 황당하다.

활동방법

[도입]
- 말하기 놀이를 한다고 설명하고 상자 안에 색이 다른 카드가 들어 있다고 설명한다. 규칙은 각 색깔카드를 하나씩 꺼내는 것이라고 말해 준다.

[전개]
- 색깔카드를 하나씩 꺼내 문장을 만들어 본다.
- 이 때 표정에 대한 이유를 설명하는 문장을 만들 수 있도록 한다.
  예 할머니가 은행에 갔는데, 순서를 한참 기다려서 화가 나셨다.

[마무리]
- 다른 이유는 없는지 다른 문장을 만들어 보도록 한다.

평가 및 응용 하나의 이유만이 아니라, 여러 개 이유를 생각하고 꾸미는 말을 사용하도록 격려한다.

활동 | 날씨 이야기

주제

봄 · 여름 · 가을 · 겨울 – 날씨

대상 연령

3~5세

주요 개념

날씨, 기후, 온난화

활동 목표

- 계절에 따라 날씨가 달라진다는 것을 안다.
- 날씨에 따른 우리생활의 변화를 안다.

교재교구

하드보드지를 이용하여 날씨의 그림판과 이야기판(40cm×30cm)을 만든다.

활동방법

[도입]

- 오늘의 날씨는 어떤지 묻고 유아들이 경험한 날씨에 대해 이야기를 나눈다.

[전개]

- 비와 눈이 오고 바람이 불 때, 그리고 해가 떴을 때 등의 여러 날씨에 따라 우리 일상생활에서 일어날 수 있는 일들에 대해 이야기해 본다.
- 날씨가 우리생활에 어떤 영향을 주는지 이야기한다.
- 지구의 온난화나 해수면 상승, 빙하, 해빙 등의 기후변화에 관심을 갖는다.

[마무리]

- 계절에 따라 자주 나타나는 날씨에 대해 이야기하고, 유아들이 좋아하는 날씨를 알아보고 그 이유를 들어 본다.

평가 및 응용

그림판만 보고 날씨 이야기를 말해 보게 한다. 유아가 꾸민 날씨 이야기와 교사가 준비한 날씨 이야기를 비교해 본다.

활동 | 움직임 동사

주제	나와 가족 – 나의 몸과 마음
대상 연령	3세
주요 개념	신체기관, 동사, 움직임
활동 목표	• 신체의 움직임을 나타내는 동사를 안다. • 신체활동을 나타내는 말에 따라 동작으로 표현할 수 있다.
교재교구	신체기관과 그 기관의 움직임을 나타내는 그림 자료와 동사 단어카드

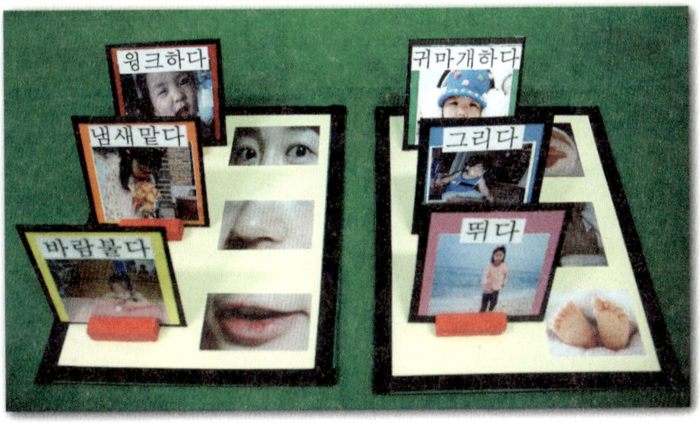

활동방법

[도입]
- 우리 몸의 신체기관에는 어떤 것이 있는지 이야기한다.

[전개]
- 눈, 코, 귀, 입, 손, 발 등의 기능에 대해 이야기한다.
- 교구를 보면서 각 기관이 하는 일을 말해 본다.
- 교구에 쓰여 있는 동사를 읽어 본다.

[마무리]
- 각 기관의 명칭과 움직임을 연결하여 말해 본다.

평가 및 응용
- 신체기관이 하는 일이 다양하므로, 유아들과 활동을 할 경우는 다양한 동사카드를 준비한다. 예를 들어, 발은 뛰는 것은 물론 걷고 공도 찰 수 있다.
- 움직임을 찍은 유아들의 사진을 이용하면 보다 흥미롭다.

활동 | 동물퍼즐: 내 짝은 어디 있을까?

주제	동식물과 자연 – 동물과 우리 생활
대상 연령	3~5세
주요 개념	동물, 퍼즐, 부분과 전체
활동 목표	• 동물의 이름을 안다. • 부분과 전체의 관계를 안다. • 퍼즐을 맞춰 봄으로써 눈과 손의 협응력을 기른다.
교재교구	• A4 사이즈의 종이를 반으로 잘라 동물그림을 그리고 색칠한다. • 같은 크기로 우드락을 자른 후 동물그림을 붙이고 이름을 붙인다. • 그림이 2조각이 나게 자르고 시트지로 싸 준다. – 동물: 토끼, 강아지, 오리, 하마, 사슴, 여우, 양, 염소, 돌고래, 고양이, 곰, 코알라, 캥거루, 다람쥐, 돼지, 거북, 말, 원숭이, 닭, 호랑이 
활동방법	**[도입]** • 유아들이 좋아하는 동물이 무엇인지 이야기를 나눈다. **[전개]** • 동물퍼즐 교구를 보여 준 후 탐색하게 한다. • 퍼즐을 맞추어 보고 어떤 동물인지 이야기를 나눈다. • 동물이름을 말해 보고 그 동물의 동작을 흉내 내 본다. **[마무리]** • 퍼즐 조각만 보고 어떤 동물인지 말해 본다.
평가 및 응용	• 영아의 경우 몇 개의 동물퍼즐만을 주어 맞추어 보게 한다. • 유아의 경우 동물의 특성이나 사는 곳, 먹이 등에 따라 분류해 본다.

활동 | 즐거운 명절

주제	우리나라 – 우리나라 사람들의 생활; 설
대상 연령	3세
주요 개념	명절, 설, 차례, 세배, 음력, 양력
활동 목표	• 우리 고유의 명절에 관심을 갖는다. • 설의 의미를 안다. • 설 음식과 설날 놀이에 대해 안다.
교재교구	• 하드보드지에 우드락을 대고 지점토를 이용하여 세배와 차례 상 차림의 설 풍경 디오라마를 만든다. • 설 관련 그림 자료를 준비한다. 
활동방법	**[도입]** • 한 해가 가고 새해가 오는 해 바뀜에 대해 말해 준다. • 양력과 음력을 설명한다. • 음력 1월 1일을 설이라고 설명하고, 설에는 어떤 일을 하는지 알아보고자 한다. **[전개]** • 설의 차례 지내기와 세배 드리기에 대해 이야기한다. • 고유 풍습인 설음식, 설빔 등에 관해 말해 준다. • 설날에 하는 민속놀이에 관해 이야기한다. **[마무리]** • 유아들의 설 경험을 말하게 하고, 즐거운 설이 되기 위해서 유아들이 할 수 있는 것에 관해 말해 본다.
평가 및 응용	다른 나라의 새해 풍습도 소개한다.

읽기

활동 | 색을 찾아봐요.

주제	생활과 환경 – 빛과 우리 생활; 색
대상 연령	3~5세
주요 개념	색깔, 기본색, 연한 색, 진한 색
활동 목표	• 색의 이름을 안다. • 색의 농도에 따른 차이를 안다. • 색의 농도에 따라 순차적으로 배열할 수 있다.
교재교구	색 카드, 기본 색상판, 농도 색상판, 그림 색상판 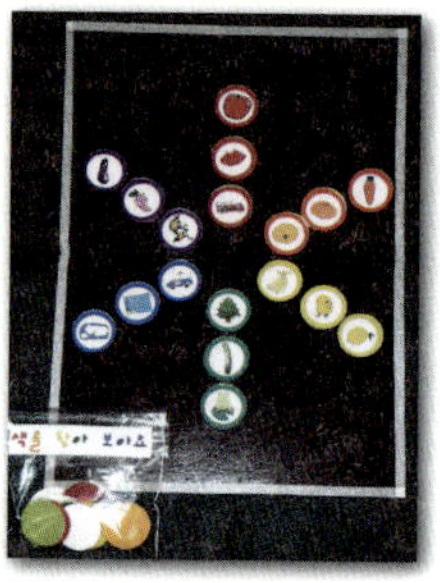
활동방법	**[도입]** • 우리 주변에서 볼 수 있는 색에 대해 알아본다. **[전개]** • 색 카드를 이용하여 색의 이름을 말해 준다. • 색 카드에서 색상판에 있는 기본 색을 찾아 이름을 말하며 붙여 본다. • 색상판에 있는 기본 색(빨강)을 말해 보고, 기본색보다 연하거나(연빨강) 짙은 색(진빨강)에 대해 이야기한다. • 색의 짙기에 따라 같은 계열의 색을 분류한다. • 색상판에서 색 카드를 모두 뗀 후, 각각의 색깔을 가진 물건을 말해 본다. • 그림카드에서 각각의 색에 어울리는 물건을 찾아 붙인다. **[마무리]** • 자신이 좋아하는 색을 이야기하고 색 이름을 기억하게 한다.
평가 및 응용	• 영아는 색 카드를 이용하여 색의 이름을 알게 한다. • 유아들의 색에 대한 이해 정도에 따라 기본 색상판, 농도 색상판, 그림 색상판 등을 활용한다.

활동 | 요술 글자

주제	생활 도구 – 다양한 생활 도구
대상 연령	3~4세
주요 개념	자석, 쇠
활동 목표	• 사물의 이름을 알아보고 말하기를 즐긴다. • '읽기와 쓰기에 관심 가지기' 글자의 기초가 되는 모양을 구분한다. • 자석의 성질에 대해 이해한다.
교재교구	고무 자석판을 이용한 글자카드, 철가루가 든 비밀 그림카드 
활동방법	**[도입]** • 비밀 그림카드의 그림을 보며 무엇인지 말하여 본다. **[전개]** • 비밀 그림카드 안에 글자가 숨어 있다고 말한다. • 요술 글자판에 그림카드를 끼워 상하좌우로 흔든다. • 어떤 변화가 생겼는지 살펴본다. • 그림의 이름을 말하고 그 이름의 철자를 알려준다. • 어떻게 글자가 생겼는지 이야기하고, 자석과 쇳가루의 관계에 대해 설명한다. • 비밀 그림카드를 만져 보아 쇳가루가 있음을 확인하게 한다. • 요술 글자판을 만져 보아 글자 모양을 느껴 본다. **[마무리]** • 글자를 써 보는 다른 방법이 있는지 이야기하고 단어를 만들어 읽어 본다.
평가 및 응용	글씨 쓰기에 흥미를 가질 경우, 요술 글자판에 자석카드를 넣고 나타난 글자 위에 쓰기판을 올려 따라 써 볼 수 있다.

활동 | 짝을 맞춰요.

주제

교통기관 – 고마운 육상·항공·해상 교통기관

대상 연령

2~4세

주요 개념

교통수단, 육상교통, 항공교통, 해상교통

활동 목표

- 땅에서 탈것, 하늘에서 탈것, 물 위에서 탈것의 종류를 안다.
- 탈것에 관련된 어휘를 익힌다.
- 손가락 근육의 발달과 눈과 손의 협응력을 기른다.

교재교구

펠트지로 만든 교통수단의 그림과 글자

활동방법

[도입]

- 유아들이 경험한 탈것의 종류를 알아본다.

[전개]

- 탈것의 그림을 보여 주고 그 이름을 함께 말한다.
- 겹쳐진 부직포를 떼어 놓고 탈것을 맞추어 본다.
- 탈것의 이름도 맞추어 본다.

[마무리]

- 육상교통, 항공교통, 해상교통 수단을 분류해 본다.

평가 및 응용

영아의 경우는 그림을 맞추어 완성하게 하고, 유아의 경우는 글자를 맞추어 붙여 보도록 지도한다.

활동 | 동음이의어 동사의 활용

주제 우리나라 – 우리나라의 자랑거리; 한글(동음이의어)

대상 연령 5세

주요 개념 동음이의어, 동사

활동 목표

- 동사의 다양한 쓰임에 대해 이해한다.
- 소리가 같아도 다른 뜻을 가진 동사에 대해 안다.

교재교구

동음이의어 동사를 사용한 그림카드와 동사카드를 만든다.

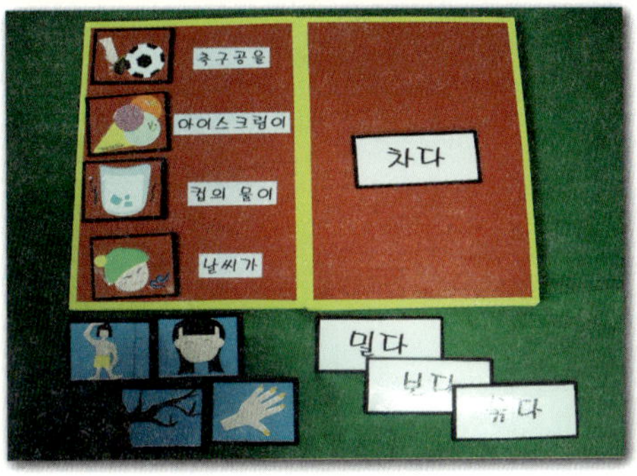

활동방법

[도입]

- 우리말에는 소리 값은 같으나 뜻이 다른 많은 말이 있으며, 이를 동음이의어라고 한다고 말한다.

[전개]

- 동음이의어에는 어떤 어휘들이 있는지 이야기한다.
- 유아들이 알고 있는 동음이의어 명사에 대해 말해 본다.
- 동음이의어 동사에 대해 알아본다.
- 그림카드를 보며 어떤 그림인지 문장으로 말한다.
- 동음이의어 동사의 서로 다른 뜻을 유아들이 이해했는지 확인한다.
- 동음이의어 동사의 단어카드를 보여 준다.

[마무리]

- 그림카드와 단어카드를 이용하여 문장을 단어를 말해 본다.

평가 및 응용 어휘의 뜻은 문장 속에서 이해해야 함을 알려준다.

활동 | 숫자 탑

주제
수 세기

대상 연령
3~4세

주요 개념
숫자, 수세기

활동 목표
- 상자를 쌓으면서 손 감각이 발달한다.
- 색깔의 종류를 알게 된다.
- 크기, 부피, 높이를 이해한다.
- 수 개념을 발달시킨다.

교재교구
- 가장 큰 상자는 17.5cm인데, 1.5cm씩 줄어드는 10개의 상자
- 상자마다 색을 달리하여, 숫자는 고정을 시키고 글자와 그림은 붙일 수 있도록 한다.

활동방법

[도입]
- 숫자를 어디까지 셀 수 있는지 이야기를 나눈다.

[전개]
- 그림을 보면서 수를 말해 본다.
- 숫자를 보면서 숫자대로 그림을 붙여 본다.
- 숫자를 보면서 한글로는 어떻게 쓸 수 있는지 말해 본다.
- 숫자 상자를 가로로 늘어뜨린다.
- 숫자 상자의 색을 말해 본다.
- 숫자 상자에 표현되어 있는 숫자, 글자 붙이기 등의 활동을 한다.
- 숫자 상자를 이용하여 탑을 쌓는다.

[마무리]
- 두 가지 방법으로 숫자를 셀 수 있다는 것을 설명하고, 합창으로 숫자를 세어 본다.

평가 및 응용
그 밖에 물건의 수를 세는 단위를 알아본다.

활동 | 동물 울음소리

주제	동식물과 자연 – 동물과 우리 생활
대상 연령	2~4세
주요 개념	동물, 울음소리
활동 목표	• 소리의 감각적 즐거움을 경험한다. • 정확한 발음으로 소리 내어 본다.
교재교구	• 동물 그림책을 만든다. • 펠트지를 이용하여 동물인형을 만든다. – 동물인형: 닭, 고양이, 사자, 강아지, 오리, 소, 비둘기, 부엉이 • 하드보드지로 톱니 원을 만들어 8등분하여 동물이름을 써 넣는다. 같은 방법으로 동물소리의 글자를 적어 넣는다. 예 ~은 '꼬끼오' 하고 울어요. • 인형을 붙일 작은 원을 만든다. 
활동방법	**[도입]** • 동물 그림책을 보여 주며 소리를 표현해 본다. **[전개]** • 그림책을 보고 맞는 펠트인형을 골라 붙인다. • 동물의 이름을 찾아 인형판에 맞춘다. • 동물의 소리를 나타내는 글자를 찾아 돌려 맞춘다. • 동물의 소리를 흉내 내어 본다. **[마무리]** • 동물의 소리와 함께 특징적인 행동을 흉내 내어 본다.
평가 및 응용	영아의 경우 동물인형을 활용하여 이름을 소개한다.

활동 | 알파벳 주머니

주제	세계 여러 나라 – 세계 여러 나라의 문화유산; 영어 알파벳
대상 연령	3~5세
주요 개념	영어 알파벳, 철자
활동 목표	• 우리글과 다른 글자가 있음을 안다. • 영어의 알파벳을 안다. • 같은 알파벳을 찾을 수 있다.
교재교구	• 펠트지를 이용하여 알파벳 주머니를 만든다. • 펠트지를 이용 각 알파벳에 들어갈 인형을 만들고 뒷면에 단어를 쓴다. • 각 알파벳당 3~4개씩의 인형을 만든다.
활동방법	**[도입]** • 알파벳 글자를 소개한다. **[전개]** • 각 알파벳에 들어가는 인형을 찾아 알맞은 주머니에 넣어 본다. • 알파벳 주머니의 알파벳과 단어에 들어 있는 같은 알파벳을 찾아본다. • 인형을 이용하여 같은 알파벳이 들어가 있는 인형들을 모아 본다. • 영어단어를 소리 내어 읽어 본다. – apple: 사과 – airplane: 비행기 – ant: 개미 – angel: 천사 – music: 음악 – milk: 우유 – monkey: 원숭이 – mouth: 입 – moon: 달 – zoo: 동물원 – zero: 0 – zipper: 지퍼 – zebra: 얼룩말 **[마무리]** • 알파벳을 다함께 합창으로 읽어 본다.
평가 및 응용	• 알파벳의 글자 모양에 관심을 갖게 한다. • 영어에 대한 과도한 학습이 되지 않도록 지도한다. • 영아의 경우 인형만을 가지고 놀이하여도 좋다.

활동 | 가게에 있는 물건들

주제

우리 동네 – 우리 동네 생활

대상 연령

3~4세

주요 개념

과일가게, 야채가게, 옷가게

활동 목표

- 사물을 분류해 볼 수 있다.
- 사물에 대한 영어 이름을 안다.

교재교구

- 가게를 상자로 만들고 각 상점에 들어갈 물건을 그림으로 만든다.
- 그림카드의 앞에는 그림 자료를, 뒷면에는 한글 이름과 영어 이름을 적어 둔다.

활동방법

[도입]
- 시장에 가 본 경험이 있는지 이야기를 나눈다.
- 시장에서 볼 수 있는 것에 대해 이야기한다.

[전개]
- 야채가게, 과일가게, 옷가게에서 볼 수 있는 물건에 대해 이야기한다.
- 각 가게에 들어 있는 그림카드를 보면서 이름과 그 쓰임새, 특징 등을 말해 본다.
- 그림카드의 이름을 읽어 보고 영어 이름도 함께 발음해 본다.
- 그림카드를 한 곳에 모아 두고 하나씩 집어 적당한 가게에 넣어 준다.

[마무리]
- 그 밖에 각 가게에 있어야 할 물건은 없는지 말해 본다.

평가 및 응용

- 그림카드를 말하기의 단서로 이용하여 말하기를 촉진한다.
- 가게 놀이와 연결하여도 좋다.

활동 | 가나다 주사위

주제	우리나라 – 우리의 자랑거리; 한글
대상 연령	4~5세
주요 개념	자음, 모음, 글자, 단어, 낱말
활동 목표	• 한글에 흥미를 가진다. • 단어의 글자 조합을 안다.
교재교구	• 하드보드지(21cm×21cm)로 게임판 두 개를 만든다. • 주사위(6cm)를 두 개 만들어 'ㄱ, ㄴ, ㄷ, ㄹ, ㅁ, ㅂ'과 'ㅏ, ㅓ, ㅗ, ㅜ, ㅡ, ㅣ'를 각기 붙인다. • '가~비'까지의 글자 36개로 글자카드(5cm×5cm)를 만든다. • '가~비'가 들어가는 낱말카드/그림카드를 36개 만든다. 
활동방법	**[도입]** • 두 개의 주사위를 던져 나온 글자가 들어 있는 단어를 찾는 게임을 한다고 소개한다. **[전개]** • 2명 또는 4명의 유아가 편을 짠 다음 주사위를 하나씩 던진다. • 자음과 모음 주사위에서 나온 글자가 들어 있는 단어를 카드에서 찾는다. • 게임판에 카드를 먼저 붙인 팀이 이긴다. • 주사위를 던져 붙어 있는 글자가 나오면 한 번 쉰다. **[마무리]** • 게임판의 단어를 읽어 본다.
평가 및 응용	게임을 하지 않더라도 유아가 주사위를 던져 나온 자음과 모음 조합의 단어를 찾아봄으로써 글자를 익힐 수 있다.

활동 | 같은 글자

주제	우리나라 – 우리의 자랑거리; 한글
대상 연령	5세
주요 개념	ㄱ, ㄴ, ㄷ, ㄹ, 자음
활동 목표	• 글자에 관심을 갖는다. • 글자의 모양에 근거하여 같은 글자를 찾는다. • 어휘 능력을 확장시킨다. • ㄱ, ㄴ, ㄷ, ㄹ이 들어간 단어를 안다.
교재교구	머메이드지를 이용하여 그림과 글자를 만든다. ㄱ. 가지, 강, 기차, 고무신, 가마솥, 가면, 김치, 거위, 곰, 고구마, 고양이, 고추, 구두, 감자, 구슬, 김밥, 가수, 가구, 귤, 가방, 강아지, 감, 가재, 기린, 고래, 갈매기, 거미, 가족, 가위 ㄴ. 낙타, 너구리, 나무, 낙엽, 나팔꽃, 난초, 나팔, 날개, 널뛰기, 넥타이, 농구공, 나귀, 노루, 농부, 나비, 나침반, 나사, 넙치, 느티나무, 나방, 농사, 낚시 ㄷ. 돼지, 돈, 된장, 다리, 단소, 다시마, 동굴, 담요, 달팽이, 단풍, 달걀, 단무지, 동그라미, 돈가스, 더덕, 대나무, 도라지, 덧신, 다람쥐, 닭, 도토리, 두부, 도시, 단추, 도시락, 달리기, 다리미, 두더지 ㄹ. 레몬, 루돌프, 라켓, 라일락, 라디오, 라이터, 리모컨, 리코더, 라벤더, 러시아, 립스틱, 라면, 로봇, 런던, 럭키, 로켓, 레고, 리듬악기, 로마, 리조트, 라커룸, 리본, 렌즈 
활동방법	**[도입]** • 한글을 소개하고 같은 자음이 사용됨을 알려준다. **[전개]** • 첫 글자에 들어가는 철자의 이름을 알아본다. • 그림카드를 읽어 가며 소리를 비교해 본다. • 같은 글자를 가진 낱말을 골라 글자 집에 붙인다. **[마무리]** • 같은 글자와 소리에 유의하며 읽어 본다.
평가 및 응용	글을 모르는 유아의 경우는 하루에 3~4개 정도의 단어를 소개하는 것이 좋다.

활동 | 과일퍼즐

주제

동식물과 자연 – 궁금한 동식물; 계절과일

대상 연령

2~5세

주요 개념

계절과일, 퍼즐, 모양, 도형

활동 목표

- 글자퍼즐을 이용하여 조작능력을 기른다.
- 과일의 이름을 읽고 말할 수 있다.
- 같은 색, 같은 도형을 연결 지을 수 있다.

교재교구

- 우드락으로 15cm×8cm의 직사각형을 만들고, 이것을 여러 모양으로 2조각으로 잘라 둔다.
- 자른 우드락의 한쪽에 과일의 그림(겉모양과 속모양)을, 다른 한쪽에는 그 과일의 이름을 붙인다. 뒷면에는 같은 모양의 도형을 붙여 준다.
  - 계절별 과일: 봄 = 딸기, 포도, 토마토, 멜론, 키위
    여름 = 복숭아, 참외, 수박, 자두, 살구
    가을 = 사과, 감, 배
    겨울 = 귤, 오렌지, 금귤

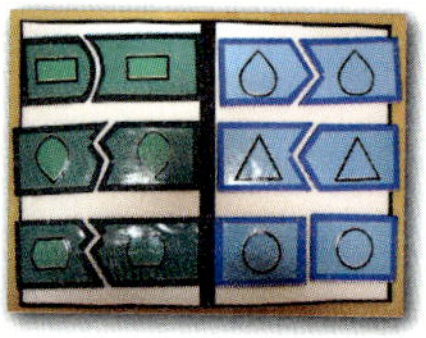

활동방법

[도입]
- 유아의 흥미유발을 위해 좋아하는 과일이나 자기가 알고 있는 과일(계절과일)에 대해 이야기를 나눈다.

[전개]
- 과일그림을 보여 주고 모서리를 만져 보게 한다.
- 과일퍼즐을 맞추어 본다.
- 퍼즐의 색과 조작의 맞춤이 단서임을 알린다.
- 퍼즐의 뒷면의 도형을 맞추어 자신이 맞춘 과일퍼즐이 옳은지 확인한다.
- 완성한 과일의 맛과 특성에 대해 이야기한다.

[마무리]
- 맞춘 과일의 이름을 읽어 본다.
- 알고 있는 과일의 이름을 나열해 본다.

평가 및 응용

- 영아의 경우는 같은 색의 한 종류 퍼즐만 주고 도형을 맞추어 보도록 지도한다.
- 유아의 경우는 퍼즐 놀이뿐 아니라 쓰기 활동으로 연결한다.

활동 | 글자 찾아가는 구슬

주제
동식물과 자연 – 궁금한 동식물

대상 연령
4~5세

주요 개념
동물, 구슬, 굴리다.

활동 목표
- 게임을 통해 글자를 읽는 즐거운 경험을 한다.
- 구슬을 굴려 보면서 감각적 즐거움을 경험한다.

교재교구
- 하드보드지에 우드락을 대고 위·아래 부분에 네 개씩 구멍이 뚫린 상자를 만든다.
- 상자 안쪽에는 아이스크림 막대를 지그재그로 붙인다.
- 상자 앞부분에는 안이 잘 보이도록 아크릴판을 댄다.
- 그림카드와 글자카드를 준비한다.
  - 동물: 돼지, 고양이, 닭, 코끼리, 호랑이, 캥거루, 판다, 기린, 소
  - 식물: 개나리, 진달래, 민들레, 해바라기, 무궁화, 봉숭아, 코스모스, 튤립, 클로버, 장미
  - 곤충: 매미, 사마귀, 귀뚜라미, 벌, 나비, 개미, 하늘소, 무당벌레, 풍뎅이, 여치

활동방법

[도입]
- 게임 교구를 보고 어떤 활동을 하는지에 대해 탐색하는 시간을 갖는다.

[전개]
- 그림카드 네 개를 선정하여 그림·글자판에 붙여 놓는다.
- 구슬을 떨어뜨려 나온 숫자에 맞는 그림을 확인한다.
- 확인한 그림카드에 맞는 글자를 찾아 붙인다.
- 그림카드에 올바른 글자카드를 맞춘 유아가 글자카드를 갖는다.
- 글자카드를 많이 가진 유아가 이긴다.

[마무리]
- 글자카드를 한 번 더 읽어 본다.

평가 및 응용
- 그림카드와 글자카드만을 이용하여 읽기 활동을 할 수 있다.
- 그림카드와 글자카드를 유사한 것끼리 분류해 본다.

활동 | 글자 돌림판

주제

우리나라 – 우리나라의 자랑거리; 한글

대상 연령

4~5세

주요 개념

낱글자, 단어, 어휘

활동 목표

- 글자 돌림판에 들어간 글자를 통해 단어가 낱글자로 분리될 수 있다는 것을 인지한다.
- 여러 사물의 이름을 안다.

교재교구

- 하드보드지와 머메이드지를 이용하여 지름 20cm의 원을 만든다.
- 원에 '가~하'까지의 글자를 쓰고 이 글자가 들어간 단어를 준비한다.

– 가: 가위, 가방, 가지
– 라: 라일락, 라디오, 라면
– 사: 사랑, 사탕, 사과
– 차: 차표, 차선, 차례
– 파: 파도, 파리, 파랑
– 나: 나비, 나사, 나무
– 마: 마늘, 마이크, 마술
– 아: 아저씨, 아기, 아줌마
– 카: 카드, 카레, 카메라
– 하: 하늘, 하양, 하마
– 다: 다리, 다리미, 다람쥐
– 바: 바나나, 바퀴, 바지
– 자: 자동차, 자전거, 자두
– 타: 타조, 타이어, 타자

활동방법

[도입]
- 우리글의 자음과 모음에 대해 설명하고 '가~하'까지를 소개한다.

[전개]
- '가'로 시작하는 어휘나 '나'로 시작하는 어휘 등을 말해 보게 한다.
- '가~하'까지의 돌림판을 돌려 가면서 직접 그 글자를 읽어 본다.
- 한글이 하나하나 분리될 수 있다는 것을 설명해 준다.

[마무리]
- 글자 돌림판의 글자를 손을 짚어 가며 함께 읽어 본다.

평가 및 응용

쓰기 교구로 활용할 수 있다.

활동 | 땅에 사는 동물과 물에 사는 동물

주제	동식물과 자연 – 궁금한 동식물
대상 연령	4~5세
주요 개념	서식지
활동 목표	• 땅에 사는 동물과 물에 사는 동물에 대해 알 수 있다. • 눈과 손의 협응력 발달을 돕는다. • 유아의 기억력 발달을 돕는다.
교재교구	• 땅에 사는 동물과 물에 사는 동물의 그림과 이름을 쓴 3.5cm의 카드를 만든다. • 색 우드락을 세 개 맞붙여 붙이고, 이 중 한 장에 4cm의 정사각형 12개를 만든다. • 하드보드지로 덮개를 만드는데, 사각별 모양을 만들어 시트지로 싸고 뿅뿅이로 손잡이를 단다. ➲ 땅에 사는 동물 – 농장동물: 돼지, 말, 염소, 젖소, 양, 닭 – 애완동물: 햄스터, 토끼, 강아지, 고양이, 뱀, 고슴도치 – 야생동물: 사자, 호랑이, 곰, 늑대, 기린, 코끼리 ➲ 물에 사는 동물 – 연못동물: 개구리, 소금쟁이, 올챙이, 물방개, 다슬기, 미꾸라지 – 강동물: 하마, 메기, 뱀장어, 잉어, 오리, 악어 – 바다동물: 오징어, 문어, 물개, 거북, 고래, 상어

활동방법	**[도입]** • 땅에 사는 동물과 물에 사는 동물에 대해 이야기를 나눈다. • 교구를 보여 주며 친구를 찾는 기억력 게임을 할 것이라고 설명한다. **[전개]** • 유아는 땅에 사는 동물과 물에 사는 동물 중 하나를 선택한다. • 뚜껑을 열어 어느 곳에 어떤 동물이 있는지 기억한다. • 다시 뚜껑을 닫은 후에 그림과 글씨가 같은 동물을 찾아낸다. • 만일 같은 그림이 나오면 뿅뿅이 달린 사각뿔 두 개를 갖고, 아니면 다시 뚜껑을 덮는다. • 사각뿔을 많이 가진 유아가 게임에 이긴다. • 계속 게임을 하기를 원할 경우 그림을 바꾸어서 해본다. **[마무리]** • 유아가 기억한 동물의 이름을 읽어 본다.
평가 및 응용	• 경험이 많은 유아는 동물을 사는 곳에 따라 보다 자세하게 분류해 본다. • 글을 아는 유아는 그림이 아닌 글자카드를 이용하여 게임을 해본다.

활동 | 나와 맞는 말을 찾아 주세요.

주제	한글 - 문장 만들기
대상 연령	3~4세
주요 개념	의성어, 의태어
활동 목표	의성어와 의태어를 이해한다.
교재교구	하드보드지를 이용하여 피자판 모양의 단어판과 의성어 또는 의태어 판을 만든다. 단어판의 그림은 코팅하여 준비한다. 
활동방법	**[도입]** • 그림카드를 보여 주며 누구인지 또는 무엇인지 이야기를 나눈다. **[전개]** • 각각의 피자판을 보여 주고 탐색해 보도록 한다. • 그림카드를 보면서 어떤 소리를 내는지, 어떤 동작을 보이는지 이야기를 나눈다. • 그림카드의 이름을 피자판에서 찾고, 그와 관련된 소리문장이나 동작문장을 의성어, 의태어 피자판에서 찾아 맞춘다. • 두 피자판의 글을 연결하여 문장을 만든다. **[마무리]** • 문장을 읽어 본다.
평가 및 응용	유아들의 다양한 소리 표현이나 동작 표현을 격려하고 수용한다.

활동 | 도구 이름 알기 게임

주제

생활 도구 – 다양한 생활 도구

대상 연령

4세

주요 개념

도구, 규칙

활동 목표

- 여러 가지 도구의 이름을 안다.
- 게임의 규칙을 이해하고 지킨다.

교재교구

- 도구 글자판은 A4 크기의 색 켄트지를 잘라 12등분하고, 각 칸에 각기 다른 도구의 이름을 붙인다. 똑같은 것을 두 개 만든다.
- 글자판에 올려놓을 그림카드를 만든다.
- 하드보드지를 이용하여 돌림판을 열다섯 칸으로 만들어 열두 개에는 도구그림을 붙이고, 나머지 세 칸에는 '꽝', '한 칸 더', '마음대로'를 붙인다. 중앙에 화살표를 만들어 붙인다.
- 분유통이나 과자통 위에 붙여 돌리기 쉽게 한다.

활동방법

[도입]

- 유아들이 알고 있는 도구와 도구의 이름에 대해 이야기해 보고 도구의 종류에 대해서 이야기한다.
- 게임의 규칙을 알려준다.

[전개]

- 도구 글자판을 하나씩 나누어 갖고 순서를 정한다.
- 돌림판을 돌려 나온 도구를 도구 그림카드에서 찾아 자신의 글자판에 올려놓는다.
- 꽝이 나오면 카드를 올려놓을 수 없다.
- '마음대로'가 나오면 붙이고 싶은 것을 가져다 붙인다.
- 한 번 나왔던 것이 나오면 한 번 쉰다.
- '한 칸 더'가 나오면 기본 칸에서 한 칸 더 채울 수 있다.
- 도구 글자판을 먼저 다 채운 유아가 이긴다.

[마무리]

- 기본판에 나온 도구의 이름을 읽어 본다.

평가 및 응용

게임이 아닌 도구와 관련한 활동에 활용할 수 있다.

활동 | 맞는 이름을 찾아요.

주제

사물 이름

대상 연령

3세

주요 개념

맞는 이름, 틀린 이름

활동 목표

- 사물의 이름을 안다.
- 손 근육 발달을 돕는다.

교재교구

- 그림카드와 그림카드를 넣을 틀을 만든다.
- 그림카드에는 그림과 그림의 이름, 그리고 틀린 이름 두 개를 써넣고, 맞는 이름이 쓰여 있는 곳 앞에 펀치로 구멍을 뚫는데, 틀린 이름의 구멍은 막대가 빠져나가도록 카드 끝까지 구멍을 만든다.

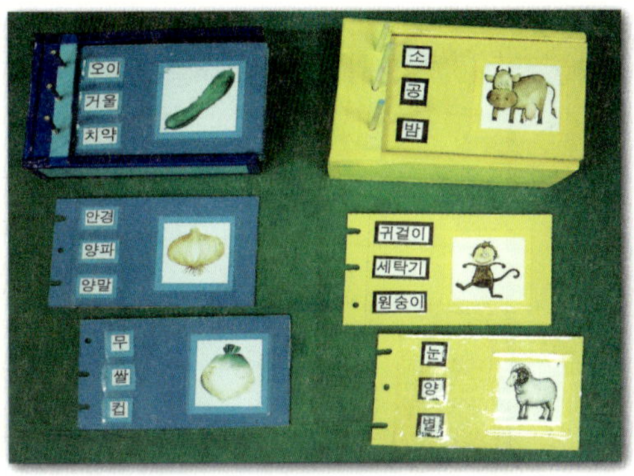

활동방법

[도입]

- 이름을 알아맞히는 요술 상자가 있다고 설명한다.

[전개]

- 그림카드를 보여 주면서 어떤 것인지 이야기한다.
- 틀 위에 카드를 올려놓고 막대를 꽂는다.
- 이름이 맞을 경우 카드를 뺄 수 있다고 말하고, 유아들이 그림의 이름을 말하고 그림의 글자를 찾아 막대를 빼 보도록 한다.
- 카드를 잡아당겨 보고 빠져 나오지 않으면 그림과 명칭이 맞지 않는 것이므로 다시 다른 막대를 뺀다.

[마무리]

- 그림의 이름을 손으로 짚어 가며 읽어 본다.

평가 및 응용

두 명 또는 네 명의 유아가 게임식으로 이름을 익히도록 지도한다.

활동 | 반대말 퍼즐

주제

우리나라 – 우리나라의 자랑거리; 한글(반대말)

대상 연령

3~5세

주요 개념

반대말

활동 목표

- 반대말을 안다.
- 주의집중력을 기른다.

교재교구

- 코르크 우드락을 이용하여 퍼즐판을 만든다.
- 퍼즐 모양을 각각 다른 색으로 붙이는데, 반대말끼리는 같은 색으로 한다.

➲ **반대말**

가깝다 – 멀다
밝다 – 어둡다
좁다 – 넓다
날씬하다 – 뚱뚱하다
가볍다 – 무겁다
길다 – 짧다
앞으로 간다 – 뒤로 간다
복잡하다 – 간단하다
위 – 아래
올라간다 – 내려간다
새 것 – 헌 것
느리다 – 빠르다
조용하다 – 시끄럽다
가늘다 – 굵다
작다 – 크다
차갑다 – 뜨겁다
켜졌다 – 꺼졌다
적다 – 많다
오른쪽 – 왼쪽
좋다 – 싫다
열다 – 닫다

활동방법

[도입]
- 퍼즐판을 보여 주고 맞추자고 한다.

[전개]
- 퍼즐을 맞추는 과정에서 서로의 관련성을 발견하도록 돕는다.

[마무리]
- 맞춘 퍼즐의 글씨를 읽어 본다.

평가 및 응용

- 영아는 퍼즐 맞추기가 아닌 같은 색, 같은 모양 찾기로 활용한다.
- 유아는 글에 초점을 두며 퍼즐을 맞추도록 지도한다.

활동 | 반대말을 맞추어요.

주제
우리나라 – 우리나라의 자랑거리; 한글(반대말)

대상 연령
5세

주요 개념
반대말

활동 목표
- 반대말을 알 수 있다.
- 눈과 손의 협응력을 기른다.

교재교구
- 반대말 퍼즐을 준비한다.

가늘다 – 굵다	멀다 – 가깝다	자르다 – 붙이다	뜨겁다 – 차갑다
기쁘다 – 슬프다	길다 – 짧다	울다 – 웃다	쓰다 – 지우다
입다 – 벗다	묶다 – 풀다	잡다 – 놓다	접다 – 펴다
밀다 – 당기다	높다 – 낮다		
달다 – 쓰다	크다 – 작다		
좋다 – 나쁘다	올리다 – 내리다		
빠르다 – 느리다	사다 – 팔다		
무겁다 – 가볍다	움직이다 – 멈추다		
닫히다 – 열리다	약하다 – 강하다		
더하다 – 빼다	곱하다 – 나누다		
빼다 – 넣다	나가다 – 들어오다		
많다 – 적다	덥다 – 시원하다		

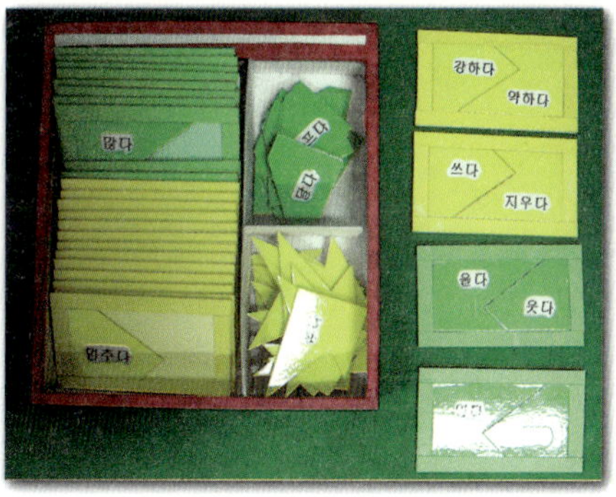

활동방법

[도입]
- 반대말을 찾아보자고 한다.

[전개]
- 퍼즐판에 쓰여 있는 한쪽 단어를 소리 내어 읽어 본다.
- 단어를 소리 내어 읽으면서 반대말을 알아본다.
- 반대말의 조각을 찾아 맞춰 본다.

[마무리]
- 퍼즐의 글자를 읽어 본다.

평가 및 응용
색깔별로 퍼즐조각이 같은 모양으로 오려져 있어 글자를 보고 반대말을 찾을 수 있다.

활동 | 사방치기 놀이

주제

우리나라 – 우리나라 놀이와 예술; 전통놀이(사방치기)

대상 연령

5세

주요 개념

사방치기, 전통놀이

활동 목표

- 우리의 전통놀이를 이해한다.
- 대근육 발달을 돕는다.
- 놀이를 통해 단어를 자연스럽게 배운다.

교재교구

세로 120cm, 가로 80cm의 폼보드와 마스킹 테이프를 이용하여 사방치기판을 만든다.

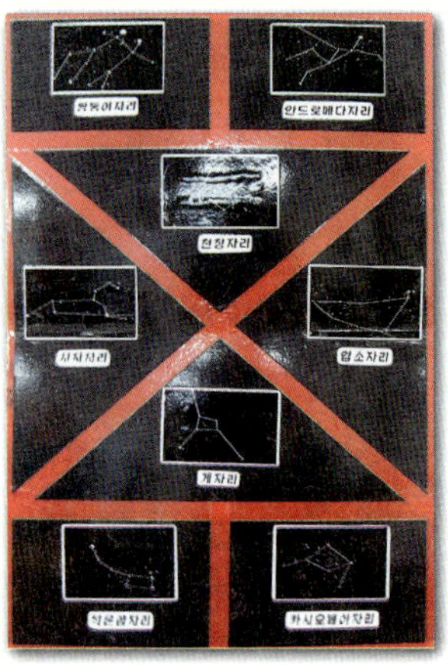

활동방법

[도입]
- 유아들이 알고 있는 우리 전통놀이가 있는지 이야기를 나눈다.
- 그 중 사방치기에 대해 소개를 한다.

[전개]
- 사방치기판 위에 단어카드를 놓는다.
- 콩 주머니를 순서대로 던진 후 사방치기 놀이처럼 통과한다.
- 통과한 유아는 단어카드를 가진다.
- 단어카드가 많은 유아가 이긴다.

[마무리]
- 놀이 경험에 대해 이야기하고 가지고 있는 단어카드를 함께 읽어 본다.

평가 및 응용

별자리나 색깔 이외에 동물, 꽃 등 다양한 단어카드를 준비한다.

활동 | 암호글자: 동물

주제

동식물과 자연 – 동물과 우리 생활

대상 연령

5세

주요 개념

암호, 암호글자, 상징

활동 목표

- 암호를 통해 글자를 조합해 본다.
- 글자가 상징이며 사회적 약속이라는 것을 이해한다.

교재교구

- 하드보드지와 색상지를 이용하여 글자카드, 그림카드, 암호카드 등을 만든다.
  - 육지동물: 토끼, 사자, 기린, 돼지, 양, 소, 쥐, 말
  - 바다동물: 꽃게, 조개, 고래, 펭귄, 문어, 물개, 상어, 전복
  - 하늘동물: 참새, 까치, 파리, 매미, 나비, 매, 벌, 학

활동방법

[도입]

- 교사는 유아들과 동물에 대하여 이야기를 나눈다.
- 유아들이 좋아하는 동물이 어디에 살고 있는지 이야기를 나눈다.

[전개]

- 육지에 사는 동물, 바다에 사는 동물, 하늘을 나는 동물을 분류한다.
- 유아들에게 육지에 사는 동물, 바다에 사는 동물, 하늘을 나는 동물들의 특징을 설명한다.
- 유아들에게 암호판 읽는 방법을 설명한 후 암호 읽기 시범을 보인다.
- 교사의 시범을 보고 유아들은 암호판을 이용하여 동물의 이름을 만든다.
- 글자를 다 붙인 후 글자에 맞는 그림을 찾아 붙인다.

[마무리]

- 동물판의 글자를 다 완성한 유아는 동물판에 있는 동물에 대하여 설명한다.

평가 및 응용

유아 개인이나 반의 암호글자를 만들어 본다.

활동 | 어떤 병원에 갈까요?

주제	우리 동네 – 우리 동네 생활; 병원
대상 연령	3~4세
주요 개념	병원, 건강, 진료과
활동 목표	• 병원의 종류를 안다. • 병의 종류에 따라서 가는 병원이 다름을 안다.
교재교구	• 4절 하드보드지에 색지를 이용하여 아픈 어린이를 그린다. • 5cm×5cm로 글자카드를 만든다. • 8절 하드보드지에 병이 났을 때의 표정이 담긴 그림을 준비한다.

활동방법

[도입]
- 병이 나면 어떻게 해야 하는지 말해 본다.
- 유아들에게 아팠던 경험을 이야기하게 하고 어떤 병원에 갔는지 이야기해 본다.

[전개]
- 병원에는 여러 진료과가 있음을 유아들에게 알려주고 병의 종류에 따라서 가는 병원도 달라진다고 말한다.
  (치과, 안과, 이비인후과, 내과, 외과, 소아과)
- 아픈 곳에 따라 어느 병원에 가야 하는지 말하고 글씨카드에 찾아 붙인다(아픈 곳을 신체로 표현하여 본다).
- 각 진료과에 따라 필요한 도구와 치료부위를 연결한다.

[마무리]
- 각 진료과의 명칭을 읽어 본다.
- 건강을 위한 실천사항을 말해 본다.

평가 및 응용	병원 견학이나 병원 놀이와 연계한다.

활동 | 여러 나라 국기

주제	세계 여러 나라 – 세계 여러 나라와의 교류; 국기
대상 연령	4~5세
주요 개념	국기, 나라
활동 목표	• 우리나라와 세계 여러 나라의 국기에 관심을 가진다. • 나라에는 그 나라를 상징하는 것이 있음을 안다.
교재교구	• 세계 여러 나라의 국기가 들어 있는 국기책과 국기카드, 국가 이름카드 등을 준비한다. • 국가 이름은 펠트지로 만들어 붙인다. – 국가: 중국, 일본, 호주, 캐나다, 영국, 아일랜드, 인도, 인도네시아, 미얀마, 미국, 러시아, 노르웨이, 칠레, 뉴질랜드, 남아프리카공화국
활동방법	**[도입]** • 국가를 상징하는 것에 관해 이야기한다. • 국기가 의미하는 바를 알려준다. **[전개]** • 국기책과 국기카드를 보고 어떤 국가 국기인지 알아본다. • 각 국가의 국기의 특징, 모양과 색을 알아본다. • 국가이름카드와 국기카드를 연결해 본다. **[마무리]** • 국기를 보면서 국가이름을 읽어 본다.
평가 및 응용	• 영아의 경우 몇 개의 국가만 소개한다. • 유아의 경우 대륙별로 국가를 묶어 본다.

활동 | 오징어가 보여 줘요.

주제	사물 이름
대상 연령	4~5세
주요 개념	학용품, 교실, 의류, 동물, 과일, 채소, 자연
활동 목표	• 사물의 이름을 안다. • 촉감의 즐거움을 경험한다. • 소근육 발달을 돕는다.
교재교구	• EVA를 이용하여 오징어판을 만들고 그림과 글자가 들어 있는 카드를 만든다. – 학용품: 가위, 연필, 공책, 볼펜 – 교실: 의자, 책상, 창문, 칠판 – 의류: 모자, 양말, 치마, 바지 – 동물: 기린, 토끼, 돼지, 사자 – 과일: 참외, 딸기, 포도, 사과 – 채소: 고추, 오이, 당근, 피망 – 자연: 나무, 꽃밭, 구름, 잔디
활동방법	**[도입]** • 오징어가 글자를 보여 준다고 말하고, 오징어판을 이용하여 이름을 알아보자고 한다. **[전개]** • 각 분야별로 그림을 보면서 그 이름을 말하고 글을 읽어 본다. **[마무리]** • 나온 사물의 이름을 나열해 본다.
평가 및 응용	유아들이 직접 교구를 만지면서 활동할 수 있도록 한다.

활동 | 원통글자

주제

동식물과 자연 – 식물과 우리 생활; 식물

대상 연령

5세

주요 개념

채소, 과일, 꽃

활동 목표

- 식물의 이름을 안다.
- 손가락 근육 발달을 돕는다.

교재교구

- 식물카드를 만든다.
- ‘무엇일까’ 판에 글자가 보이도록 칸을 뚫은 원통을 붙이고 이에 들어갈 수 있는 원통을 만들어 식물이름을 써 둔다.
  - 채소: 가지, 호박, 오이, 당근, 양파, 버섯, 배추
  - 과일: 사과, 배, 포도, 멜론, 딸기, 키위, 수박, 참외
  - 꽃: 장미, 백합, 튤립, 국화

활동방법

[도입]

- 그림카드에 있는 사물의 이름을 찾아 주자고 말한다.

[전개]

- 유아가 원하는 그림카드를 하나 찾아 판에 붙인다.
- 이름을 말하고 원통을 돌려서 그림에 맞는 이름 글자를 찾는다.
- 글자를 읽어 본다.
- 그림카드의 사물에 관해 이야기한다.
- 원통글자를 돌려놓는다.

[마무리]

- 이름을 다시 찾아 읽어 본다.

평가 및 응용

글자와 그림을 한 원통에 들어가도록 교구를 만들어 활동할 수 있다.

활동 | 자음 깃발 꽂기

주제	우리나라 – 우리나라의 자랑거리; 한글(자음)
대상 연령	5세
주요 개념	자음
활동 목표	• 자음을 익히고 읽어 본다. • 게임을 통해 즐거움을 경험한다.
교재교구	• 요구르트 병 14개, 머메이드지, 하드보드지(40cm×40cm) 등을 이용하여 게임판을 만든다. • 자음 깃발(2종류)은 한 면에는 자음을, 다른 면에는 그 자음이 들어간 단어를 적어 둔다. • 1~3이 들어간 주사위를 준비한다. 
활동방법	**[도입]** • 깃발 꽂기 게임을 한다고 말하고 게임규칙을 설명한다. **[전개]** • 자음 깃발을 한 종류씩 나누어 갖는다. • 주사위를 던져 나온 수만큼 가서 거기 있는 자음의 깃발을 찾아 게임판에 꽂는다. • 깃발을 꽂으며 자음의 이름을 말해 본다. • 그 자음이 들어간 단어를 말해 본다. • 먼저 도착한 유아가 이긴다. **[마무리]** • 꽂혀 있는 자음 깃발을 하나씩 빼면서 거기에 적혀 있는 단어를 읽어 본다.
평가 및 응용	그림단서가 없어 글을 모르는 유아의 경우는 어려울 수 있으므로, 자음이 들어간 단어를 읽어 보는 대신에 말해 보기를 해도 좋다.

활동 | 채소가게

주제	동식물과 자연 – 식물과 우리 생활; 채소가게
대상 연령	4~5세
주요 개념	가게, 분류
활동 목표	• 그림카드를 보며 읽어 본다. • 채소의 이름을 안다.
교재교구	• 하드보드지를 이용하여 상자를 만들고 그림카드가 들어갈 수 있도록 한다. – 채소가게: 오이, 배추, 당근, 무, 피망, 가지, 파, 옥수수, 마늘, 고추 
활동방법	**[도입]** • 엄마와 함께 가 본 적이 있는 가게에 대해 이야기를 나누고 채소가게에 있는 것에 관해 알아보자고 한다. **[전개]** • 그림카드를 보며 채소가게에서 볼 수 있는 것이 어떤 것인지 알아본다. • 뒷면의 이름을 읽어 본다. • 카드를 가게에 넣어 보고 밑으로 나온 글씨를 읽어 본다. • 나온 채소에 대해 알아본다. **[마무리]** • 나온 채소를 기억하여 말해 본다.
평가 및 응용	다른 가게에서 팔리는 물건의 그림카드를 함께 준비하여 분류놀이를 해도 좋다.

활동 | 필요해요.

주제

우리 동네 – 우리 동네 생활; 활동에 필요한 것들

대상 연령

4~5세

주요 개념

장소, 관계

활동 목표

- 우리 일상생활에서 가 볼 수 있는 여러 장소를 안다.
- 각 장소를 방문하는 데 필요한 여러 소품들을 안다.
- 사물과 사물의 관련성을 추론할 수 있다.

교재교구

- 하드보드지와 색상지를 이용하여 유아들이 경험할 수 있는 장소와 그에 필요한 소품을 만든다.
  - "전철을 타려면 전철표가 필요해요."
  - "공중전화를 사용하려면 공중전화카드가 필요해요."
  - "약국에 가려면 처방전이 필요해요."
  - "영화를 보려면 영화표가 필요해요."
  - "외국에 가려면 여권이 필요해요."
  - "저금을 하려면 통장이 필요해요."
  - "놀이동산에 가려면 입장권이 필요해요."
  - "결혼식에 가려면 청첩장이 필요해요."
  - "목욕탕을 가려면 입장표가 필요해요."
  - "계산을 하려면 돈이 필요해요."
  - "도서관에 가려면 도서 대출증이 필요해요."
  - "편지를 보내려면 우표가 필요해요."
  - "병원에 가려면 의료보험카드가 필요해요."
  - "기차를 타려면 승차권이 필요해요."
  - "선거를 하려면 투표용지가 필요해요."
  - "길을 알려면 지도가 필요해요."
  - "은행에서는 대기표가 필요해요."
  - "버스를 타려면 교통카드가 필요해요."
  - "운전을 하려면 운전면허증이 필요해요."
  - "톨게이트를 지나려면 통행권이 필요해요."

활동방법

[도입]
- 유아들이 가 본 장소나 해본 행동의 경험을 이야기한다.

[전개]
- 유아들과 교구를 보면서 해당 장소의 경험에 대해 이야기해 본다.
- 교구를 보고 무엇을 하는 곳인지 말해 본다.
- 실제 표와 카드를 보여 주고 어디에서 사용하는 것인지 물어본다.
- 각 장소에 카드와 표를 직접 붙여 본다.

[마무리]
- 각 장소의 명칭을 읽어 본다.

평가 및 응용

영아의 경우 유아가 경험했을 만한 장소를 제공한다.

쓰기

활동 | 글자 돌림이

주제 우리나라 – 우리나라의 자랑거리; 한글

대상 연령 4~5세

주요 개념 자음, 모음, 뽑기

활동 목표
- 눈과 손의 협응력을 길러 준다.
- 자음과 모음을 조합할 수 있다.
- 다양한 글자를 만들어 글자에 관심을 가지게 한다.

교재교구

아크릴로 제작한 자모 돌림이, 자모음 탁구공, 계란판을 이용한 읽기·쓰기판

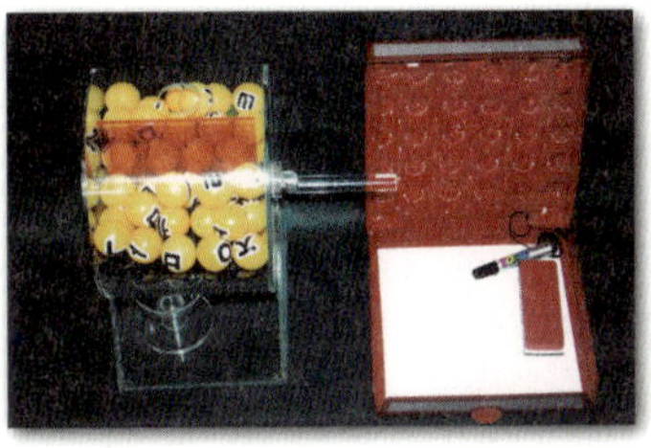

활동방법

[도입]
- 자음·모음에는 어떤 글자가 있는지 이야기해 본다.
- 자모음 돌림이와 읽기·쓰기판에 대해서 소개한다.

[전개]
- 자모음 돌림이를 돌려 탁구공이 나오게 한다.
- 탁구공에 적힌 자음과 모음을 읽기판에 놓고 조합하여 글자를 만든다.
- 조합한 글자를 읽어 본다.
- 읽기판에 있는 글자를 그대로 쓰기판에 써 본다.
- 쓰기판에 쓰여 있는 글자가 들어가는 단어를 말해 본다.

[마무리]
- 유아들에게 자음과 모음으로 글자를 만들게 하고, 그 글자가 들어 있는 단어를 교실에서 찾아본다.

평가 및 응용
- 자음만 또는 모음만 나와서 글자를 만들지 못하는 경우도 있음을 알게 한다.
- 종이나 단어장에 글을 써서 자신만의 글자은행을 만들도록 지도한다.

활동 | 공룡이름

주제

동식물과 자연 – 궁금한 동식물; 공룡

대상 연령

5세

주요 개념

공룡

활동 목표

- 공룡의 종류와 그 이름을 안다.
- 지금은 사라진 공룡 생태에 대해 이해한다.

교재교구

- 색상지를 이용하여 앞면에는 공룡그림을, 뒷면에는 공룡에 대한 설명을 적은 공룡 그림판을 만든다.
- 공룡 글씨판은 하드보드지를 이용하여 낱자로 파서 만든다.
(티라노사우루스, 람포린쿠스, 모사사우루스, 미이라사우루스, 노도사우루스, 스테고사우루스, 트리케라톱스)

활동방법

[도입]

- 지금은 살고 있지 않은 공룡의 이름을 알아보자고 한다.

[전개]

- 공룡그림을 보여 주고 유아들이 알고 있는 공룡이 있는지 이야기한다.
- 공룡사진을 보여 주고 공룡의 특성, 생활, 먹이, 멸종 이유 등에 관해 이야기를 나눈다.
- 공룡 글씨판을 이용하여 공룡이름을 만져 보고 본을 떠 본다.
- 공룡이름을 본 떠 색칠을 하거나 꾸며 본다.

[마무리]

- 쓴 공룡의 이름을 말해 본다.

평가 및 응용

자연사 박물관 견학과 연결하여 진행한다.

활동 | 구두끈 글자

주제	한글 자모음과 영어 알파벳
대상 연령	3~5세
주요 개념	자음과 모음, 알파벳
활동 목표	• 구두끈으로 글자를 꿰어 보며 글자를 익힌다. • 눈과 손의 협응력을 기른다. • 손 근육 발달을 돕는다.
교재교구	• EVA로 한글 자모와 알파벳을 만들고 3cm 간격으로 구멍을 내둔다. • 여러 색의 구두끈을 준비한다.  
활동방법	**[도입]** • 쓰는 글자가 아닌 만져 보는 글자가 있다고 소개한다. **[전개]** • 자모글자와 알파벳을 보여 주고 함께 탐색해 본다. • 구멍을 끈으로 꿰어 보게 한다. • 자음과 모음으로 분리해 유아들에게 보여 준다. • 자음과 모음을 어떻게 읽는지 가르쳐 준다. • 자음과 모음으로 단어를 만들어 본다. • 유아 자신이 아는 글자를 만들어 본다. • 알파벳을 보여 주고 알파벳도 소개한다. • 알파벳도 끈으로 꿰어 보며 함께 읽어 본다. **[마무리]** • 자신이 꿴 글자를 만져 가며 읽어 본다.
평가 및 응용	• 언어영역에 배치해 유아들이 스스로 글자를 꿰어 보고, 여러 가지 단어를 만들어 볼 수 있게 한다. • 한 번에 모두 제공하지 말고, 몇 번에 나누어 제시한다.

활동 | 바느질 글자

주제	동식물과 자연 – 궁금한 동식물
대상 연령	4~5세
주요 개념	바느질, 바늘
활동 목표	• 바느질을 통해 눈과 손의 협응력과 소근육의 발달을 돕는다. • 여러 동물의 이름을 안다. • 글자를 다른 방법으로 써 봄으로써 흥미를 기른다.
교재교구	• 머메이드지에 동물의 사진의 붙이고 이름을 적는다. • 이름의 획순을 화살표로 표시한다. 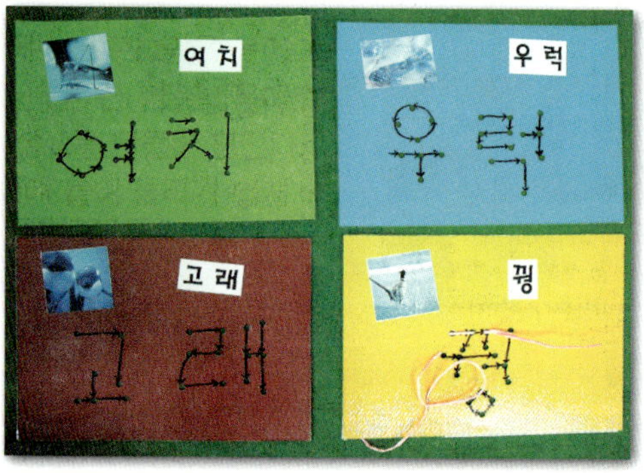
활동방법	**[도입]** • 여러 동물의 이름을 써 보는데, 종이에 연필로 이름을 쓰는 것이 아니고 바느질로 이름을 써 볼 거라고 말해 준다. **[전개]** • 바느질판에 적힌 동물들의 이름을 읽어 본다. • 이름이 나온 동물에 관해 이야기를 나눈다. • 글자의 획순에 따라 바느질을 한다. • 눈을 감고 바느질 된 글자를 만져 본다. **[마무리]** • 바느질 된 글자를 만지며 이름을 말해 본다.
평가 및 응용	바늘이 분실되지 않도록 주의한다.

활동 | 글자 도장

주제	동식물과 자연 – 궁금한 동식물
대상 연령	3~5세
주요 개념	도장 찍기
활동 목표	• 동물의 특징과 이름을 알 수 있다. • 도장 찍기를 통해 손힘을 기른다. • 자음과 모음의 관계를 안다.
교재교구	• 7cm 길이의 나무막대(두께는 1cm×1cm)에 EVA로 자음(2세트)과 모음을 파서 글자 도장을 만든다. • 동물사진을 준비하여 앞면에는 사진을 붙이고, 뒷면에는 설명을 쓴 동물사진카드를 준비한다. 
활동방법	**[도입]** • 동물의 이름을 도장으로 써 보자고 말한다. **[전개]** • 동물그림을 보여 주고 그 동물에 관해 이야기한다. • 동물들의 이름을 말해 본다. • 동물이름을 보고 자음, 모음 도장으로 동물들의 이름을 찍어 본다. **[마무리]** • 도장으로 쓰인 동물이름을 읽어 본다.
평가 및 응용	영아의 경우 글자를 만들기 전에 도장 찍기를 해보도록 한다.

활동 | 글자모형을 이용한 쓰기

주제

생활 도구 – 다양한 생활 도구

대상 연령

3~5세

주요 개념

주변 생활용품

활동 목표

- 주변의 친숙한 사물의 이름을 알 수 있다.
- 글자에 관심을 가질 수 있다.

교재교구

- 가정 생활용품에 대한 그림글자카드를 만든다.
- 펠트지와 솜을 이용하여 자모글자를 만든다.
  - 가정용품: TV, 컴퓨터, 책상, 전자레인지, 냉장고, 신발장, 건조대, 화장대, 빗, 휴지통, 선풍기, 에어컨, 라디오, 세탁기, 스피커, 전기밥솥, 라디오, 연필, 시계, 의자, 옷장, 컵, 접시, 칫솔, 비누, 가방, 드라이기, 침대, 이불, 베개

활동방법

[도입]
- 그림카드를 보여 주며 우리생활에서 어떻게 쓰이는지 이야기를 나눈다.

[전개]
- 글자판에 그림가드를 놓는다.
- 그림카드의 사물이름을 읽어 본다.
- 읽어 본 카드의 글자를 펠트지 글자로 만들어 본다.

[마무리]
- 만들어 본 글자를 만져 가며 다시 읽어 본다.

평가 및 응용

- 그림카드를 이용하여 읽기 활동을 할 수 있다.
- 글자모형을 가지고 한글을 탐색해 본다.

활동 | 동물이름 써 보기

주제

동식물과 자연 – 궁금한 동식물

대상 연령

4세

주요 개념

어류, 포유류, 파충류, 조류

활동 목표

- 동물이 분류됨을 안다.
- 손의 협응력을 기른다.
- 동물의 이름을 안다.

교재교구

색지를 이용하여 그림글자카드를 만들고 아크릴판과 펜을 준비한다.

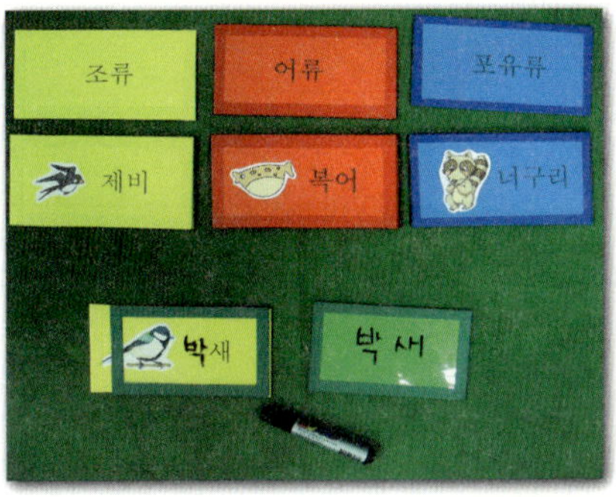

활동방법

[도입]

- 동물에 대해 이야기를 나눈다.

[전개]

- 동물의 이름을 말해 본다.
- 동물의 분류체계를 알아본다.
  – 어류: 상어, 금붕어, 돌고래, 복어, 오징어, 가오리, 뱀장어
  – 포유류: 원숭이, 고양이, 개, 호랑이, 사자, 곰, 판다, 너구리
  – 조류: 비둘기, 독수리, 닭, 칠면조, 참새, 제비, 박새
  – 파충류: 악어, 뱀, 이구아나, 도마뱀, 거북이
- 그림카드를 이용하여 동물을 분류해 본다.
- 동물의 이름을 아크릴판을 이용하여 베껴 써 본다.

[마무리]

- 써 본 글자를 읽어 본다.

평가 및 응용

베껴 쓰기가 되면 보고 쓰도록 지도한다.

활동 | 비밀글자 쓰기

주제

동식물과 자연 – 동물과 우리 생활

대상 연령

5세

주요 개념

먹지, 베끼다

활동 목표

- 눈과 손의 협응력을 기른다.
- 집중력을 기른다.
- 글자에 관심을 가진다.

교재교구

- 가로 40cm, 세로 25cm의 크기로 하드보드지, 우드락, 먹지, 색상지, OHP 필름 등을 이용하여 글자 쓰기판을 만든다.
- 동물카드를 만든다.

활동방법

[도입]

- 여러 가지 동물그림을 관찰하고 동물의 이름을 이야기한다.
- 비밀글자를 써 보자고 말한다.

[전개]

- 글자판의 왼쪽에 동물카드를 붙인다.
- 글자판 안에 종이를 넣는다.
- OHP 필름 위에 둥근 아이스크림 막대나 뭉뚝한 연필로 동물이름을 쓴다.
- 글씨가 써졌는지 종이를 꺼내 본다.

[마무리]

- 쓰인 내용을 관찰하고 읽어 본다.

평가 및 응용

유아의 이름을 써 보거나 그림을 그려 볼 수도 있다.

활동 | 옛날 물건과 오늘날의 물건

주제

우리나라 – 우리나라 사람들의 생활; 옛날 물건과 오늘날의 물건

대상 연령

5세

주요 개념

쓰임새, 옛날, 현대, 과거

활동 목표

- 옛것과 오늘날의 것을 안다.
- 용도가 같은 물건을 안다.

교재교구

- 쓰임새가 같은 옛날 물건과 오늘날 물건의 그림카드를 준비한다.
- 자음과 모음의 글자카드를 준비한다.

활동방법

[도입]

- 우리의 생활에서 사용하고 있는 물건들이 옛날에서 오늘날에 어떻게 변했는지 이야기를 나눈다.

[전개]

- 그림 자료를 이용하여 옛날 물건이 오늘날에는 어떻게 바뀌었는지, 또 오늘날 물건이 옛날에는 어떤 모양이었는지 알아본다.
- 옛날 물건과 오늘날 물건의 짝을 맞춘다.
- 각 물건의 이름을 자모카드를 이용하여 써 본다.

[마무리]

- 쓰인 이름을 읽어 본다.

평가 및 응용

그림 자료를 이야기 나누기나 읽기 자료로 활용할 수 있다.

활동 | 이름 쓰기 게임

주제	동식물과 자연 – 궁금한 동식물
대상 연령	5세
주요 개념	게임 규칙
활동 목표	• 유아가 게임의 방법을 이해한다. • 그림에 맞는 글자를 연관시키고 글자를 구성할 수 있다.
교재교구	• 우드락을 펠트지로 싸서 게임판을 만든다. • 그림이 들어갈 원을 28개 만들어 그림을 펠트지로 감추고 할 핀으로 고정한다. • 숫자 주사위를 준비한다. • 자음과 모음은 부직포로 만든다. 
활동방법	**[도입]** • 글자 쓰기 게임을 한다고 말해 준다. • 교구를 보여 주고 게임방법에 대해 설명한다. **[전개]** • 두 명의 유아가 말을 하나씩 갖는다. • 둘이 가위 바위 보를 해서 순서를 정한 뒤, 이긴 유아가 먼저 주사위를 던져 나온 숫자만큼 말을 옮긴다. 말이 있는 칸에 있는 동물사진을 보고 사진에 맞는 글자를 구성한다(고양이 사진 – 고양이). • 글자를 만들지 못하면 원래 자리로 돌아가고 상대방 유아 차례가 된다. 최종 목적지에 빨리 도착한 유아가 이긴다. **[마무리]** • 게임규칙을 잘 지켰는지 몇 개의 글자를 맞추었는지 이야기한다.
평가 및 응용	글을 쓰기가 어려운 유아는 말 아래 원에 숨은 그림을 찾고 이름을 말해 보는 게임을 할 수 있다.

활동 | 자석글자

주제	생활 도구 – 다양한 생활 도구
대상 연령	4~5세
주요 개념	자석, 소리 나는 물건
활동 목표	• 자석의 성질을 이해한다. • 한글이 자음과 모음으로 구성되는 것을 이해한다.
교재교구	• 주변에서 볼 수 있는 소리 나는 사물의 그림카드를 준비한다. • 고무자석을 이용하여 자음과 모음을 만든다. 
활동방법	**[도입]** • 소리 나는 물건의 이름을 써 보자고 한다. **[전개]** • 그림카드를 보고 이름을 말해 보고 그 용도를 말해 본다. • 이름을 써 보려고 하는데, 이름을 종이로 쓰는 게 아니라 글자 조각을 찾아 맞춘다고 설명한다. • 글자를 만든다. **[마무리]** • 만들어진 글자를 만져 가며 읽어 본다.
평가 및 응용	유아들이 고무자석으로 만든 자모음 글자를 충분히 탐색하도록 한다.

활동 | 자판을 이용한 글쓰기

주제

동식물과 자연 – 궁금한 동식물

대상 연령

5세

주요 개념

과일, 채소, 곤충, 어류, 자판

활동 목표

- 자석의 성질은 안다.
- 식물과 동물을 구별 짓고 그 이름을 안다.
- 한글이 자음과 모음으로 구성되어 있음을 안다.

교재교구

- 하드보드지를 이용하여 가로 54cm, 세로 30cm, 높이 5cm의 상자를 만들고 여기에 함석판을 붙인다.
- 자음과 모음카드는 뒷면에 자석을 붙여 둔다.
- 그림카드도 자석을 붙여 놓는다.

활동방법

[도입]

- 자판 글자를 이용하여 글씨를 써 보자고 설명한다.

[전개]

- 그림카드를 보며 무엇인지 이야기해 보고, 밑의 글씨를 읽어 본다.
  - 과일: 감, 딸기, 사과, 수박, 참외
  - 채소: 가지, 마늘, 무, 배추,
  - 곤충: 메뚜기, 나비, 개미, 거미, 벌
  - 어류: 가재, 꽃게, 문어, 복어, 새우
- 그림카드를 모니터 부분에 붙이고, 자판에 있는 모음과 자음을 이용하여 글씨를 만들어 본다.
- 이름을 읽으면서 모음과 자음조각을 자판의 제자리에 정리한다.

[마무리]

- 그림카드의 글씨를 읽어 본다.

평가 및 응용

- 그림카드 없이 유아들이 알고 있는 글자를 만들어 보도록 격려한다.
- 그림카드만을 이용하여 같은 집단끼리를 분류해 볼 수 있다.

활동 | 주사위 그림 찾기

주제	사물 이름
대상 연령	2~5세
주요 개념	비교하기, 보고 쓰기
활동 목표	• 다양한 사물의 이름을 안다. • 각각의 사물이 속하는 집단을 안다. • 같은 사물을 찾을 수 있다.
교재교구	• 펠트지를 이용하여 주사위를 만든다. – 과일그림: 사과, 레몬, 포도, 딸기, 바나나, 수박 – 사물그림: 연필, 가방, 안경, 책, 컵, 가위 – 채소그림: 가지, 무, 오이, 당근, 고추, 양파 – 동물그림: 젖소, 사자, 토끼, 기린, 코끼리, 돼지 – 색깔그림: 빨강, 노랑, 초록, 파랑, 보라, 주황 • 주사위에 그려져 있는 그림들의 사진카드를 찾아 그 이름을 펠트지에 써서 오려 붙인다. 
활동방법	**[도입]** • 주사위에 있는 사물이 무엇인지 이야기를 나눈다. **[전개]** • 주사위를 던져서 나온 사물의 이름을 말한다(2세). • 주사위를 던져서 나온 사물을 사진카드에서 찾는다(3세). • 사진카드에 적혀 있는 이름을 만져 가며 그 이름을 말한다(4세). • 이름을 보고 써 본다(5세). **[마무리]** • 주사위의 그림과 사진을 비교하여 본다.
평가 및 응용	• 유아의 언어능력에 따라 다양한 활동을 해볼 수 있다. • 어린 아동의 경우 주사위를 일부만 제공하며, 큰 아동의 경우 집단 활동뿐 아니라 각기 따로 주사위를 가지고 개별 활동을 해보도록 한다.

활동 | 여러 가지 직업

주제

우리 동네 – 우리 동네 사람들

대상 연령

4~5세

주요 개념

직업

활동 목표

- 다양한 직업에 관해 관심을 갖는다.
- 글자에 대한 관심을 길러 준다.
- 손가락 감각을 통한 즐거움을 경험한다.

교재교구

- 20cm×10cm의 우드락에 색지를 붙이고 직업을 나타내는 그림을 붙인다.
- 글자는 프린트하여 EVA 위에 대고 잘라 검은색 EVA를 밑에 대고 붙여 뒷면에 벨크로 테이프를 붙인다.

활동방법

[도입]
- 유아들이 알고 있는 직업의 종류에 대해 이야기한다.

[전개]
- 그림 자료를 보여 주면서 다양한 직업에 대해 이야기를 나눈다.
- 유아가 되고 싶은 직업이 있는지 알아본다.
- 그림 자료를 보고 EVA 글자로 직업의 이름을 써 본다.
- 완성된 직업의 글자를 눈을 감고 만져 본다.

[마무리]
- 여러 직업을 가진 분들로 인해 편리한 생활을 할 수 있다고 설명한다.

평가 및 응용

영아는 EVA 글자를 만져 보는 활동을 하고, 유아나 글을 아는 유아는 교구를 보고 직업명을 직접 써 볼 수 있다.

활동 | 글자 바느질

주제	우리나라 – 우리나라의 자랑거리; 한글
대상 연령	3~5세
주요 개념	한글, 바느질
활동 목표	• 바느질을 해 봄으로써 주의집중력을 기른다. • 눈과 손의 협응력을 기른다. • 손 근육의 발달을 돕는다. • 글자에 관심을 갖게 한다.
교재교구	우드락과 펠트지를 이용하여 자음과 모음을 만들어 펀치로 구멍을 내준다. 
활동방법	**[도입]** • 유아들이 알고 있는 자모철자가 있는지 이야기를 해본다. **[전개]** • 부직포에 적힌 '가~하'까지 함께 읽어 본다. • 바느질하는 방법과 바늘을 사용할 때의 주의점을 알려준다. • 바느질된 글자를 만지면서 읽어 본다. **[마무리]** • 친구들이 글씨에 친숙해질 수 있도록 해본다.
평가 및 응용	영아들은 바느질을 해보는 대신 만져 보면서 자모철자를 익힐 수 있다.

활동 | 만져 보세요.

주제	동식물과 자연 – 궁금한 동식물
대상 연령	2~4세
주요 개념	육지동물, 공중동물
활동 목표	• 육지에 사는 동물과 하늘에 사는 동물에 대해 안다. • 육지동물과 공중동물을 분류할 수 있다. • 동물의 이름을 익히고 관심을 갖는다.
교재교구	펠트지로 각각의 동물을 만들고 이름은 뒷면에 붙일 수 있도록 한다. 
활동방법	**[도입]** • 동물을 보고 동물의 이름을 생각한다. **[전개]** • 동물인형을 만져 보고 탐색한다. • 어디에 사는 동물인지 이야기해 본다. • 이름을 말해 보고 그 이름이 맞는지 뒤의 이름카드를 펼쳐 본다. **[마무리]** • 인형을 만져 보며 이름을 기억한다.
평가 및 응용	어린 아동의 경우, 교구를 쓰기 자료보다는 동물에 대한 이야기 활동에 활용할 수 있다.

활동 | 자모글자판

주제

우리나라 – 우리나라의 자랑거리; 한글

대상 연령

2~5세

주요 개념

한글, 자음, 모음, 철자

활동 목표

- 한글의 모음과 자음에 대하여 안다.
- 소근육 발달에 돕는다.
- 평면과 입체의 관계를 이해한다.

교재교구

- 자·모음판
  - 하드보드지로 24cm×24cm×6cm인 상자를 만든다.
  - 상자 안에 25칸의 계란판을 넣어 고정시킨다.
  - 색 탁구공이나 뽕뽕이를 50개 준비한다.
- 자음 카드, 모음 카드
  - 모음과 자음판에 뽕뽕이를 이용하여 자음글자와 모음글자를 만들고 이것을 사진으로 찍는다.
  - 9cm와 12cm 크기의 카드에 자음과 모음의 글자사진을 붙이고 이름을 쓴다.

활동방법

[도입]

- 자음판과 모음판을 보여 주며 뽕뽕이를 이용하여 여러 모양을 만들어 보게 한다.

[전개]

- 자모음 카드를 보고 자음판과 모음판에 뽕뽕이를 이용하여 자음과 모음을 만들어 본다.
- 만들어진 자음과 모음을 만져 보고 그 이름을 말해 본다.
- 글자카드를 보고 자음판과 모음판에 뽕뽕이를 이용하여 글자를 만들어 본다.
- 어떤 글자인지 만지며 읽어 본다.

[마무리]

- 유아가 만든 글자를 사진을 찍어 보관한다.

평가 및 응용

- 2세 영아의 경우는 자음판과 모음판에 뽕뽕이를 넣어 보는 활동만을 한다.
- 3세 유아의 경우는 자음판과 모음판에 뽕뽕이를 이용하여 글자를 만들기보다는 도형을 먼저 만들어 본다.
- 유아들의 수준에 따라 카드를 보고 자음판과 모음판에 뽕뽕이로 글자를 만들어 보게 한다.
- 글을 아는 유아에게는 자음과 모음의 명칭을 소개한다.

참고문헌

강성화·김경회(2001). 유아언어교육. 서울: 동문사.

강성화·김경회(2003). 유아문학교육. 서울: 동문사.

고선옥·국은순·신리행·백연희(2021). 아동문학교육. 서울: 학지사.

교육과학기술부, 보건복지부 & 육아정책연구소(2012). 3~5세 연령별 누리과정 지원을 위한 시·도(교육청) 강사요원 중앙연수 자료집. 서울: 육아정책연구소.

교육부·보건복지부(2019). 2019 개정 누리과정 해설서. 서울: 교육부, 보건복지부.

교육인적자원부(2007). 2007 개정 유치원 교육과정. 서울: 교육인적자원부.

김숙이·손수민·고선옥·김경신(2018). 아동문학교육. 경기: 정민사.

김지은·문혁준·김경회·김현주·김혜금·김정희·신혜원·안선희·안효진·임연진·황성원·황옥경(2020). 보육과정. 서울: 창지사.

노명환(1988). 국어교육론. 서울: 한샘. 139-140.

배소영·임선숙·이지희(2000). 언어 문제 해결력 검사. 서울: 서울장애인종합복지관.

보건복지부(2020). 제4차 어린이집 표준보육과정 해설서. 서울: 보건복지부.

보건복지부 & 육아정책연구소 (2012). 어린이집 표준보육과정. 서울: 보건복지부 & 육아정책연구소.

송명자·이순영 역(1985). J. Piaget 저. 아동의 언어와 사고. 서울: 중앙적성출판사.

여광응·윤적용·이근애 편역(1991). 언어학습능력 진단검사. 서울: 도서출판 특수교육.

여성가족부(2005). 표준보육과정 연구. 서울: 여성가족부.

여성가족부(2007). 표준보육과정의 구체적 보육내용 및 교사지침. 서울: 여성가족부.

이연승·김연실·김진영(2007). 제7차 유치원 교육과정 언어생활영역 시안 개발 연구. 유아교육연구, 27(1), 143-166.

이은해 역(1992). 표준화 검사의 적용에 대하여. 어린이교육, 10집, 33-43.

이정환·이지영(1996). 유아교육기관에서의 비형식적 아동평가의 운영과 실태조사. 서울: 한국어린이육영회.

이희승(1994). 에센스 국어사전. 서울: 민중서림.

조명환(1988). 한국 아동의 언어획득 연구. 서울: 서울대학교 출판부.

주영희(1984). 유아를 위한 언어교육. 서울: 교문사.

파라다이스복지재단 장애 아동연구소(2003). 영유아 언어발달검사. 서울: 특수교육.

황해익 외(2004). 유아용 검사 편람 I. 서울: 정민사.

Bachman, L. F. (1990). *Fundamental considerations in language testing.* Oxford: Oxford University Press, 1990

Bandura, A. (1977). *Social learning theory.* Englewood Cliffs, J.: Prentice-Hall.

Bandura, A. (1975). *The Development of thought: Equilibration of cognitive structures.* N.Y.: Viking Press.

Bandura, A. (1975). *Learning how to mean: Explorations in the development of language.* Landon: Edward Arnold.

Bandura, A. (1978). *Mind in society: The development of higher psychological Processes.* Cambridge, MA: Harvard University Press. 105-119.

Bandura, A. (1983). *Children's talk: Learning to use language.* New York: W. W. Norton.

Bell, S., & Ainsworth, M. (1972). Infant crying and maternal responsiveness. *Child Development, 43,* 1171-1190.

Bernstein, B. (1971). Social class and linguistic development: A theory of social learning. In A. H. Halsey, J. Floud & C. A. Anderson (Eds.), *Education, economy, and society.* New York: Free Press, 59-79.

Bloom, L. (1973). *One word at a time.* N.Y.: The Hague, Mouton.

Bond, G. H. & Dykstra, R. (1967). The cooperative research program in first-grade reading instruction. *Reading Research Quarterly: Entire Issue. 2(4).*

Braine, M. D. S. (1971). On two types of models of internalization of grammars. In D. I. Slobin(Ed.). *The Ontogenesis of grammar.* New York: Academic Press.

Brown, R. & Bellugi, U. (1964). Three processes in the child's aquisition of syntax. *Harvard Educational Review, 34,* 103-151.

Bruner, J. S. (1978). Learning how to do things with word. in J. S. Bruner and A. Garton(eds.) *Human growth and development.* Oxford: Clarenden Press.

Bybee, R. W. & Sund, R. B. (1982). *Piaget for education(2nd ed.).* Columbus, OH: Merrill.

Canale, M. & Swain, M. (1980). Theoretical bases of communicative approaches to second language teaching and testing. *Applied Linguistics, 1,* 1-47.

Chall, J. (1967). *Learning to read: The great debate.* New York: McGraw Hill.

Chomsky, N. (1958). *Syntactic Structures.* The Hague: Mouton.

Chomsky, N. (1965). *Aspects of the theory of syntax.* Cambridge, MA: MIT Press.

Chow, M., Dobson, L., Hurst, M. & Nucich, J. (1991). *Whole language: Practical ideas.* Ontario: Pippen Publishing Limited.

Clack, H. H. & Clack, E. V. (1977). *Psychology and language.* New York: Harcourt Press.

Clay, M. (1989). Forward. In D. S. Strickland & L. M. Morrow(eds.) *Emerging literacy: Young children learn to read and write.* Newark, DE.: International Reading Association, I-IV.

Curtiss, S. (1977). *Genie: A psycholinguistic study of a modern-day 'wild child'.* N.Y.: Academic Press.

Decker, C. A. & Decker, J. R. (1992). *Planning and administering early childhood programs.* N.J.: Macmillan Publishing Company.

Duffy, G. & Roehler, L. (1989). *Improving classroom reading instruction: A decision-making approach.* Random House by Lane, Akers, Inc.

Dunst, C., Lowe, E. & Barthilomew, P. (1990). Contingent social responsiveness, family, and infant communicative competence. *National Student Speechs Language Hearing Association Journal, 17,* 39-49.

Dunst, C., Lowe, E. & Bartholomew, P. (1990). Contingent social responsiveness, family, and infant communicative competence. *National Student Speech Language Hearing Association Journal, 17,* 39-49.

Edelsky, C., Altwerger, B. & Flores, B. (1991). *Whole language: What's the difference?* Portsmouth, New Hampshire: Heinemann Educational Books.

Erika, H. (2001). *Language development(2nd ed.).* Belment, CA: Wadsworth/ Thomson Learning.

Essa, E. L. (1999). *Introduction to early childhood education(3rd ed.).* Albany, N.Y.: Delmar Publishers.

Evans, C. S. (1993). When teachers look at student's work. *Educational Leadership, 50*(5), 71-72.

Garalnik, D. B.(Editor in Chief)(1979). *Webster's new world dictionary of the American language.* Cleveland, Ohio: Collins Publishers.

Goldfield, B. & Snow, C. (1985). Individual differences in language acquisition. In J. B. Gleason(Ed.) T*he development of language.* Columbus, OH: Merrill, 315-346.

Goodman, K. S. & Goodman, Y. M. (1981). *A whole language comprehension centered view of reading development.* Tucson, AZ: University of Arizona.

Goodman, Y. M. (1986). Children coming to know literacy. In W. Teale & Sulzby(Eds.), *Emergent literacy: Writing and reading.* Norwoods, NJ: Ablex Publishing Company, 1-14.

Grace, C. (1992). *The portfolio and its use: Developmentally appropriate assessment of young children.* Urbuna, IL: Clearinghouse on Elementary and Early Childhood Education.

Greenfield, P. & Smith, J. H. (1976). *The structure of communication in early language development.* New York: Hort, Rinehart & Winston. Inc.

Hall, N. (1987). *The emergence of literacy.* Protsmouth, NH: Heinemann.

Halliday, M. A. K. (1973). *Explorations in the functions of language.* London: Edward Arnold.

Harman, S. & Edelsky, C. (1989). The Risks of Whole Language Literacy. *Language Arts, 66,* 392-398.

Hirsch, E. D. Jr. (1987). *Cultural literacy: What every American needs to know.* Boston: Houghton Mifflin.

Holdaway, D. (1979). *The Foundation of Literacy.* N.Y.: Ashton Scholastic Co.

Hulock, E. B. (1978). *Child development(6th).* Tokyo: McGraw-Hill, Inc.

Hymes, D. H. (1966). "Two types of linguistic relativity". In Bright, W. *Sociolinguistics.* The Hague: Mouton, 114-158.

Hymes, D. H. (1972). "On communicative competence". In J. B. Pride, and J. Holmes(Eds.). *Sociolinguistics: selected readings.* Harmondsworth: Penguin, 269-293.

Hymes, D. H. (1972). Models of the interaction of language and social life. In J. Gumpers & D. Hymes(Eds.) *Directions in sociolinguistics: The ethnogaphy of communication*(pp. 35-71). New York: holt, Rinehant & Winston.

Katz, L. G. & Chard, S. C. (1996). *The contribution of documentation to the quality of early childhood education.* ERIC Digesy.

Lenneberg, E. H. (1970). *The biological foundation of language.* New York: John Wiley and Sons, Inc.

Mattick, I. (1981). The teacher's role in helping young children develop language competence. In C. B. Cazden(Ed.) *Language in early childhood education.* Washington, D.C.: NAEYC, 88-94.

McNeill, D. (1970). *The acquisition of language.* N.Y.: Horper & Row.

Miller, G. A. & Gildea, P. M. (1987). How children learn words. *Scientific American, September,* 94-99.

Miller, S. A. (1991). *Learning through play Language: A practical guide for teaching young children.* N.Y.: Scholastic Inc.

Moen, C. B. (1991). *Teaching with Caldecott books: Activities across the curriculum.* New York: Scholastic Inc.

Newman J. M. (1985). In sights from recent reading and writing research and their implication for developing whole language curriculum. In J. Newman(Ed.) *Whole language: Theory in use.* Portsmouth, NH: Heinemann Educational Books, 7-36.

Paulson, F. L., Paulson, P. R. & Meyer, C. A. (1991). What makes a portfolio? *Educational Leadership, 48(5),* 60-63.

Pease, D. & Gleason, J. B. (1985). Gaining meanings: Semantic development. In J. B. Gleason(Ed.) *The development of language.* Columbus, OH: Charles E. Merrill Publishing Co., 103-138.

Petty, W. T. & Jensen, J. M. (1980). *Developing children's language.* Boston: Allyn and Bacon Inc.

Petty, W. T., Petty, D. C. & Becking, M. F. (1981). *Experiences in language: Tools and Techniques for language arts methods(3rd.).* Boston: Allyn and Bacon.

Piaget, J. (1969). *The psychology of intelligence.* Paterson. NJ: Littlefield, Adams.

Pinnell, G. S. (1975). Language in primary classroom. *Theory into Practice, 14,* 318-327.

Pratt, M. L. (1977). *Toward a speech act theory of literary discourse.* IN: Indiana Univ. Press.

Rinkin, P. R. (1928). The importance of listening ability. *English Journal, 17,* 623-640.

Routman, L. K. (1988). *Transitions from literature to Literacy.* Portsmouth, New Hampshire: Heinemann Educational Books.

Skinner, B. F. (1965). *Verbal behavior.* New York: Free Press.

Smith, F. (1975). *Comprehension and learning.* N.Y.: Holt, Rinehart and Winston.

Sumara, D. & Walker, L. (1991). The Teacher's Role in Whole Language. *Language Arts, 68,* 267-285.

Teale, W. H. & Sulzby, E. (1989). Emerging literacy: New perspectives. In D. S. Strickland & L. M. Morrow(eds.) *Emerging literacy: Young children learn to read and write.* Newark, DE: International Reading Association, 1-15.

Tompkins G. E. & Hoskisson, K. (1991). *Language Arts: Content and teaching Strategies(2nd Ed.).* N.Y.: Macmillan Publish Company.

Vygotsky, L. S. (1962). The prehistory of written language. In M. Cole, U. John-Steiner, S. Scribner & E. Souberman(eds.) *Thought and Language.* Cambridge, Massachusetts: the M. I. T. Press.

Watson, J. B. (1913). Psychology as the behaviorist view it. *Psychological Review, 20,* 158-177.

Wilt, M. (1958). A study of teacher awareness of listening as a factor in elementary education. *Journal of Educational Research, 43,* 626-636.

| 그림책 참고자료 |

강풀 글·그림(2014). 얼음 땡!. 웅진주니어.
권정민 글·류주영 그림(2020). 영양이 듬뿍듬뿍. 한솔수북.
권정생 글·정승각 그림(1996). 강아지똥. 길벗어린이.
김미혜 글·최정인 그림(2014). 해와 달이 된 오누이. 비룡소.
김순한 글·김인경 그림(2001). 씨앗은 무엇이 되고 싶을까?. 길벗어린이.
김영호 글·김순효 그림(2014). 마법의 약이라고요?. 책으로여는세상.
김온유 글·김경신 그림(2014). 소금이 나오는 맷돌. 한국가우스.
김형석 글·변종하 그림(1981). 사과의 기도. 동화출판공사.
김혜리 글·윤지회 그림(2006). 넌 왜 보청기를 하니. 아이코리아.
김희경 글·이보나 흐미엘레프스카 그림(2010). 마음의 집. 창비.
노르마 폭스 메이저 글(2010). 할아버지, 안녕!. 문원.
니시마키 가야코 글·그림(2020). 나의 원피스. 한솔수북.
대원키즈편집부(2019). 알라딘. 대원키즈.
레오 리오니 글·그림(1999). 프레드릭. 시공주니어.
레오 리오니 글·그림(2003). 파랑이와 노랑이. 물구나무.
레인 스미스 글·그림(2011). 할아버지의 이야기 나무. 문학동네어린이.
로렌 차일드 글·그림(2001). 난 토마토 절대 안 먹어. 국민서관.
리사 데이크스트라 글·마크 얀센 그림(2014). 용기 모자. 책과콩나무.
리틀림 글·그림(2017). 할머니네 방앗간. 고래뱃속.
마거릿 와일드 글·론 브룩스 그림(2000). 할머니가 남긴 선물. 시공주니어.
마이클 로젠 글·헬린 옥슨버리 그림(2017). 곰 사냥을 떠나자. 시공주니어.
마키타 신지 글·하세가와 토모코 그림(2006). 틀려도 괜찮아. 토토북.
먼로 리프 글·로버트 로슨 그림(2017). 꽃을 좋아하는 소 페르디난드. 비룡소
멜리사 피구아 글·그림(2015). 사각형 아저씨와 원 아줌마가 만나면?. 살림어린이.
모리스 샌닥 글·그림(2017). 괴물들이 사는 나라. 시공주니어.
몰리 뱅 글·그림(2013). 소피가 화나면, 정말정말 화나면. 책읽는곰.
문명예 글·그림(2021). 꽃점. 책읽는곰.
민정원 글·이수인 그림(2021). 흥부와 놀부. 인북.
박안나 글·김숙경 그림(2021). 혹부리영감. 별똥별.
백유연 글·그림(2019). 낙엽 스낵. 웅진주니어
백유연 글·그림(2020). 벚꽃 팝콘. 웅진주니어.
백유연 글·그림(2020). 사탕 트리. 웅진주니어
백유연 글·그림(2020). 풀잎 국수. 웅진주니어.
버나뎃 로제티 슈스탁 글·캐롤라인 제인 처치 그림(2006). 사랑해 사랑해 사랑해. 보물창고.
베로니크 코시 글·로랑 시몽 그림(2014). 점과 선이 만나면. 국민서관.

샘 맥브래트니 글·아니타 제람 그림(2011). 내가 아빠를 얼마나 사랑하는지 아세요?. 베틀북.
서정오 글·박경진 그림(1997). 팥죽 할멈과 호랑이. 보리.
성영란 글·그림(2018). 셋째 날. 반달.
세라 메이콕 글·그림(2022). 가끔 나는.... 해와나무.
소호랑 글·그림(2021). 꽃무늬 고양이 비누. 킨더랜드.
쉘 실버스타인 글·그림(2000). 아낌없이 주는 나무. 시공주니어.
앤서니 브라운 글·그림(2005). 우리 엄마. 웅진주니어
앤서니 브라운 글·그림(2009). 돼지책. 웅진주니어.
야시마 타로 글·그림(1996). 까마귀 소년. 비룡소.
에드 영 글·그림(2017). 일곱 마리 눈먼 생쥐. 시공주니어.
윤석중 글·이영경 그림(2004). 넉 점 반. 창비.
이보나 흐미엘레프스카 글·그림(2008). 두 사람. 사계절.
이보나 흐미엘레프스카 글·그림(2011). 생각연필. 논장.
이상교 글·최숙희 그림(2008). 도리도리짝짜꿍. 사파리.
이상옥 글·조원희 그림(2019). 밀어내라. 한솔수북.
이재경 글·그림(2016). 작은 눈덩이의 꿈. 시공주니어.
제성은 글·윤태규 그림(2019). 춤추는 수건. 개암나무.
조리 존 글·피트 오즈월드 그림(2018). 나쁜씨앗. 길벗어린이.
존 버닝햄 글·그림(1996). 사계절. 시공주니어.
존 버닝햄 글·그림(2001). 깃털 없는 기러기 보르카. 비룡소.
종이비행기 글·강산 그림(2004). 앗, 어떻게 하지?. 중앙출판사.
채인선 글·이억배 그림(2001). 손 큰 할머니의 만두 만들기. 재미마주.
천미진 글·강은옥 그림(2015). 된장찌개. 키즈엠.
최숙희 글·그림(2010). 너는 기적이야. 책읽는곰.
최숙희 글·그림(2011). 엄마가 화났다. 책읽는곰.
최숙희 글·그림(2013). 너는 어떤 씨앗이니?. 책읽는곰.
최숙희 글·그림(2020). 길 떠나는 너에게. 책읽는곰.
최숙희 글·그림(2021). 주문을 말해 봐. 웅진주니어.
최은정 글·올가 데미도바 그림(2015). 피터팬. 제임스 매튜 배리 원작. 삼성출판사.
코비 야마다 글·찰스 산토소 그림(2022). 나의 아기 오리에게. 상상의힘.
트리나 폴러스 글·그림(2013). 꽃들에게 희망을. 분도출판사.
티머시 내프먼 글·조 버저 그림(2021). 화가 난다, 화가 나!. 제제의숲.
팻 허친스 글·그림(2007). 로지의 산책. 더큰컴퍼니.
푸른숲글방 글·박희숙 그림(2019). 신데렐라. 샤를 페로 원작. 그린키즈.
피터 H. 레이놀즈 글·그림(2003). 점. 문학동네어린이.
한국어린이육영회(1992). 풀씨의 여행. 한국어린이육영회.
허은미 글·이혜리 그림(2001). 아장아장 걷다가. 아이세움.

찾아보기

본문

인명

저자 소개

강성화

- 연세대학교 생활과학대학 아동학과 졸업
- 연세대학교 대학원 가정학 석사(아동학전공)
- University of Illinois at Urbana-Champaign 철학박사(유아교육전공)
- 현 순효미래교육원 원장
- 현 신안산대학교 초빙교수
- 현 학교법인 보영학원 이사
- 전국 외국어고등학교 교장 협의회 회장
- 고양외국어고등학교 초대교장
- 고양제일중학교 교장
- 벽제중·고등학교 교장
- (사)유스키퍼스: 청소년을 지키고 기르는 사람들 이사
- 원당종합사회복지관 운영위원장
- 미국 Shalom preschool and Afterschool의 Director 등 역임

[저서]

수험생을 위한 100일 기도문, 영실이(영성과 실력을 갖춘 아이) 키우기, 영유아를 위한 언어지도, 축복의 학교 행복한 교장, 아침7시 특목고는 기도중, 유아문학교육, 밀레니엄시대의 슈퍼엄마 슈퍼교사, 재미있는 유아영어 전집 등

김경회

- 연세대학교 생활과학대학 아동학과 졸업
- 연세대학교 대학원 가정학 석사(아동학전공)
- 연세대학교 대학원 철학박사(아동학전공)
- 김천대학 유아교육과 교수
- 김천대학 부속유치원 원장
- 신흥유치원 원장
- 신한대학교 유아교육과 교수 등 역임

[저서]

유아문학교육, 아동과 환경, 보육학개론, 보육과정, 현장관찰 및 실습, 영유아발달과 교육

고선옥

- 전북대학교 대학원 이학박사(아동가족학전공)
- 현 선음률놀이교육심리연구원장
- 현 우석대학교 아동복지학과 겸임 교수
- 현 전주비전대학교 외래 교수
- 현 전북대 평생교육원·우석대 평생교육원 전담 교수
- 현 중앙육아종합지원센터 표준보육과정, 누리과정, 부모교육 강사
- 현 전북·군산 육아종합지원센터 상담위원 및 평가제 컨설턴트
- 현 한국아동가족복지학회 상임이사, 대한아동복지학회 대외협력이사
- 현 한국건강가정진흥원 아이돌보미 양성교육 및 보수교육 전국강사
- 초록우산 어린이재단 전북종합사회복지관 아동복지팀
- 사립 유치원 및 법인 어린이집 원장(교육경력 22년) 등 역임

[저서]

아동수학교육, 아동과학교육, 아동안전관리, 아동건강교육, 보육학개론, 부모교육, 아동문학교육, 아동미술

언어지도

초판 1쇄 발행 / 2022년 4월 29일
초판 2쇄 발행 / 2024년 3월 5일

•

공저자 / 강성화 · 김경희 · 고선옥
발행인 / 이 중 수
발행처 / **동 문 사**

•

서울특별시 서대문구 홍제원 1길 12
(홍제동 137-8)
Tel: 02)736-3718(대), 736-3710, 3720
Fax: 02)736-3719
등록번호: 1974.04.27. 제9-17호
가격: 24,000원

•

ISBN: 979-11-6328-420-8(93370)
E-mail: dong736@naver.com
www.dongmunsa.com